Sur le *beat* du CANADIEN

Édition : Liette Mercier
Design graphique : François Daxhelet
Infographie : Chantal Landry
Correction : Sylvie Massariol et Joëlle Bouchard

Crédit photos :
Archives/*Journal de Montréal*
Sauf page 241 : Crédit : Studios David Bier,
  Archives The Montreal Gazette et, page 254 :
  Crédit : Archives de la famille Moore

Catalogage avant publication de Bibliothèque
et Archives nationales du Québec et Bibliothèque et
Archives Canada

Bernier, Jonathan,

  Sur le beat du Canadien : 30 épisodes marquants
racontés par 30 journalistes

  Comprend des références bibliographiques.

  ISBN 978-2-7619-4169-3

  1. Canadiens de Montréal (Équipe de hockey) -
Anecdotes. I. Titre.

GV848.C3B47 2015   796.962'640971428
C2014-942847-2

02-15

Dépôt légal : 2015
Bibliothèque et Archives nationales du Québec
ISBN 978-2-7619-4169-3

DISTRIBUTEURS EXCLUSIFS :

Pour le Canada et les États-Unis :
MESSAGERIES ADP inc.*
2315, rue de la Province
Longueuil, Québec J4G 1G4
Téléphone : 450-640-1237
Télécopieur : 450-674-6237
Internet : www.messageries-adp.com
* filiale du Groupe Sogides inc.,
  filiale de Québecor Média inc.
Pour la France et les autres pays :
INTERFORUM editis
Immeuble Paryseine, 3, allée de la Seine
94854 Ivry CEDEX
Téléphone : 33 (0) 1 49 59 11 56/91
Télécopieur : 33 (0) 1 49 59 11 33
Service commandes France Métropolitaine
Téléphone : 33 (0) 2 38 32 71 00
Télécopieur : 33 (0) 2 38 32 71 28
Internet : www.interforum.fr
Service commandes Export – DOM-TOM
Télécopieur : 33 (0) 2 38 32 78 86
Internet : www.interforum.fr
Courriel : cdes-export@interforum.fr
Pour la Suisse :
INTERFORUM editis SUISSE
Route André Piller 33A, 1762 Givisiez – Suisse
Téléphone : 41 (0) 26 460 80 60
Télécopieur : 41 (0) 26 460 80 68
Internet : www.interforumsuisse.ch
Courriel : office@interforumsuisse.ch
Distributeur : OLF S.A.
ZI. 3, Corminboeuf
Route André Piller 33A, 1762 Givisiez – Suisse
Commandes :
Téléphone : 41 (0) 26 467 53 33
Télécopieur : 41 (0) 26 467 54 66
Internet : www.olf.ch
Courriel : information@olf.ch
Pour la Belgique et le Luxembourg :
INTERFORUM BENELUX S.A.
Fond Jean-Pâques, 6
B-1348 Louvain-La-Neuve
Téléphone : 32 (0) 10 42 03 20
Télécopieur : 32 (0) 10 41 20 24
Internet : www.interforum.be
Courriel : info@interforum.be

Gouvernement du Québec – Programme de
crédit d'impôt pour l'édition de livres – Gestion
SODEC – www.sodec.gouv.qc.ca

L'Éditeur bénéficie du soutien de la Société de
développement des entreprises culturelles du

Conseil des Arts   Canada Council
du Canada   for the Arts

Nous remercions le Conseil des Arts du Canada
de l'aide accordée à notre programme de
publication.

Nous reconnaissons l'aide financière du gouvernement du Canada par l'entremise du Fonds du
livre du Canada pour nos activités d'édition.

JONATHAN BERNIER

Préface de Guy Lafleur

Sur le *beat* du
CANADIEN

30 épisodes marquants
racontés par 30 journalistes

LES ÉDITIONS DE
L'HOMME

Une société de Québecor Média

À ma femme, Marlène, et à mes enfants,
Jérémy, Sarah-Jane et Antoine, veuve et orphelins
du hockey pratiquement douze mois par année.

À mon père, Paul-Aimé, qui m'a transmis sa passion
pour le hockey, et à ma mère, Claudette,
qui m'a transmis celle de l'écriture.

Préface

La relation entre les joueurs et les journalistes a beaucoup changé depuis l'époque où je portais les couleurs du Canadien.

Dans les années 1970 et 1980, nous voyagions à bord des mêmes vols commerciaux. Lorsqu'on arrivait dans une ville, on cassait même parfois la croûte ensemble. Combien de fois suis-je allé souper en compagnie de Claude Quenneville et de toute la gang de Radio-Canada !

On ne voit plus ça aujourd'hui. Certains prétendent que le fossé entre athlètes et membres de la presse s'est creusé en raison du nombre toujours grandissant de journalistes affectés à la couverture de l'équipe et de leur omniprésence dans l'entourage des joueurs. À mes yeux, c'est de la foutaise. Si les joueurs n'aiment pas se retrouver constamment sous les projecteurs et entourés de reporters, ils ont choisi le mauvais domaine d'activité. Qu'ils changent de job ! Ainsi, ils auront la paix et ne croiseront plus jamais un seul journaliste.

Par ailleurs, dans mon temps, nous les joueurs – baptisés, majeurs et vaccinés – n'avions pas besoin d'un directeur des relations publiques pour nous enseigner quoi penser et quoi dire. Aujourd'hui, tout est contrôlé dans le vestiaire. Les joueurs sont constamment briefés sur les questions que les journalistes risquent de leur poser et sur les réponses qu'ils devront donner. C'en est devenu ridicule.

J'ai toujours dit ce que je pensais et je n'ai regretté aucune de mes déclarations. Jamais je n'ai fait partie du club des mal cités, et jamais je n'en ferai partie. Quand je disais publiquement quelque chose, je vivais avec les conséquences. Les médias, c'est ce qui me permettait de faire passer mes messages. Lorsque je faisais une sortie, c'était avec l'objectif de faire bouger les choses. C'est bien certain qu'en lisant mes paroles dans le journal du lendemain, il arrivait que la personne concernée ne soit pas tellement de bonne humeur… Mais parfois, pour qu'un coéquipier se réveille ou qu'un entraîneur modifie sa façon de faire, il faut le brasser.

Malheureusement, la réalité de la nouvelle génération est tout autre. Puisqu'on leur répète constamment de ne pas trop en dire, les joueurs n'osent plus faire de déclaration qui pourrait avoir des conséquences. Résultat : quand ça ne va pas bien au sein de l'équipe, tout le monde se regarde sans rien dire et personne ne prend de décision.

Au cours de mes 14 saisons dans l'uniforme du Canadien, et même lors de mon court séjour chez les Rangers et les Nordiques, j'ai côtoyé plusieurs des journalistes dont les souvenirs sont racontés dans cet ouvrage. À l'époque, ces gens faisaient pratiquement partie de l'équipe. Aujourd'hui, les journalistes sont plutôt considérés comme des ennemis. Oui, les temps ont bien changé… et c'est loin d'être pour le mieux.

Guy Lafleur

Avant-propos

« Est-ce que c'est ce soir la Coupe Stanley, papa ? »

Les fesses sur l'immense divan rouge du salon familial, dont le tapis est tout aussi rouge, le gamin, qui a célébré ses quatre ans trois mois plus tôt, espère une réponse positive. En fait, il espère cette réponse depuis un mois et demi. Il a bien hâte de voir cette fameuse coupe dont lui a tant parlé son père. Pour l'instant, il aperçoit sa silhouette mal définie sur le minuscule écran du gigantesque meuble-télévision chaque fois que René Lecavalier prépare les téléspectateurs à la pause publicitaire en annonçant le pointage.

« Il y a de bonnes chances », lui répond son père, assis dans son fauteuil avec, sur les genoux, son traditionnel bol de croustilles vert, dans lequel il a brisé des morceaux de Caramilk. Le paternel sait très bien qu'il serait surprenant que les jeunes Oilers d'Edmonton, défaits lors des trois premiers matchs de la finale, renversent la situation face aux Islanders de New York, puissants et expérimentés, champions en titre depuis trois ans.

Le reste est flou. Le gamin a-t-il veillé assez tard, en ce mardi soir de mai 1983, pour voir Denis Potvin, au centre de la patinoire, soulever la coupe Stanley pour la quatrième fois en autant de saisons ? Peut-être n'est-il même pas resté éveillé suffisamment longtemps pour voir Mike Bossy procurer une avance de 3 à 0 aux siens à mi-chemin de la première période. Une avance insurmontable, qui pavera la voie à un gain de 4 à 2 des Islanders...

Il faudrait demander au paternel.

• • •

Le gamin, c'est moi. Bien qu'embrouillée par quelque trente années, cette image constitue mon plus vieux souvenir de hockey, et peut-être même le plus vieux souvenir de ma vie. En faisant défiler les images quelques mois plus loin, je vois mon père qui, revenant du dépanneur, sort du sac de papier brun qu'il tient dans les mains un album d'auto-collants. Sur la couverture, le gardien de but des Bruins fait le grand écart. C'est Pete Peeters. Je me vois au Noël suivant chez grand-mère Jeanne, pleurant à chaudes larmes devant le père Noël qui s'apprête à partir sans m'avoir donné le jeu de hockey sur table que j'avais demandé et dont j'avais tant rêvé. En quittant par la porte de derrière, il se souvient soudainement qu'il l'a oublié dans la *shed.*

Je me vois sortant du bain un samedi soir. Au bout du couloir, tout près de la table de cuisine, mon père m'attend, assis à l'une des extrémités de ce fameux jeu de hockey. Comme chaque fois, je prendrai le Canadien, ne lui laissant aucun autre choix que les Canucks, une équipe qui joue à Vancouver. Une ville qui, si j'interprète bien ce que dit mon père, est la dernière au bout de la Terre. « Après Vancouver, il n'y a plus rien. C'est juste de l'eau », me dit-il souvent. Nous jouerons une partie, peut-être deux, avant de prendre place au salon pour regarder *Soirée canadienne*, où Louis Bilodeau fait giguer les villageois de je ne sais trop quel coin du Québec. Puis, au bout d'une heure de chansons à répondre et de rigodons, mon père marchera jusqu'au téléviseur pour faire passer la roulette du canal 7 au canal 2. Il est 20 h, c'est l'heure de *La Soirée du hockey.*

Je revois Aurèle Joliat, vêtu de son uniforme du Canadien et coiffé de sa casquette malgré ses 83 ans, s'enfarger dans le tapis rouge alors qu'il s'apprête à s'élancer en direction de Jacques Plante. Bon Dieu que les gars ont ri le lendemain matin, en se remémorant l'événement, au salon de quilles où j'allais encourager mon père et, surtout, jouer aux machines à boules.

● ● ●

D'aussi loin que je me souvienne, le hockey a toujours fait partie de ma vie. Tous mes travaux scolaires portaient sur ce seul sujet. J'ai rêvé de devenir Guy Lafleur. J'ai rêvé de devenir Wayne Gretzky. À un certain moment, j'ai même rêvé de devenir Patrick Roy, mais ça n'a duré qu'une saison. Le temps de comprendre que le style papillon n'était pas pour moi.

Plusieurs années plus tard, voyant que ma fougue, mon courage et mes solides coups d'épaule ne seraient probablement pas suffisants pour me permettre de gravir les échelons menant à la meilleure ligue de hockey au monde, mes rêves ont dévié, pas trop loin tout de même de la route principale. J'ai alors rêvé de devenir Bertrand Raymond. À mes yeux, le chroniqueur du *Journal de Montréal* et ses confrères pratiquaient un métier extraordinaire. Côtoyer des joueurs de la LNH, être payé pour regarder des matchs de hockey et pour voyager « su'l'bras » aux quatre coins de l'Amérique, et parfois même en Europe… difficile à battre comme avantages sociaux !

• • •

Ce rêve, je l'ai réalisé en mars 2009, dans les premiers mois d'un lockout exténuant et déchirant qui allait paralyser *Le Journal de Montréal* (mon employeur) pendant deux ans. Contrairement à plusieurs de mes collègues de travail, condamnés au trottoir, j'avais des raisons de garder le moral. Malgré la tristesse de la situation, je touchais à mon rêve et faisais mes premiers pas sur le *beat* du Canadien, grâce à ruefrontenac. com, le site Web que nous, les *lock-outés*, avions mis sur pied.

Les mois ont passé, l'interminable conflit de travail s'est réglé, des collègues du *Journal* ont pris leur retraite, alors que d'autres ont choisi de ne pas réintégrer leur poste. Ces départs m'ont permis non seulement d'éviter le couperet de la restructuration de la salle de rédaction, mais également de gravir les échelons plus rapidement.

Quelques mois se sont encore écoulés. Marc de Foy est devenu chroniqueur, et Pierre Durocher a délaissé la couverture quotidienne du Canadien, ouvrant ainsi toute grande la porte à mon entrée officielle sur le *beat*. Le « vrai » *beat*, celui qui vous amène à Nashville, Sunrise, Los Angeles, Chicago et New York. Mais également en Caroline la veille du jour de l'An, et à Long Island, Buffalo, Detroit, Winnipeg et Columbus.

Soit dit en passant, le bonheur de couvrir une finale de la Coupe Stanley mettant aux prises les équipes de New York et de Los Angeles ne se produit pas tous les ans. Ceux qui ont couvert le duel entre les Oilers d'Edmonton et les Hurricanes de la Caroline en juin 2006 peuvent en témoigner… « C'est drôle ! Personne n'était jaloux de mon travail cette année-là », m'a déjà lancé un confrère.

Avant-propos

• • •

C'est en partageant le quotidien de mes prédécesseurs et en traversant l'Amérique à leurs côtés que l'idée d'écrire ce livre a germé dans mon esprit. Pendu à leurs lèvres, je les écoute souvent raconter des anecdotes impliquant Mario Tremblay, Guy Lafleur, Larry Robinson et Patrick Roy. Des joueurs qui ont marqué l'époque où je regardais *La Soirée du hockey* assis sur l'immense divan rouge du salon familial, dont le tapis est tout aussi rouge.

Chacun a son histoire fétiche : une primeur qu'il a dégotée, un événement marquant dont il a été témoin, une amitié forgée et entretenue au fil des ans.

Avec la généreuse collaboration de 29 confrères, je vous présente 30 d'entre elles. Ceux qui croient que les journalistes des différents médias se regardent en chiens de faïence comprendront que c'est loin d'être le cas. C'est sans trop de difficulté que j'ai réussi à réunir des témoignages de confrères issus tant du *Journal de Montréal* (et *de Québec*) que de *La Presse* et du *Soleil*. Certains travaillent au Réseau des sports et à TSN, alors que d'autres sont à l'emploi de TVA. À ce groupe se sont joints des collègues de la Presse canadienne, du 98,5 FM, de Radio-Canada, du quotidien *The Gazette* et même du défunt *Montréal-Matin*. Une belle preuve que la guerre que se livrent les conglomérats médiatiques a lieu bien au-delà de nos têtes et que, la plupart du temps, sur le terrain, ce n'est pas notre préoccupation première.

Voici donc 30 histoires vues par des journalistes et racontées de la façon dont ceux-ci les ont vécues. Vous constaterez que, pour chaque histoire triomphale, on peut compter une dizaine de péripéties cauchemardesques. Car bien que ce soit un privilège de côtoyer quotidiennement les stars de notre sport national, de dormir à l'hôtel et de passer sa vie dans les avions, la vie sur le *beat*, ce n'est pas uniquement la vie *glamour* que tout le monde imagine. C'est également… le stress de détenir une primeur, la pression du patron, les heures de tombée impossibles, une collaboration parfois difficile avec l'équipe, des querelles, des frustrations, des amitiés brisées, des imprévus, des vols annulés, des journées de travail de quatorze heures, des repas sautés ou ingurgités en vitesse sur le coin du bureau ou dans la voiture et, surtout, des semaines loin de la famille. Pas surprenant qu'il fût une époque, lointaine, faut-il le préciser, où l'espérance de vie d'un journaliste sportif n'atteignait même pas les 60 ans.

Cela dit, je persiste à croire que j'exerce le deuxième plus beau métier du monde… après celui de joueur de hockey. D'ailleurs, comme le chantent si bien les Vulgaires Machins, un groupe originaire de Granby tout comme moi : « Et même si y'a plus de malchance que de fun/Je n'échangerais jamais de place avec personne. »

Premiers sur la nouvelle

Sortir une primeur. Être celui par qui tout le monde apprendra une nouvelle percutante. Voilà l'objectif principal, le rêve que caresse tout journaliste. Si les scoops apportent un si grand rayonnement à leur auteur, c'est qu'ils ne courent pas les rues. Les plus chanceux ou ceux qui possèdent les meilleurs contacts en compteront trois ou quatre au cours de leur carrière. D'autres n'auront même jamais l'occasion de vivre l'angoisse et la satisfaction qu'ils procurent.

L'avènement des médias sociaux, plus particulièrement de Twitter, a énormément changé la donne. La durée de vie d'une primeur n'est plus que de quelques secondes. Dans le meilleur des cas, le crédit reviendra à son véritable titulaire pendant quelques minutes. Tant et si bien que la plupart des primeurs n'en sont plus au bout d'un quart d'heure. Or, autrefois, la durée de vie d'un scoop était pratiquement de vingt-quatre heures. La nouvelle, publiée dans le journal du matin, était reprise dans tous les bulletins d'information télévisés ou radiophoniques...

Voici la petite histoire de quelques scoops, célèbres dans la profession.

1. Une taupe bien renseignée

Avec la collaboration de Marc de Foy

En raison d'un lock-out qui s'est éternisé jusqu'au 11 janvier 1995, la saison 1994-1995 est écourtée à 48 rencontres. La campagne, qui, depuis deux ans, se veut un long marathon de 84 matchs, se transforme pratiquement en sprint. Or, le Canadien amorce le sien de bien mauvaise façon. Après 23 matchs, soit pratiquement la moitié de la saison, il montre un dossier de 7 gains contre 11 revers et 5 verdicts nuls.

Désireux de fouetter ses troupes, le directeur général Serge Savard procède à quelques mouvements de personnel. Le Canadien change de capitaine à deux occasions. Kirk Muller, qui avait obtenu le «C» à la suite du départ de Guy Carbonneau vers St. Louis, verra Mike Keane lui succéder une fois qu'il aura pris le chemin de Long Island.

À la fin de la saison, le Canadien franchit le fil d'arrivée au 11e rang avec 43 points au classement, 4 de moins que les Rangers, détenteurs du dernier rang donnant accès aux séries éliminatoires. Le Canadien rate ainsi la grande danse du printemps pour la première fois depuis 1970, soit vingt-cinq ans.

9 février 1995. Paralysée tout l'automne par le premier lock-out de son histoire, la LNH vient tout juste de reprendre ses activités. Devant les succès mitigés de sa formation, qui présente alors une fiche de quatre gains contre autant de revers et deux matchs nuls, Serge Savard envoie Éric Desjardins, John LeClair et Gilbert Dionne à Philadelphie en retour de Mark Recchi et d'un choix de 3e ronde en 1995 (Martin Hohenberger). Au moment de confirmer le pacte, le directeur général du Canadien, conscient qu'il sacrifie un gros morceau en Desjardins pour faire l'acquisition d'un nouvel attaquant, est loin de se douter que LeClair, dont le haut fait d'armes à Montréal est d'avoir inscrit deux buts en prolongation lors de la finale de la Coupe Stanley remportée deux saisons plus tôt, éclora à la gauche d'Eric Lindros et de Mikael Renberg.

Utilisé au sein de ce trio qui sera rapidement surnommé « The Legion of Doom », l'ancien choix de 2e ronde du Tricolore explosera avec une récolte de 49 points, dont 25 buts, en 37 rencontres (il connaîtra 3 saisons consécutives d'au moins 50 buts à compter de l'hiver suivant). Lors de son premier match à Montréal dans l'uniforme des Flyers, à peine deux semaines après la transaction, LeClair inscrit un tour du chapeau et est élu première étoile, dans un gain de 7 à 0 des Flyers. La pression est donc forte sur Savard, qui se fait même huer à quelques reprises le lendemain de cette gênante rencontre, alors qu'il participe à un match des anciens au Forum. Prenant conscience de sa bourde, Savard est bien déterminé à la racheter.

La date limite des transactions, exceptionnellement repoussée au 7 avril, n'est plus que dans quatre jours, et le grand manitou du Canadien n'a toujours pas bougé.

Le 3 avril, le Canadien se trouve à Ottawa où il complète un périple de trois rencontres. Alors affecté à la couverture des activités du Canadien pour le compte du *Journal de Montréal* depuis une dizaine d'années, Marc de Foy accompagne l'équipe dans la capitale fédérale. C'est ce soir-là, au cours d'une discussion avec le confrère Bruce Garrioch, du *Ottawa Sun,* qu'il obtiendra l'information de départ de l'une des plus importantes primeurs de sa carrière. Bien que démentie quelques jours plus tôt, une rumeur voulant que le Canadien tente de faire l'acquisition de Pierre Turgeon, alors porte-couleurs des Islanders, refait surface.

1. Une taupe bien renseignée

« Les informations de Bruce étaient plus précises que ce qui avait été entendu jusque-là. Bruce avait même avancé quelques noms en soulignant que, selon ses sources, Kirk Muller et Mathieu Schneider seraient également impliqués », se souvient De Foy.

Pour Garrioch, qui couvre alors les activités des Sénateurs d'Ottawa, cette information n'est d'aucune utilité. Ses lecteurs, des partisans de l'équipe locale, n'en ont rien à cirer de ce qui se passe dans la cour du Canadien. Il fait donc ce que les journalistes des différentes villes du circuit font entre eux : il refile le tuyau à un confrère à qui il pourrait servir.

Intrigué et voulant s'assurer de la crédibilité de l'information avant d'amorcer ses propres démarches, De Foy demande à son confrère le nom de cette fameuse source. « Il m'a répondu : "C'est John Ferguson" », raconte De Foy, aujourd'hui membre du Temple de la renommée du hockey.

Or, Ferguson, qui à l'époque occupe les fonctions de directeur du personnel des joueurs chez les Sénateurs d'Ottawa, est un ancien coéquipier de Serge Savard, mais également un grand ami. Ensemble, ils ont défendu les couleurs du Canadien de 1967 à 1971, soulevant, au cours de cette période, la coupe Stanley à trois reprises. « Lorsqu'il a prononcé ce nom, j'ai immédiatement su que, effectivement, il y avait anguille sous roche. »

De Foy rédige alors un texte faisant état de cette rumeur. Le 4 avril, on peut lire dans *Le Journal de Montréal* :

> [...] *Des pourparlers entre Savard et son homologue des Islanders, Don Maloney, sur qui la pression se fait de plus en plus accablante, sont très sérieux. [...] Pas moins de sept noms sont mentionnés. Le Canadien serait prêt à céder Kirk Muller, Mathieu Schneider, Craig Darby ou Turner Stevenson en retour de Turgeon, Benoit Hogue et Vladimir Malakhov, qui demanderait pour sa part la lune dans son prochain contrat.*

Au cours de cette même journée, il saute sur son téléphone et multiplie les appels auprès de ses contacts. Après un coup de fil à Turgeon, principal joueur visé par cette transaction, au cours duquel celui-ci se montre très évasif, De Foy tente sa chance auprès de Benoit Hogue, coéquipier de Turgeon à New York. « Hogue avait toujours la langue bien pendue. Je me doutais que j'obtiendrais possiblement quelque chose de lui. »

Le flair du vétéran journaliste l'a bien guidé. La fiabilité et les années d'expérience de son interlocuteur l'ayant mis à l'aise, l'attaquant québécois passe en mode confession et déballe tout. « Es-tu au courant de la rumeur de transaction entre le Canadien et les Islanders ? » demande De Foy. « Certain que je suis au courant. Et ça va se faire, lui

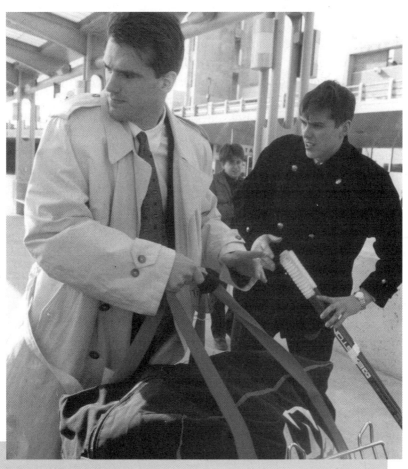

Le 5 avril 1995, Pierre Turgeon et Vladimir Malakhov (à droite), acquis par le Canadien quelques heures auparavant, sont accueillis à l'aéroport de Dorval par des médias et des membres de l'organisation tricolore.

1. Une taupe bien renseignée

répond Hogue du tac au tac. Je peux même te dire quels joueurs sont impliqués. »

De Foy, qui n'en demandait pas tant, tend l'oreille. « Le Canadien va échanger Kirk Muller, Mathieu Schneider et un gars du nom de Craig Darby contre Pierre Turgeon et Vladimir Malakhov », révèle Hogue. « Toi, en fais-tu partie ? » lui demande De Foy. « J'aimerais ça, mais non », lui répond le Québécois. « Je n'ai jamais su comment ni de quelle façon il avait été mis au courant, mais il avait énuméré tous les bons noms », s'interroge encore le journaliste quelque vingt ans plus tard.

Motivé et excité par la conversation qu'il vient d'avoir, De Foy s'empresse de coucher cette nouvelle sur papier. Dans cet article qui paraîtra le lendemain matin (5 avril 1995) et qui se méritera une mention à la une du journal, il écrit que la transaction est imminente, que ce n'est qu'une question d'heures avant que Turgeon et Malakhov n'aboutissent dans la métropole québécoise. « Ça discute fort ! » peut-on lire en bandeau, le titre étant accompagné de photos de Turgeon et de Hogue.

Quelques heures plus tard, Marc de Foy se présente au Forum pour assister à l'entraînement matinal du Canadien. Le soir même, l'équipe doit disputer la victoire aux Nordiques. Or, pour une rare fois, ce n'est pas la visite des ennemis jurés qui meuble les discussions, mais bien l'article faisant état de la transaction. « J'étais sur les nerfs. Je me disais : "Tout d'un coup que ça a foiré au cours de la nuit ?" » se rappelle-t-il. Sans compter que la rumeur avait été démentie par Savard lui-même le week-end précédent...

L'entraînement du Tricolore suit son cours normal, et on ouvre les portes du vestiaire pour permettre aux journalistes d'effectuer leurs entrevues. Rien d'anormal. Muller, Schneider et Darby vaquent à leurs occupations ; rien ne laisse présager qu'ils sont sur le point de faire leurs valises. Bien qu'il compte à l'époque déjà plus de vingt ans de métier, De Foy commence sérieusement à remettre sa primeur en question. « Là, j'ai commencé à être vraiment nerveux. Je me disais : "Vont-ils finir par l'annoncer ? Qu'est-ce qu'ils font ? Qu'est-ce qu'ils attendent ?" » raconte-t-il. L'attente semble interminable pour le journaliste dont la crédibilité est inévitablement en jeu. Se présente alors au centre du vestiaire Donald Beauchamp, directeur des communications. « Messieurs les journalistes, je vous invite à ne pas vous déplacer trop loin. Nous aurons quelque chose à annoncer sous peu », lance-t-il aux membres des médias toujours sur place. Une dizaine de minutes plus tard, Beauchamp se présente à nouveau et confirme la transaction.

« Je nous revois, toute la gang, attendre Muller à sa sortie du vestiaire. Je peux vous dire que j'étais le premier en avant ! »

En étouffant quelques sanglots, Muller révèle aux journalistes : « [...] je sais comment les choses fonctionnent au hockey. Dans la position qu'elle est, l'équipe devait apporter des changements. La vie continue. J'ai adoré ça ici. J'ai de grands souvenirs. » Frustré par la situation et se sentant trahi (Savard lui avait apparemment assuré quatre jours plus tôt qu'il ne serait pas échangé), l'ailier gauche de 29 ans mettra quatre jours à se rapporter aux Islanders. Par ailleurs, mis au fait de la déception de Hogue, Maloney l'enverra sans tarder (le 6 avril) aux Maple Leafs de Toronto, en compagnie d'un choix de 5ᵉ ronde, en retour d'Éric Fichaud.

Le soir même de leur arrivée à Montréal, Turgeon et Malakhov font leurs débuts dans l'uniforme du Canadien. Le futur capitaine de l'équipe, employé au centre de Vincent Damphousse et Recchi, réussit son entrée en participant aux trois derniers buts des siens (un but et deux passes) dans une victoire de 6 à 5. Il récolte même la première étoile de la rencontre. L'ancien 1ᵉʳ choix au repêchage de 1987 (Buffalo) récoltera 20 points en 15 matchs avec le Tricolore. Un rendement insuffisant, cependant, pour aider le Canadien à accéder aux séries éliminatoires.

« Ça avait été une bonne transaction pour le Canadien, car, dans l'esprit de Savard, Muller était sur la pente descendante. Il avait ralenti depuis la conquête de 1993. Il venait de succéder à Guy Carbonneau à titre de capitaine, mais ne connaissait pas une très grande saison. Quant à Turgeon, on racontait que les Islanders ne voulaient plus du gros contrat qu'ils lui avaient fait signer quelques saisons auparavant. »

Le passage de Turgeon avec le Canadien sera finalement de courte durée. Il disputera une seule saison complète à Montréal, un hiver au cours duquel il dominera la colonne des pointeurs du Tricolore avec 96 points. Réjean Houle l'enverra à St. Louis en retour de Shayne Corson et de Murray Baron, après seulement neuf matchs, à l'automne 1996. Serge Savard, qui avait travaillé dur pour amener Turgeon à

Montréal et redorer ainsi son blason, et qui avait lui-même évincé Corson de Montréal en retour de Vincent Damphousse, aura en travers de la gorge pendant plusieurs années la transaction effectuée par son successeur…

À propos de…

Marc de Foy a fait ses débuts au défunt quotidien *Montréal-Matin* en 1972. Il a notamment été affecté à la couverture des Alouettes et des Jeux olympiques de 1976. Embauché au *Journal de Montréal* en 1982, il a couvert les activités du Canadien pendant vingt-neuf ans. Depuis 2011, il occupe un poste de chroniqueur au sein du même quotidien. Le Temple de la renommée du hockey lui a ouvert ses portes en 2010.

2. Une cigarette payante

Avec la collaboration de Mario Leclerc

À quelques semaines du début de la campagne 2001-2002, les espoirs de voir la léthargie des trois dernières saisons prendre fin grandissent chez les partisans du Canadien. Mais l'espoir fait rapidement place à l'inquiétude à l'annonce du cancer de Saku Koivu. Comme un malheur n'arrive jamais seul, Donald Audette voit sa saison fortement compromise le 1er décembre, lorsque le patin de Radek Dvorak lui tranche 11 des 12 tendons extenseurs du poignet gauche. Alors installé au septième rang de sa division, le Canadien tente de garder la tête hors de l'eau.

Le sort de l'équipe est largement tributaire de la tenue de son gardien de but, José Théodore. Les prouesses du jeune cerbère de 25 ans permettent au Canadien de se qualifier pour la grande danse du printemps. Les succès de Théodore se poursuivent au cours du premier tour éliminatoire, cependant le conte de fées prend fin face aux Hurricanes de la Caroline. En avance 2 à 1 dans la série demi-finale de l'Association de l'Est, le Canadien perd les trois rencontres suivantes.

Sans surprise, Théodore remporte le trophée Hart, attribué au joueur le plus utile à son équipe, et le trophée Vézina, remis au meilleur gardien du circuit. Koivu, de retour le 9 avril, mérite quant à lui le trophée Bill-Masterton, décerné au joueur ayant fait preuve de persévérance, d'esprit sportif et de dévotion au hockey.

Au cours de ses onze ans à la couverture quotidienne du Canadien, Mario Leclerc a mis la main sur deux grosses primeurs. En général, une telle occasion ne se présente qu'une seule fois dans une carrière.

« La première histoire, je ne l'ai pas publiée dans *Le Journal de Montréal*. J'ai appris l'analphabétisme de Jacques Demers en 1995. Il m'avait demandé de garder le secret. J'aurais pu publier la nouvelle et être le héros d'une journée, mais j'aurais perdu un ami pour la vie. J'aurais également perdu ma crédibilité auprès des joueurs, explique-t-il. Il y a des moments où il faut savoir se taire. J'ai gardé le secret et, finalement, j'ai bien fait parce que, une dizaine d'années plus tard, ça m'a valu un livre*. »

Voici le récit de son autre primeur.

• • •

Depuis près de quarante ans, le Canadien lance sa saison avec son traditionnel tournoi de golf. Certains journalistes sont invités à jouer une ronde en compagnie des joueurs, des membres de la direction et des commanditaires de l'équipe. Les autres s'affairent autour des leaders, des nouveaux venus et de l'équipe d'entraîneurs pour récolter leurs commentaires et connaître leurs objectifs pour la saison à venir.

À l'époque où il couvre les activités du Canadien, Leclerc, grand amateur de golf, s'assure toujours de faire partie du premier groupe. « Marc de Foy était celui de nous deux qui travaillait ces journées-là. Moi, je jouais au golf et je l'aidais en ramassant des histoires à gauche et à droite », raconte Leclerc. En stationnant sa voiture au club de golf de Laval-sur-le-Lac ce matin du 4 septembre 2001, Leclerc ne s'attend à rien d'autre que la routine habituelle. Fidèles à leurs habitudes, les joueurs du Canadien défilent près de l'entrée du chalet à bord de leur luxueuse voiture, remettent leurs clés au valet chargé d'aller les garer et agrippent leur sac de golf avant de disparaître dans le bâtiment principal.

Les Yanic Perreault (acquis par le Canadien au cours de l'été), Richard Zednik, Patrice Brisebois et autres vétérans se succèdent devant la meute de reporters. Tous sont présents, à l'exception d'un seul. Celui

---

* Mario Leclerc, *Jacques Demers : en toutes lettres*, Montréal, Stanké, 2005.

qu'ils attendent, le leader incontesté de cette équipe, celui à qui ils souhaitent demander si le Canadien mettra un terme à sa séquence de trois printemps sans séries éliminatoires : le capitaine Saku Koivu. « On nous a dit qu'il avait eu des problèmes. Le Canadien avait été très vague sur la situation. Tellement que ce qu'il nous avait dit avait passé comme du beurre dans la poêle », se souvient Leclerc.

Trouvant tout de même la situation étrange, Leclerc en glisse un mot à François Leblond, son directeur des sports au *Journal de Montréal*. « Je lui avais dit que je trouvais ça bizarre qu'il ne soit pas là. Mais en même temps, je me disais qu'il avait peut-être simplement raté son avion. Ce sont des choses qui arrivent. D'autant plus qu'il revenait de Finlande. »

La nouvelle de l'absence de Koivu, le capitaine depuis les deux dernières saisons, s'estompe rapidement. La journée se poursuit, et le tournoi bat son plein jusqu'en début de soirée où les convives sont invités à prendre le repas dans la grande salle du club.

Fumeur à l'époque, Leclerc a développé une certaine relation avec Pierre Desautels, le dentiste du Canadien : après chaque période, les deux hommes vont en griller une dans l'escalier reliant le rez-de-chaussée du Centre Bell au stationnement des joueurs. Ils en profitent pour échanger sur les vingt minutes de jeu précédentes, vantant les mérites de l'un et maudissant les erreurs ou la nonchalance de l'autre. « C'est de cette façon que nous nous sommes connus, Pierre et moi », souligne Leclerc.

Joueurs et dirigeants du Canadien, hommes d'affaires ainsi que journalistes sont attablés lorsque Leclerc invite Desautels à l'extérieur. « Je me suis levé pour aller fumer et j'ai fait signe à Pierre, assis à une table près de la mienne, de m'accompagner. » Les deux hommes se retrouvent sur la terrasse du club de golf à griller une cigarette comme ils l'ont fait des centaines de fois auparavant. « On parlait de tout et de rien, de la journée qui venait de passer. Soudain, il me dit : "C'est terrible ce qui arrive à Saku, hein ?" » Bien que n'ayant aucune idée de ce dont son interlocuteur parle, le journaliste feint : « Ben oui. Tu parles d'une affaire. » « Quand la nouvelle est tombée, tout le monde était *shaké* », d'ajouter le dentiste.

Feignant toujours d'être au fait de l'histoire, Leclerc répond : « Ouin, on en a parlé un peu tantôt, mais on n'était pas tout à fait certains de ce qu'il avait exactement.» «C'est le cancer», lui répond candidement Desautels. «Ah oui! Je n'étais pas sûr que c'était sérieux comme ça», poursuit Leclerc, toujours en usant de ses talents de comédien.

Il est environ 21 h 30 quand le dentiste du Canadien révèle involontairement la nouvelle. Leclerc doit faire vite. L'heure de tombée du *Journal de Montréal*, fixée à 23 h, approche à grands pas. «J'étais sur les nerfs. J'étais à Laval-sur-le-Lac, je n'avais pas d'ordinateur avec moi, le journal du lendemain était prêt, les pages montées avec les textes et les photos sur le tournoi de golf», se souvient Leclerc. Malgré la nervosité qui le gagne et le temps qui file, Leclerc termine sa cigarette. «Il fallait encore que je fasse semblant de rien», précise-t-il.

Une fois le mégot écrasé, Leclerc file au téléphone. Il joint François Leblond et lui demande d'insister auprès de Bernard Brisset, alors rédacteur en chef du *Journal*, pour arrêter les presses. «Je pense que j'ai toute une nouvelle!» lui lance-t-il avant de lui en expliquer les détails. Le seul hic, c'est que Leclerc, règle du journalisme oblige, ne peut se fier à la parole d'un seul individu. Il doit trouver une façon de parler à quelqu'un qui pourra lui confirmer la nouvelle d'une manière ou d'une autre. Il s'approche de Donald Beauchamp, directeur des communications du Canadien, et lui demande la permission de s'entretenir rapidement avec André Savard, le directeur général de l'équipe. «André Savard et moi, on était devenus amis à l'époque où il était avec les Nordiques. Je le connaissais assez bien pour être en mesure de le faire parler, même s'il ne le voulait pas.»

Obtenant la permission, Leclerc se dirige vers la table où Savard se trouve en compagnie de quelques invités. Après avoir amorcé la discussion en s'informant de la tenue de son interlocuteur sur les verts, Leclerc lui lance :

«Qu'est-ce qui arrive avec ton capitaine ?

— Bof. Juste des petits problèmes.

— Ah oui ? Il n'y a pas autre chose ?

— Non, non.

— Quelqu'un m'a dit qu'il était très malade. »

Leclerc raconte que le visage du directeur général est devenu d'un rouge écarlate.

«Il était incapable de me mentir. Tout ce qu'il m'a dit, c'est :

"Mario, je ne peux plus te parler.

— Non, non, mais je veux juste savoir.

— Mario, je ne peux plus te parler. As-tu d'autres questions ?

— Non, non. C'est juste ça. Je veux juste savoir si je suis dans le champ ou pas.

— Je ne peux plus te parler. Je m'en vais. " »

Et il tourne les talons. « Sans qu'il ne me dise rien, je venais d'obtenir ma confirmation », raconte Leclerc, toujours fier de sa stratégie quatorze ans plus tard.

Ce nouvel élément en poche, Leclerc s'empresse de rappeler au bureau. Il annonce alors à ses patrons le secret que tente de camoufler le Canadien.

« J'ai dit à François que j'ignorais de quel cancer il s'agissait, mais que l'absence de Koivu n'était pas due à un mal de pied. Il avait une maladie grave qui pouvait être mortelle. Et on parlait du capitaine du Canadien. Il fallait absolument broder quelque chose alentour de ça. »

Convenant qu'il s'agit d'une bombe, Brisset accepte de repousser l'heure de tombée du journal. L'édition du lendemain est chamboulée. Le bandeau de la une est consacré à son scoop. Hésitant à utiliser le terme « cancer » puisque Leclerc n'a pas obtenu de confirmation verbale de Savard, le directeur de l'information du journal titre : « Le mystère plane chez le Canadien. Saku Koivu hospitalisé ! » Dans son texte, Leclerc écrit :

Selon ce que Le Journal de Montréal *a pu apprendre, Koivu a été admis au cours des dernières heures dans un hôpital de la région de Montréal où il aurait subi des examens approfondis. Bien qu'on ignore encore la nature du malaise ou de la maladie dont il serait victime, des sources ont relaté que le jeune capitaine du Tricolore serait sérieusement affligé. Sa présence au sein de l'équipe pour le début de la saison serait compromise et certains parlent même d'une absence beaucoup plus prolongée.*

Plus tard, Leclerc et ses confrères apprendront que Koivu s'est senti mal pendant le voyage qui le ramenait de Finlande, lors d'un vol entre Amsterdam et Montréal. Le docteur David Mulder, chirurgien en chef du Canadien, lui a alors fait passer des tests. C'est à ce moment qu'il a découvert des cellules cancéreuses dans la cavité abdominale du joueur du Canadien.

Le vétéran journaliste a beau avoir sorti la nouvelle, lui-même n'est pas sorti de l'auberge. Il patientera près de deux jours avant que l'organisation du Canadien finisse par la confirmer. «Tout le monde courait après le Canadien et personne dans l'organisation ne voulait parler. Je mangeais mes bas. Je n'arrêtais pas de penser: "Si j'ai écrit que le capitaine a une maladie qui peut être fatale et que ce n'est pas vrai, je vais avoir l'air d'un méchant bozo." Quarante-huit heures, c'est long en batince dans la vie d'un journaliste quand tu attends une confirmation. Il en sort, des papiers, et il en sort, des commentaires, en deux jours.»

Le 6 septembre, le Canadien tient enfin une conférence de presse pour confirmer le terrible diagnostic. «Ce qu'il y a de particulier là-dedans, c'est que nos compétiteurs étaient partis un peu en cachette à Calgary où se tenait le camp d'Équipe Canada en prévision des Jeux olympiques de Salt Lake City. C'était la dernière année de Mario Lemieux. Les *beat writers* de *La Presse,* de la Presse canadienne et de RDS étaient tous partis là-bas. Il manquait donc plusieurs habitués au tournoi du Canadien. Je les vois encore revenir de Calgary un par un. Ce qui se passait là-bas n'avait plus d'importance. Je crois que c'est la fois qu'ils ont regretté le plus d'être allés à Calgary. Ils sont tous passés à côté de la nouvelle», dit Leclerc.

• • •

Quand il repense à la façon dont il a appris cette nouvelle, Leclerc n'en revient pas encore, malgré toutes les années qui se sont écoulées depuis. «Lorsque j'ai fait signe à Desautels de venir fumer, je n'avais aucune arrière-pensée. Dans ma tête, tout était réglé et Koivu serait présent à l'ouverture du camp quelques jours plus tard, lance-t-il, toujours incrédule. Le gars m'a donné une nouvelle sans même le savoir. Je me demande même si, à ce jour, il sait que c'est lui qui me l'a donnée. Je ne lui en ai jamais reparlé, même si on s'est revus par la suite. D'ailleurs, c'est la première fois que j'en parle. Jamais, avant aujourd'hui, je n'avais dévoilé le nom de mon informateur. Dire que j'ai obtenu cette nouvelle strictement parce que j'étais un fumeur… C'est bien la seule fois que la cigarette m'a aidé dans la vie», ajoute Leclerc, qui ne fume plus aujourd'hui.

Lorsque le Canadien a confirmé le tragique diagnostic, Leclerc se souvient d'avoir éprouvé des sentiments mitigés. «C'était une nouvelle grave. C'était comme une tonne de briques qui tombait sur la tête de l'organisation. Mais, paradoxalement, du point de vue professionnel, c'était grisant. Une nouvelle comme celle-là ne tombe pas tous les jours. Dans ce métier, même si tu travailles fort et que tu fouilles un peu partout, il faut que tu sois chanceux. J'étais un journaliste qui travaillait fort. Un moment donné, j'ai été chanceux. Là-dessus, j'avais été bien chanceux», soutient Leclerc, devenu chef de pupitre au *Journal de Montréal.*

• • •

Koivu, alors âgé de 26 ans, combattra durant toute la saison un lymphome non hodgkinien. Au cours de l'hiver, il fera quelques apparitions médiatiques pour informer les partisans de son état de santé. À coups de traitements de chimiothérapie et de radiothérapie, il viendra

Le 6 septembre 2001, accompagné des docteurs David Mulder et Vincent Lacroix, Saku Koivu annonce qu'il est atteint d'un cancer.

finalement à bout de cette maladie avant la fin de la saison. Un tour de force attribuable, selon Leclerc, à la combativité de l'athlète. « On avait beau dire qu'il était détestable, il avait du caractère et du chien. Ce sont les éléments qui lui ont permis de se battre contre cette maladie. Il n'y a pas un gars dans cette équipe qui aurait pu mieux s'en sortir que lui », assure le journaliste.

Contre toute attente, le capitaine du Canadien revient au jeu le 9 avril 2002, à temps pour disputer les trois derniers matchs de la saison. Les 21 273 spectateurs réunis au Centre Bell lui offrent une ovation de près d'une dizaine de minutes. Inspiré par la présence de son capitaine, le Canadien savoure un gain de 4 à 3 et confirme, du même coup, sa place en séries éliminatoires. « Ç'a été le moment le plus émouvant que j'ai vécu au Centre Bell. Quand il s'est présenté sur la glace la tête rasée, la foule s'est levée. Même les joueurs des Sénateurs étaient debout et tapaient du bâton sur la rampe. Je ne suis pas sûr que le personnel médical de l'équipe était convaincu de ce qui allait arriver quand il lui a permis de revenir au jeu. Il a travaillé très fort. »

C'est ce soir-là que Koivu a l'idée d'organiser une collecte de financement pour doter l'Hôpital général de Montréal, établissement où il a été soigné, d'un TEP-scan, un appareil de médecine nucléaire servant à faire des examens d'imagerie et permettant d'établir un diagnostic plus rapide et plus précis. En seulement quelques semaines, Koivu, aidé du Canadien, du public, de quelques fondations privées et du gouvernement du Québec, parviendra à récolter les 8 millions de dollars nécessaires à l'achat de l'appareil.

À propos de...

Mario Leclerc a amorcé sa carrière à Val-d'Or. Son parcours l'a ensuite amené à Québec, où il a couvert les activités des Nordiques de 1987 à 1990 pour la Presse canadienne. Accueilli au *Journal de Montréal* en 1990, on lui confie à l'automne 1992 la couverture du Canadien. Il occupera cette fonction pendant 10 saisons. Par la suite, il acceptera la fonction de chef de pupitre au *Journal*, avant de devenir chef de la production.

3. Des « K » spéciaux

Avec la collaboration de Richard Labbé

La saison 2008-2009 est la 100e de l'histoire du Canadien, et plusieurs événements sont organisés pour souligner ce centenaire. Parmi ceux-ci, on retrouve la cérémonie de retrait du numéro 33 de Patrick Roy. La LNH se joint aux célébrations de sa plus vieille concession en lui octroyant la présentation du Match des étoiles et l'organisation du repêchage amateur.

Le Canadien amorce la saison sur les chapeaux de roue en remportant 8 de ses 10 premiers matchs. À la pause du Match des étoiles, il occupe le cinquième rang de l'Association de l'Est. Au retour de cette pause, une série de blessures vient ralentir les ardeurs de la troupe de Guy Carbonneau. Entre le 27 janvier et le 19 février, elle maintient un dossier de 3 gains contre 9 revers et 1 défaite en tirs de barrage.

Carbonneau parvient quelque peu à ramener la barque, mais le 9 mars, Bob Gainey le congédie. Ce dernier assurera l'intérim jusqu'à la fin de la saison. Après s'être qualifié pour les séries éliminatoires par la porte arrière, le Tricolore se fait montrer la sortie en quatre matchs expéditifs par les Bruins de Boston. Cependant, ce qui se déroule sur la glace et la réussite des célébrations entourant le centenaire du Canadien ne sont pas nécessairement les principales préoccupations de la direction de l'équipe...

Ça devait être l'année des festivités, celle où on allait couronner le centenaire de la plus prestigieuse équipe de l'histoire du hockey. Au cours des saisons précédentes, George Gillett, propriétaire du Canadien, et Pierre Boivin, son président, avaient préparé la table en procédant au retrait de plusieurs chandails. Ils avaient également inauguré la place du Centenaire, où des statues de Howie Morenz, de Maurice Richard, de Jean Béliveau et de Guy Lafleur rappellent aux partisans et aux visiteurs la riche tradition de l'équipe. La Ville de Montréal avait même accepté de rebaptiser avenue des Canadiens-de-Montréal la portion de la rue de la Gauchetière où se trouve le Centre Bell.

Malgré tous les efforts mis de l'avant pour créer cet engouement qui allait culminer avec le match du centenaire le 4 décembre 2009, jamais les deux hommes n'auraient pu imaginer que plusieurs événements viendraient porter ombrage, au cours des mois précédents, à ces célébrations. « Tout a mal été cette année-là. Ce fut la saison la plus étrange que j'ai connue, raconte Richard Labbé, journaliste à *La Presse*. C'était le *free for all*. À tout moment, quelque chose était susceptible de se passer. J'ai été nerveux durant toute l'année 2009. Je ne savais jamais quand je recevrais un coup de fil à une heure du matin qui allait m'apprendre qu'un joueur avait fait une niaiserie », ajoute-t-il. Pas une seule semaine ne se passe sans que des rumeurs rapportant des écarts de conduite hors glace ou le mécontentement de certains joueurs soient entendues.

Le 17 février, à la veille d'un voyage qui doit mener le Canadien à Washington et à Pittsburgh, Bob Gainey invite Alex Kovalev à rester chez lui. Le directeur général du Canadien n'est pas tendre à l'endroit de son joueur vedette lors du point de presse annonçant cette décision. « Alex connaît une saison difficile. Cette situation lui pèse beaucoup. Mais sa façon de jouer est inacceptable. L'équipe n'a pas besoin de lui lorsqu'il joue de cette façon. Il est fatigué et il joue sans émotion », laisse tomber Gainey. On apprendra dans les jours suivants que Kovalev et lui ont tenté de trouver une solution en marchant ensemble dans les rues du Vieux-Montréal. Ce même jour, en plus d'enjoindre Kovalev de rester à la maison, Gainey renvoie Sergei Kostitsyn à Hamilton.

Mais Gainey et le Canadien ne sont pas au bout de leurs peines. Le 19 février, alors que le Tricolore vient tout juste de baisser pavillon 5 à 4 aux mains des Penguins et s'apprête à rentrer à Montréal avec

1 point acquis à Washington, une odeur de scandale flotte sur la ville. « Ce soir-là, le Canadien revenait de Pittsburgh. Ça a adonné que j'étais en ondes à l'émission *110 %*. Je venais de participer à une réunion de production de *La Presse* au cours de laquelle les rumeurs les plus folles circulaient. Il fallait qu'on vérifie les faits. Vers 22 h, je suis entré en ondes avec ces rumeurs-là en tête. Je n'étais pas encore sûr de ce qui était vrai. Ça *spinnait*, se souvient Labbé. Quelques joueurs étaient impliqués. On entendait qu'un gars s'était fait pogner dans une bataille dans un club, qu'un autre s'était fait tasser par la police. Ça n'arrêtait plus. Il fallait faire le ménage là-dedans. »

Sur toutes les tribunes, que ce soit à la radio ou à la télévision, c'est la cohue. On s'attend au pire. On dit que l'histoire est immense, qu'elle aura des répercussions pour des années à venir et qu'on ne parlera plus que de hockey pendant des semaines. Sur le plateau de *110 %*, l'animateur Jean Pagé soutient : « C'est l'histoire la plus sombre dans l'histoire du Canadien. » Panelliste de *L'Antichambre* au Réseau des sports, Jacques Demers, la gorge nouée, soutient même que les colonnes du temple seront ébranlées. « Heureusement, Twitter n'en était qu'à ses premiers balbutiements à cette époque. Sinon, ça aurait été infernal. Ça aurait solidement dérapé », indique Labbé.

On s'attend tellement à une grosse histoire que les réseaux de télévision dépêchent des équipes de reporters et des camions-satellites à l'aéroport de Montréal-Trudeau, où le Canadien est attendu aux petites heures de la nuit.

« Je me souviens d'avoir vu des images des joueurs qui descendaient de l'avion. Ils étaient, paraît-il, très nerveux parce qu'ils avaient su que des médias s'en venaient. Ils ignoraient ce qui se passait et plusieurs, qui avaient des choses à se reprocher, se demandaient si ce n'était pas pour eux. Finalement, il n'y avait eu aucun policier, raconte Labbé. Tous les médias montréalais étaient sur les dents. J'avais même reçu des appels de Toronto et de New York, de confrères qui voulaient savoir ce qui se passait. »

• • •

Il est 2 h dans la nuit du 19 au 20 février lorsque le site Internet de *La Presse* publie, sous les plumes de Patrick Lagacé, de Caroline Touzin et d'André Cédilot, que les frères Andreï et Sergeï Kostitsyn de même que Roman Hamrlik fraient avec Pasquale Mangiola, un personnage important du crime organisé montréalais. C'est en effectuant de l'écoute électronique chez l'homme de 38 ans dans le cadre de l'opération Axe que les policiers tombent par hasard sur des conversations entre le suspect et les trois joueurs du Canadien. Selon les informations colligées par le Service de police de la Ville de Montréal, Mangiola aurait pris les trois joueurs sous son aile à leur arrivée dans la métropole, les aidant à

Avec leurs frasques à l'extérieur de la patinoire et leur relation avec un membre du crime organisé, Andreï Kostitsyn et son frère Sergeï ont marqué le centenaire du Canadien à leur façon.

trouver «des bouteilles de vodka, des voitures de luxe, des femmes ou autres».

«Un peu tout le monde dans le milieu avait des bribes d'informations auxquelles se mélangeaient les rumeurs. Alors, tout le monde a commencé à s'imaginer que le lendemain il y aurait une descente de police monstre au Centre Bell et que les policiers procéderaient à l'arrestation d'une douzaine de joueurs. Voilà la raison pour laquelle le lendemain, cette nouvelle a laissé une impression de pétard mouillé. Pourtant, les accusations et le contexte étaient très graves, maintient Labbé. À première vue, on pourrait effectivement dire que ce n'est pas si terrible. Après tout, ils ne se sont fait prendre qu'avec un croche à qui ils avaient laissé leurs états de compte. Mais quand des croches commencent à s'infiltrer au sein d'une équipe professionnelle, historiquement, ça veut dire que le crime organisé n'est pas très loin. Souvent, ce sont des réseaux de parieurs illégaux qui essaient d'être chums avec des joueurs pour savoir si d'autres sont blessés. Lorsqu'on met la main sur de l'information privilégiée comme celle-ci, la ligne du pari bouge.»

Dans les mois précédents, des joueurs de tennis ont été pris à parier sur les résultats de certains matchs. En Europe, un arbitre de soccer de première division a été pincé alors qu'il tentait d'arranger un match. Le sujet est donc d'actualité. Pourtant, les journalistes de *La Presse* sont la cible de plusieurs critiques. «On s'est fait ramasser pendant plusieurs semaines par des collègues et des partisans fâchés contre nous.» Heureusement pour eux, dès le lendemain, Bob Gainey tient un point de presse très honnête dans lequel il soutient être très inquiet des accusations et de cette situation.

«Il avait joué pour cette équipe dans les années 1970, donc il savait très bien ce que ça pouvait impliquer. Au lieu de dire que c'étaient des inventions, il a admis que c'était un problème. Ça a ouvert les yeux à plein de gens. Il a été très limpide, reconnaît encore Labbé aujourd'hui. Ce qui a été plate, c'est que je croisais des partisans qui me demandaient ce que j'allais encore inventer pour parvenir à vendre des journaux. Je recevais des courriels de bêtises. Les gens étaient déçus. L'un d'eux m'a même avoué qu'il croyait que je sortirais une histoire de viol. Certains auraient tellement aimé qu'on sorte une histoire scabreuse de détournement de mineure…»

La colère et la déception des partisans sont d'autant plus difficiles à avaler que Labbé et ses collègues ont mis beaucoup d'efforts à enquêter sur ce cas, dans l'espoir de séparer le vrai du faux. « Ça faisait une couple de semaines qu'on était là-dessus. C'est un journaliste de la nouvelle générale à *La Presse* qui nous était arrivé avec cette histoire. Il nous avait dit : " Ça fait quelques fois que les frères Kostitsyn se font ramasser dans un bar. Ils se tiennent avec du monde pas correct. Ça a l'air que la police commence à surveiller ça. " Il a fallu faire tout un ménage. Il y avait tellement de rumeurs. D'ailleurs, je suis persuadé que, à ce jour, il nous en manque encore des bouts. »

Pour ajouter à la complexité de l'enquête, ceux qui côtoient les principaux belligérants refusent, sans surprise, de se mouiller ou de diffuser toute information pouvant les incriminer. « Je me souviens d'avoir parlé à l'agent des Kostitsyn, Don Meehan. Il m'a dit qu'il n'avait aucune idée de ce dont je lui parlais. Puisque j'étais sûr qu'il me mentait en pleine face, j'étais persuadé que la situation était bien pire que ça, déclare Labbé. Ce qui est étrange, c'est que je n'ai jamais été capable de me faire confirmer quoi que ce soit. Je me disais qu'à force de gratter et de faire des téléphones, je finirais par trouver quelque chose. Rien n'a pu être prouvé, sauf ce qui est apparu dans le journal. Mais aux yeux des gens, ce n'était pas aussi grave qu'ils auraient aimé que ça le soit. »

Il faut dire que les incartades nocturnes des deux Biélorusses étaient connues de tous. L'effet de surprise n'est donc pas au rendez-vous lorsque *La Presse* publie cette nouvelle. « Ils ne se cachaient même pas pour frayer avec des individus louches. Ils n'allaient pas dans un club privé, incognito dans un sous-sol quelque part. Ils se tenaient à l'Opéra sur Sainte-Catherine. Un méga gros club pouvant accueillir 1500 personnes, précise le journaliste. Constamment sur le party, les deux frères étaient si naïvement imbéciles que, pour eux, se tenir avec un gars comme Mangiola n'était pas un problème. Alors que, en réalité, c'en était tout un. »

Un peu plus de cinq ans après les événements, le 18 mars 2014, au palais de justice de Montréal, Pasquale Mangiola sera reconnu coupable par la juge Manon Ouimet de la Cour du Québec de trafic de cocaïne et d'armes. Quant aux joueurs du Canadien, leur dossier demeurera vierge. « Ils ont été relativement chanceux, car même si les preuves étaient là, les relevés de cartes de crédit et les relevés de cartes bancaires, la police n'a réussi à rien prouver. »

Si le scandale des frères K n'a pas eu l'impact prévu, Labbé a pu se reprendre avec d'autres nouvelles. « J'ai eu des histoires avec plus de rayonnement. J'ai sorti la primeur disant que le Canadien allait retirer le chandail de Patrick Roy. Un paquet de monde disait que c'était impossible. Ça avait fait une grosse histoire. D'ailleurs, cela avait créé un froid avec la direction à l'époque [qui n'avait prévu l'annoncer qu'environ un mois plus tard, le 24 septembre 2008]. Cette histoire et celle où Koivu avait dit que le Canadien ne misait pas sur une assez bonne équipe pour gagner la Coupe Stanley ont roulé plus longtemps parce qu'elles se passaient au niveau sportif. Elles touchaient le cœur de l'équipe. »

• • •

Pour Labbé, l'histoire des frères Kostitsyn a été la cerise sur le gâteau de cette année ridicule. « Elle constitue la représentation parfaite de cette saison qui devait être magique, mais qui s'est plutôt transformée en farce. Cette saison, tout comme l'année 2009 au grand complet, a vraiment été une farce », insiste-t-il.

Sergeï sera échangé aux Predators de Nashville en retour de Dan Ellis et de Dustin Boyd, le 29 juin 2010. Son aîné le suivra dans la capitale du country le 27 février 2012, contre deux choix au repêchage. Même loin de Montréal, les frères K continueront leurs frasques.

Andreï se trouve à Nashville depuis seulement deux mois lorsqu'il se fait prendre à rater un couvre-feu de plusieurs heures à Scottsdale, la veille du deuxième match des séries contre les Coyotes, en compagnie d'Alexander Radulov. Aucune trace de Sergeï. « Étonnamment, il avait réussi à se pousser. Le plus crétin était resté en arrière et s'était fait prendre avec son chum. Étrange… » conclut Labbé, songeur.

À propos de...

Journaliste à *La Presse* depuis 1995, **Richard Labbé** est passé de la couverture des arts à celle des sports en 1999. Son parcours l'a mené à couvrir des événements comme la Coupe Grey, le Super Bowl, des championnats du monde de hockey et des finales de la Coupe Stanley. Après un premier séjour à la couverture du Canadien en 1999 et 2000, il y est revenu en 2003.

3. Des « K » spéciaux

4. Quand les masques tombent

Avec la collaboration de Mathias Brunet

D'aussi loin qu'il se souvienne, Mathias Brunet a toujours rêvé de couvrir les activités du Canadien. Enfant, il découpait les photos dans les journaux, les collait dans un *scrapbook* et les coiffait d'un titre et de légendes. «Je faisais semblant d'écrire des articles sur le Canadien. J'étais un partisan invétéré de ses joueurs. Ils étaient mes idoles», indique-t-il.

Voilà pourquoi il sent son cœur battre à tout rompre lorsque, quelques semaines seulement après son embauche à *La Presse*, à l'aube de la saison 1994-1995, son patron lui confie la première de plusieurs assignations concernant l'équipe qui a marqué sa jeunesse.

Cependant, cette première année sur le *beat* le fera déchanter assez rapidement. Il ne mettra pas longtemps à comprendre que côtoyer des athlètes professionnels n'a absolument rien à voir avec le fait de suivre leurs prouesses au petit écran. L'envers du décor est loin d'être aussi rose qu'il l'avait imaginé...

Au moment où Mathias Brunet fait officiellement son entrée à la section sportive de *La Presse,* les activités de la LNH sont paralysées par un lock-out. À quelques jours de ce qui devait être le début de la saison, les directions des équipes de la LNH tiennent des réunions au cours desquelles on discute des développements des dernières séances de négociations. Le premier mandat du jeune reporter de 24 ans consiste à couvrir la réunion syndicale du Canadien chez Kirk Muller, à Westmount. « Ce que je devais faire, c'est attendre que les joueurs sortent de chez Muller et recueillir leurs commentaires, explique Brunet. J'étais excessivement nerveux à l'idée de croiser des joueurs du Canadien pour la première fois. J'étais sur le trottoir et j'attendais. »

Seuls membres des médias à s'être déplacés, Brunet et son photographe Bernard Brault patientent près d'une heure avant que le capitaine du Canadien et ses coéquipiers leur donnent signe de vie. « On était là à jaser de tout et de rien quand, soudainement, on a entendu un "flouche!" à nos pieds. On en était à se demander ce que c'était et d'où ça venait lorsqu'on a entendu un deuxième "flouche!". Cette fois, on a compris qu'on se faisait lancer des œufs. Des joueurs étaient postés au deuxième étage de la maison et nous lançaient des œufs par la fenêtre », raconte le journaliste. « *[…] Ce que nous avons moins bien compris, c'est cet œuf, qui, une dizaine de minutes plus tard, a atterri à nos pieds. De notre position, nous n'avons pu déterminer la provenance du " tir ", mais nous doutons qu'un voisin soit à l'origine de cet " avertissement "… », écrit-il dans* La Presse *du 3 octobre 1994.*

Une douzaine d'années plus tard, lorsque Muller occupera le poste d'adjoint de l'entraîneur Guy Carbonneau, Brunet lui rappellera cet épisode. « Il s'est mis à rire, se souvient-il. Il m'a dit : "Ouais. On en avait quelques tannants à cette époque." Je lui ai mentionné que je croyais que c'était Mike Keane. Sans rien confirmer, il m'a répondu que ça se pouvait très bien. »

• • •

Cette première saison sur le *beat* s'amorce officiellement le 20 janvier 1995 à New York. Après 103 jours de conflit, le Canadien s'apprête à ouvrir sa saison, le lendemain, au domicile des Rangers. « Je vais toujours me rappeler cette image : je suis dans l'autobus avec les joueurs, on voit les gratte-ciel de New York au loin, je m'en vais au Madison Square Garden et je suis terrifié, raconte Brunet. Je sortais de l'université. Je faisais de la pige pour *La Presse* depuis un an, j'avais déjà fait quelques trucs aux Arts et spectacles. En fait, je n'avais jamais couvert une partie de hockey de ma vie, que ce soit au niveau junior ou midget. Or, le tout premier match de hockey que j'allais couvrir dans ma vie, ça allait être à New York, au MSG. J'étais nerveux en tabarnouche. »

Sans compter que l'ancien étudiant en histoire à l'UQAM n'est pas un habitué des vols nolisés et des hôtels luxueux. « Hé ! J'avais pris l'avion une seule fois dans ma vie et c'était pour aller en Beauce durant mon stage à *La Presse*. Pour moi, c'était donc le gros *deal*! »

Au cours de cette première campagne, Brunet tente tant bien que mal de faire sa place. Puisqu'à l'époque le nombre de journalistes qui suivent les activités de l'équipe est encore raisonnable et que les caméras de télévision n'ont pas encore envahi les vestiaires de la LNH (seul RDS y est sur une base régulière), les joueurs sont habitués de revoir saison après saison les mêmes visages. Il incombe donc à chaque petit nouveau de gagner le respect… tant des hockeyeurs que des confrères de travail.

« Ma première saison fut assez intimidante. Patrick Roy était roi et maître à ce moment-là. Il était toujours sec et bête avec moi. Disons que ça ne m'aidait pas tellement à me sentir plus à l'aise », souligne Brunet. Roy gardera cette attitude envers la recrue jusqu'à un voyage de l'équipe en Floride, au cours duquel le gardien aura vent des talents de tennisman du journaliste.

« Il est venu me voir et m'a dit : "Ça a l'air que tu joues au tennis ? Viens-t'en, on va jouer une *game*." Il avait moins de tennis que moi dans le corps, mais dans les moments de tension, quand il y avait de la pression, j'étais intimidé. Donc, il m'a battu, indique Brunet. Ça a marqué le début d'une bonne relation professionnelle. Il m'avait apprivoisé. »

Au cours des quelques mois suivants, les deux hommes s'adonneront à quelques duels, dont l'un, mémorable, disputé au domicile du gardien. Brunet aura alors l'occasion de comprendre la guerre psychologique que Roy aime livrer à ses adversaires. « Sa mère était présente cet après-midi-là, raconte Brunet. À 6 à 6, on avait fait une petite pause. En allant boire de l'eau, alors que j'étais à côté de lui, Roy avait dit à sa mère, en lui faisant l'un de ses fameux clins d'œil : "J'en ai pas perdu souvent en prolongation." »

• • •

S'il parvient à mettre Roy et Jacques Demers de son côté au cours de cette saison écourtée, Brunet n'agrandit guère son cercle d'amis durant la suivante. Au camp d'entraînement, un vent de scandale souffle sur le Tricolore. Lors d'une entrevue accordée au journaliste de *La Presse*, Keane, devenu capitaine, avance qu'il n'apprendra pas le français. « *Je ne parle pas français et je ne suis pas un porte-parole. Tout le monde ici parle anglais. Je ne vois pas le problème* », peut-on lire dans le cahier des sports du quotidien montréalais au matin du 12 septembre 1995.

« Je lui avais posé la question machinalement, car j'étais sûr qu'il me répondrait qu'il irait suivre des cours, explique Brunet. Je n'ai jamais su si le terme " ici " désignait le vestiaire ou la ville de Montréal. Pour ma part, je me suis contenté de le citer mot à mot. »

Le Québec se trouve alors en pleine campagne référendaire. Il n'en faut donc pas plus pour enflammer l'opinion publique et les tribunes téléphoniques. D'autant plus que la semaine précédente, Mike Lansing, joueur de deuxième but des Expos, avait crié *"Shut that crap*!"* à un agent de bord d'Air Canada qui s'affairait à expliquer les consignes de sécurité dans la langue de Molière.

Certains chroniqueurs, comme Michel Blanchard, le patron de Brunet à *La Presse*, vont même jusqu'à commander le départ de Keane. Il écrit : « *Il n'y a plus qu'un geste à faire, retourner Keane là où il excelle, dans les coins de patinoire. Ou mieux, l'expédier quelque part dans l'Ouest.* »

« Le tollé provoqué par cette histoire a été si intense qu'elle a même été commentée à l'Assemblée nationale », raconte Brunet. Dans l'édition du 14 septembre 1995, celui-ci rapporte d'ailleurs les propos de Louise Beaudoin, ministre responsable de l'application de la Charte de la langue française : « *Il est assez incroyable qu'on puisse être à ce point insensible à une réalité évidente, a-t-elle dit. À Montréal, en raison de la*

---

* « Ferme cette merde ! »

loi 101, le français a fait beaucoup de progrès en vingt ans. Mais des in-
cidents comme celui-là démontrent que rien n'est encore gagné, que le
français est toujours menacé et qu'il se trouve en équilibre instable. »

Le 13 septembre, le Canadien organise un point de presse d'urgence
au Forum, où sont réunis les vétérans de l'équipe, au cours duquel
Keane s'excuse et promet de se mettre à l'apprentissage du français.
Un apprentissage qui sera de courte durée puisque le 6 décembre, le

Alors que le Québec se trouve en pleine campagne référendaire, Mike
Keane soutient qu'il n'apprendra pas le français. Devant le tollé
causé par cette déclaration, le Canadien organise, le 13 septembre 1995, un point de presse d'urgence au cours duquel le nouveau
capitaine s'excuse.

vœu de Blanchard et de plusieurs partisans francophones est exaucé : Keane, impliqué dans la transaction de Patrick Roy, déménage au Colorado.

« Cette transaction est venue mettre un terme à une année remplie de bouleversements. Deux mois auparavant, alors qu'il n'y avait que quatre matchs de disputés à la saison, Serge Savard, Jacques Demers et toute leur gang avaient été congédiés, remplacés par Réjean Houle et Mario Tremblay. J'avais la langue à terre et je commençais à me demander : "Coudonc ! Le Canadien, est-ce que c'est toujours comme ça ?" »

. . .

Cette première année sur le *beat* amène à Brunet son lot de désillusions. Vue de l'intérieur, cette équipe perd tout son côté mythique aux yeux de celui qui, gamin, la chérissait. « Autant j'aimais le Canadien, autant je trouvais que son *establishment* était guindé. Il ne fallait pas péter de travers, tout le monde portait la cravate tout le temps, raconte-t-il. Moi, j'étais le p'tit jeune, celui qui brassait un peu. Certains disaient que j'agissais ainsi seulement dans le but de me faire une réputation. C'était dur à entendre. À droite et à gauche, on disait que j'écrivais n'importe quoi pour me faire connaître, poursuit Brunet, qui a couvert quotidiennement les activités de l'équipe pendant une décennie. Quand j'avais un truc à dire, je me faisais un devoir d'informer le lecteur. Je considérais que j'étais là, avant tout, pour lui. Je trouvais que c'était trop facile de ne pas faire de vagues à cause de la peur. »

Mais le jeune journaliste n'est pas au bout de ses peines : la saison suivante, il sera à l'origine d'un autre scandale. Dans un article publié le 15 novembre 1996, alors que le Tricolore connaît un début de saison atroce (seulement 6 gains en 18 matchs), Brunet fait état du manque de respect de la part des joueurs dont est victime Yvan Cournoyer, l'adjoint de Tremblay. Citant un joueur ayant préféré garder l'anonymat, Brunet titre : « Quand Yvan parle, on rit ! » En plus de soulever quelques situations cocasses qui lui ont été racontées par certains porte-couleurs du Canadien, Brunet y va d'une opinion personnelle :

Pour l'avoir interviewé plusieurs fois à l'époque où il dirigeait les Roadrunners, pour l'avoir entendu à quelques reprises à la télé depuis son arrivée avec le Canadien, Yvan Cournoyer n'est jamais parvenu à s'exprimer de façon intelligente et cohérente. [...] Mario Tremblay, si certains trouvent qu'il n'a pas sa fermeté de l'an dernier, a encore des appuis fort solides. Mais son inexpérience est encore plus flagrante avec ses adjoints actuels. Dans le contexte de crise qui secoue le Canadien présentement, il faut dénoncer cette incompétence.

Quelque dix-huit ans après, Brunet, qui allait plus tard écrire une biographie non autorisée de Mario Tremblay*, admet qu'il y est peut-être allé un peu fort sur la dose. « Lorsqu'on est jeune, on mesure moins bien le poids et la portée médiatique de ce qu'on écrit. Avec les années et l'expérience, je l'aurais probablement amené différemment. J'avais été très dur », reconnaît-il.

Déjà irrité par la période difficile que traverse son équipe, l'entraîneur du Canadien, mis au parfum des écrits du journaliste de *La Presse,* sort de ses gonds au terme de l'entraînement matinal, tenu au US Air Arena de Washington. Furieux, il hurle, à la vue des journalistes : « Encore de la câlice de marde ! Maudite gang de crisses ! »

« Disons que c'était surtout dirigé vers moi, convient Brunet. D'ailleurs, je me souviens qu'au moment où Mario pétait sa crise, un producteur de RDS avait dit à son caméraman d'éteindre la caméra. » Cet épisode marquera le début d'un froid tenace entre Tremblay et Brunet. Mais selon ce dernier, les années qui se sont écoulées ont tout apaisé. Ce n'est peut-être pas la même chose avec l'ancien numéro 12 du Canadien. « Dans le cas de Cournoyer, je ne suis pas sûr qu'il serait prêt à faire la paix. Je le comprends. Il pourrait m'en vouloir pour le reste de ses jours, et ça serait normal. Comme je l'ai dit plus tôt, si j'avais eu quelques années d'expérience de plus, j'aurais amené l'histoire différemment. »

Curieuse coïncidence, c'est l'ancien ennemi juré de Tremblay, Michel Bergeron, qui viendra confirmer à Brunet la qualité de son travail en lui demandant, à la toute fin des années 1990, de rédiger sa

---

* Mathias Brunet, *Mario Tremblay : le bagarreur,* Montréal, Québec/Amérique, 1997.

biographie*. «Ce fut comme une reconnaissance du milieu. Ça m'a touché et ce fut un moment charnière dans ma carrière. J'avais fait ma marque et quelqu'un d'important me demandait d'écrire sa biographie. C'est venu me prouver que, finalement, j'avais une crédibilité. »

À propos de...

Journaliste à *La Presse* depuis 1994, **Mathias Brunet** a couvert de façon régulière les activités du Canadien de Montréal pendant une dizaine d'années. Depuis 2004, il tient une chronique sur les activités de la LNH et s'intéresse aux jeunes espoirs du Tricolore. Il apporte un éclairage différent sur le hockey, grâce à des analyses approfondies qui vont au-delà des résultats. Il est également l'auteur de sept livres.

---

*   Mathias Brunet, *Michel Bergeron à cœur ouvert,* Montréal, Québec/Amérique, 2001.

5. Le scoop d'une carrière

Avec la collaboration de Tom Lapointe

Nommé entraîneur-chef durant l'été, Pat Burns en est à sa première saison à la barre du Canadien en cet hiver 1988-1989. Bien que l'équipe trébuche en début de saison, ne remportant que 4 de ses 12 premiers matchs, elle termine la campagne avec 115 points, la meilleure récolte de l'Association Prince-de-Galles. Les Montréalais poursuivront cette domination jusqu'en finale, où ils s'inclineront en 6 matchs devant les Flames de Calgary.

Au cours de la saison régulière, Patrick Roy demeure invaincu en 29 matchs au Forum de Montréal (25-0-4). Le 22 mars, il profite d'une visite des Nordiques pour fracasser la marque de 25 matchs sans défaite à domicile, établie par Bill Durnan lors de la saison 1943-1944.

Pendant ce temps, à l'autre bout du pays, les partisans des Oilers d'Edmonton n'ont pas le cœur à la fête. Wayne Gretzky, qui les a fait vibrer pendant dix saisons, dont neuf dans la LNH, n'est plus des leurs. Avec leur idole, partie pour Los Angeles, s'est envolée toute chance de conquête de la Coupe Stanley, croient-ils. Gretzky ne soulèvera jamais le précieux trophée dans l'uniforme des Kings. Cependant, sa présence dans la ville des Anges symbolisera la véritable naissance du hockey en Californie.

En toile de fond

P our la grande majorité des gens impliqués de près ou de loin dans le milieu du hockey, le 9 août 1988 marquera à tout jamais le jour où leur sport favori a vécu sa plus grande transformation. Ce jour-là, Wayne Gretzky, qui a passé neuf saisons à réécrire le livre des records de la LNH dans l'uniforme des Oilers d'Edmonton, passe aux Kings de Los Angeles en compagnie de Mike Krushelnyski et de son protecteur, Marty McSorley. En retour, les Oilers mettent la main sur Jimmy Carson, Martin Gélinas, les choix de 1re ronde de 1989 (choix échangé plus tard aux Devils), de 1991 (Martin Rucinsky) et de 1993 (Nick Stajduhar). En plus de cette liste de joueurs et de choix, Peter Pocklington, propriétaire des Oilers endetté jusqu'au cou, reçoit de son homologue des Kings, Bruce McNall, 15 millions de dollars en argent comptant.

Qu'est-ce que cette mégatransaction vient faire dans un livre qui relate les anecdotes de journalistes affectés à la couverture du Canadien ? Eh bien, c'est que la primeur de ce qui peut être considéré comme la plus grosse nouvelle de l'histoire du hockey a été obtenue par Tom Lapointe et publiée dans les pages de *La Presse* six jours avant les conférences de presse la confirmant.

• • •

Tom Lapointe a déjà quelques années d'expérience derrière la cravate en tant que journaliste affecté à la couverture du Canadien lorsqu'il commence à organiser des tournois de balle molle et des matchs de hockey pour des causes caritatives, au début des années 1980. C'est au cours de ces événements que Lapointe, qui travaille alors pour le quotidien *Le Soleil*, parvient à percer le cercle relativement fermé des hockeyeurs professionnels. « Parmi ceux qui participaient à mes événements, il y avait des habitués, comme Raymond Bourque et Denis Savard », énumère Lapointe, qui fait aujourd'hui la navette entre la Californie et la France. « Mario Lemieux ne jouait pas, mais venait comme figurant parce que j'étais ami avec lui. »

C'est cependant durant les étés 1981 et 1982 que s'amorce sa relation avec Wayne Gretzky. Au cours de ces deux étés, Lapointe met sur pied des tournois de hockey dans la région des Catskills, dans l'État de New York. « J'étais alors encore plus près des joueurs. En plus de jouer au hockey, on passait beaucoup de bons moments à manger, à boire un coup et à passer le temps. De plus, on était tous à peu près du même âge, se souvient-il. C'est à cette occasion que je suis devenu ami avec Gretzky. D'ailleurs, on a même réussi à le faire jouer avec un chandail d'entraînement du Canadien », ajoute-t-il dans un éclat de rire.

Le courant passe si bien entre le journaliste et celui que l'on surnomme « la Merveille » que lors des visites suivantes des Oilers, Lapointe est mandaté pour organiser les sorties nocturnes de la vedette. « Charles Henry, qui était comme son garde du corps, et lui me demandaient de trouver des endroits où sortir et où ils pourraient entrer rapidement. J'organisais donc des petites soirées à l'Horizon ou à l'Action. Bref, j'étais devenu tellement près d'eux que, de fil en aiguille, je me suis retrouvé au mariage de Wayne », souligne-t-il.

Quelque 700 parents et amis sont réunis dans la basilique Saint-Joseph d'Edmonton lorsque l'Ontarien unit sa destinée à l'actrice Janet Jones, le 16 juillet 1988. En plus de couvrir cet événement solennel en tant que journaliste, Lapointe, maintenant employé de *La Presse*, y assiste en tant qu'invité. Il prend même place dans les premières rangées lorsque Gretzky passe l'anneau au doigt de son épouse. « Grâce à Charles Henry, j'avais obtenu, la veille du mariage, une entrevue exclusive avec Wayne et Janet. Au mariage, Charles m'avait conseillé de me tenir près de lui. Même si les journalistes n'étaient pas invités, il m'avait assuré qu'il me ferait passer. »

Lapointe raconte que les tourtereaux n'avaient pas encore prononcé leurs vœux que déjà des rumeurs envoyant Gretzky en Californie commençaient à circuler.

« Des bruits de couloir disaient que Janet Jones, qui tenait de petits rôles au cinéma à Hollywood, ne voulait pas vivre à Edmonton. Pas parce qu'elle n'aimait pas la ville, mais parce qu'elle croyait qu'elle aurait peut-être une opportunité de faire une plus grande carrière [si elle vivait aux États-Unis] », indique l'ancien journaliste. Selon lui, les intentions de madame Jones n'avaient toutefois pas vraiment de poids. Les rumeurs voulant que l'homme d'affaires Peter Pocklington, propriétaire des Oilers, soit au bord de la faillite étaient beaucoup plus persistantes. « On disait que son équipe lui coûtait extrêmement cher et qu'il connaissait des problèmes avec le marché pétrolier. Les rumeurs disaient que tout pouvait arriver. J'étais cependant loin de détenir toutes les confirmations. »

. . .

À la même époque, Gene Cloutier organise depuis plusieurs années, au centre Étienne-Desmarteau, une ligue de hockey d'été où plusieurs joueurs de la LNH viennent garder la forme en attendant la nouvelle saison. Tom Lapointe, gardien de but à ses heures, s'y joint un lundi sur deux. Au sein du groupe se trouve également Luc Robitaille. « Luc venait de terminer sa deuxième saison avec les Kings. Je l'avais suivi un peu à l'époque des Olympiques de Hull. D'ailleurs, il était toujours accompagné de Pat Brisson, un gars qui avait joué avec lui à sa dernière saison avec les Olympiques », se souvient Lapointe.

Un soir du début du mois d'août, le journaliste invite le duo à prendre un verre chez l'un de ses amis à Terrebonne. Si Robitaille refuse l'invitation, Brisson, pour sa part, accepte volontiers. « On était sur le bord de la piscine. Il devait être aux environs de 22 ou 23 h lorsque Pat m'a dit : " J'ai quelque chose à te dire. Je ne sais pas si tu es au courant. Ce que je m'apprête à te dire, personne ne doit savoir que ça vient de moi. Je viens tout juste d'arriver dans le marché californien, il n'y a pas de risque à prendre. Ça ne fait pas assez longtemps que je suis là. "» Tout ouïe, Lapointe se doute un peu de ce que le jeune homme de 23 ans est sur le point de lui dévoiler. « Tu sais que ça ne va pas très bien pour Pocklington. Il y a une grosse information dont je suis à peu près sûr, et que je pourrai te confirmer bientôt, qui circule. Gretzky s'en viendrait à Los Angeles. Bruce McNall est en train de préparer la transaction. Surveille bien les informations et je vais te revenir. »

Brisson ne met pas de temps à confirmer sa nouvelle. Dès le lendemain, les deux hommes se rencontrent à nouveau. « Il était très mal à l'aise. Il avait l'information, mais a pris soin de répéter : " Si ça sort et que mon nom apparaît, je vais me faire sortir de Los Angeles. Je ne veux pas que mon nom soit mentionné tant que Gretz jouera dans la LNH. "»

. . .

Bien qu'il soit sûr de son information, détenant même les noms des joueurs impliqués, Lapointe marche sur des œufs. « Pierre Gobeil, mon patron à *La Presse,* m'a demandé si j'étais bien certain de mon coup. Il m'a dit : " C'est trop gros comme nouvelle. Si tu sors ça et que ce n'est pas bon, tu vas passer pour un nono. " Mais je lui ai répondu : " L'information est trop forte. "» Et comment ! D'autant plus qu'il s'agissait pratiquement d'une information de première main. Brisson l'avait obtenue de la secrétaire de McNall, avec qui il était très lié. Lapointe choisit tout de même d'écrire la nouvelle au conditionnel, pour protéger sa source et se protéger lui-même.

« J'ai joué ça en disant que les rumeurs étaient parties du mariage de Wayne, ce qui n'était pas tout à fait vrai, mais ça m'a permis de protéger mon informateur. Cependant, il y avait bel et bien déjà eu des bruits de couloirs disant que ça faisait plus ou moins l'affaire de Janet [de s'installer en Alberta], et que, même si Wayne était resté à Edmonton, elle aurait fait la navette entre les deux villes », explique-t-il.

« Et si Gretzky s'en allait jouer à Los Angeles ?... », titre le cahier des sports de *La Presse* le matin du 3 août 1988. En page 6 du même cahier, Lapointe écrit : « *Gretzky est actuellement à Los Angeles où il veut vivre heureux avec sa Janet. Qui vous dit que la transaction n'est pas en train de se négocier entre Bruce McNall, propriétaire des Kings, et Pocklington, et qu'une telle bombe n'éclatera pas d'ici quelques semaines ? [...] Plus j'y pense et plus je me dis que Gretzky avec les Kings, c'est un scénario qui n'a rien de la fiction.* »

La nouvelle de Lapointe n'est vieille que de quelques heures que déjà sa crédibilité est mise à rude épreuve. Particulièrement dans l'Ouest du pays, où on se fout un peu de sa gueule. « Tout le monde, incluant les journalistes d'Edmonton, a démenti et nié. Les gens disaient que ce n'était pas vrai. J'essayais de joindre des contacts à Los Angeles, sans succès. Mais j'avais toujours le même informateur, qui me disait de dormir en paix, que la transaction était faite. " Même si la nouvelle est sortie trop vite, rien ne peut changer. Pocklington a de trop gros problèmes d'argent. Il y a une grosse somme d'impliquée. " »

Il faudra six jours avant que les Oilers et les Kings ne confirment finalement la nouvelle. Six jours au cours desquels même les patrons du journaliste sont parfois rongés par le doute. « Pocklington s'était parjuré en disant que ce n'était pas vrai jusqu'à ce qu'il parvienne à se retourner et à s'organiser avec son équipe de relations de presse. Mais je disais à mes *boss* que si Gretzky ne démentait pas la nouvelle, c'est qu'elle était vraie, raconte Lapointe, qui avait une autre information dans sa manche. Je savais que Gretzky se trouvait à Los Angeles chez Alan Thicke. C'était un acteur de télévision qui jouait dans plusieurs *soaps* américains. Il suivait le hockey et était un grand ami de Wayne. Moi, je ne pouvais plus reculer, alors je disais : " Gretzky ne dément pas, alors vous allez voir ! " »

Durant ces six jours, Lapointe demeure terré dans son condo d'Ahuntsic. « J'étais tellement *shaké* par tout ça que je ne bougeais plus de chez moi. Je ne faisais qu'attendre l'info qui confirmerait ma nouvelle. C'est mon patron qui m'a appelé très tôt [le 9 août] en me disant : " Ça y est. Les fils de presse viennent de confirmer ta nouvelle. Deux conférences de presse sont prévues aujourd'hui. Tu peux être fier et tu peux être soulagé. " Je m'en rappelle comme si c'était hier. »

Au matin du 9 août, alors que tout le Québec apprend et pleure la mort de Félix Leclerc, un encadré apparaît au bas de la une de *La Presse*. «Gretzky avec les Kings : confirmé. » Sous la plume d'André Turbide, on peut lire : « *L'échange de Wayne Gretzky, la grande vedette des Oilers d'Edmonton, aux Kings de Los Angeles, tel qu'annoncé par notre échotier Tom Lapointe la semaine dernière, est à toutes fins utiles concrétisé. Seule la date de la conférence de presse reste à être fixée.* »

C'est la fête à *La Presse*. On jubile. Lapointe est accueilli en héros entre les murs du quotidien de la rue Saint-Jacques. « On est allés prendre un coup. Gobeil était tellement heureux qu'il m'avait dit que je pouvais faire ce que je voulais du reste de mon été. »

• • •

À Edmonton, les mines sont plutôt basses. Deux conférences de presse sont organisées. La première dans la capitale de l'Alberta où Pocklington, devenu l'ennemi juré numéro un, annonce le départ de son joueur vedette. C'est au cours de celle-ci que la Merveille étouffe plusieurs sanglots et essuie de nombreuses larmes. Un point de presse qui fera époque. La seconde, en après-midi à Los Angeles, où Gretzky revêt pour la première fois le tout nouveau chandail noir et blanc des Kings. Avec un nouveau roi en ville, finis les uniformes mauve et jaune.

Pocklington est désormais considéré comme un traître pour avoir vendu, dans le but de régler ses problèmes financiers, celui qui a permis à cette ville ouvrière de savourer quatre Coupes Stanley en cinq ans, dont la dernière à peine deux mois et demi plus tôt. «Tout le monde à Edmonton voulait le pendre sur la place publique. Des menaces de mort ont même été proférées», rappelle Lapointe. Question de tourner le fer dans la plaie, le printemps suivant, Gretzky et les Kings élimineront les Oilers, alors champions en titre, dès le premier tour grâce à un gain de 6 à 3 dans le match ultime.

Par ailleurs, les problèmes financiers qui ont mené à cette transaction ne seront pas les derniers pour Pocklington. Après avoir vendu les Oilers en 1998 à la suite de quelques menaces de déménagement de l'équipe, il déclare faillite en 2008. L'année suivante, il fait face à une accusation de fraude en lien avec cette faillite. Il évitera la prison en plaidant coupable. McNall n'est pas en reste. En 1994, pour combler des dettes de 90 millions de dollars, il vend les Kings. Au milieu des années 1990, il est condamné à soixante-dix mois de prison pour activités frauduleuses. Sa peine sera écourtée de treize mois en raison de sa bonne conduite.

Tom Lapointe fait aujourd'hui la navette entre Paris et Los Angeles pour vendre et commercialiser un nouveau jeu télévisé dont il a développé le concept et l'idée originale avec des partenaires français et américains. Il mène désormais une tout autre vie, mais le scoop de la transaction de Wayne Gretzky lui appartiendra à tout jamais. «Cette nouvelle-là m'a suivi tout le temps. C'est le scoop d'une carrière. À l'époque, il n'y avait pas de réseaux sociaux. Lorsque tu écrivais une nouvelle, tu tremblais le lendemain en souhaitant que ça ne se transforme pas en eau de boudin. Je n'avais pas le droit de me tromper. Mais mon informateur était trop fort. D'ailleurs, je suis très fier de ce que Pat Brisson est devenu[*]», souligne Lapointe qui a tenu parole. Il mettra près de dix ans, après la retraite de Gretzky au terme de la saison 1999, à dévoiler sa source. Il le fera dans le cadre de la publication de son autobiographie, intitulée *Mes mille et une vies* et parue en 2007[**].

• • •

[*]   À la tête de la division Hockey de la prestigieuse Creative Artists Agency, une agence qui représente des vedettes de plusieurs domaines, Pat Brisson est aujourd'hui l'un des hommes les plus influents du monde du sport.
[**] Tom Lapointe, *Mes mille et une vies*, Montréal, Éditions des Intouchables, 2007.

Cette nouvelle vient apaiser une frustration que Lapointe traînait depuis quelques années. En novembre 1984, Lapointe, nouvellement embauché à *La Presse*, avait eu vent que Guy Lafleur prendrait sa retraite. « Il y avait eu une grosse querelle entre Jacques Lemaire et Lafleur après un match contre les Red Wings, au Forum. Lafleur était monté au bureau de Serge Savard pour lui annoncer que c'était terminé. » Tenant cette information de l'une des secrétaires du Canadien, Lapointe, avant de prendre l'avion qui le mènerait à Boston, où le Canadien était attendu le lendemain, a rédigé un texte dans lequel il annonçait la retraite du Démon blond.

Le 19 octobre 1988 marque le retour de Wayne Gretzky à Edmonton. Même deux mois après la transaction, les anciens coéquipiers de la Merveille semblent encore médusés de voir le numéro 99 dans un autre uniforme. Acquis par les Oilers dans cette transaction, le jeune Martin Gélinas (20) jette également un coup d'œil du côté de la légende.

« Les gars au pupitre ont sacré la nouvelle à la poubelle. Je venais juste d'arriver à *La Presse,* alors ils ne me croyaient pas et n'ont pas voulu la publier. Finalement, Chris Nilan a vendu la mèche à Red Fisher [en lui apprenant que Lafleur ne serait pas du vol]. Le lundi matin, ça faisait la une du quotidien *The Gazette.* » « Has Lafleur played his last game* ? » interrogeait le quotidien anglophone.

« J'étais plus qu'en furie, lance Lapointe. Pierre Gobeil est venu me voir. Il s'est excusé. Il a fait une querelle à tout son *staff* en disant qu'il était venu me chercher parce que j'avais souvent des informations avant tout le monde et qu'il n'accepterait plus jamais ça. Ça m'a donné une sorte de force parce que, par la suite, tout ce que j'écrivais, ça passait. »

On doit également à Lapointe la création du trophée Maurice-Richard qui récompense annuellement, depuis la saison 1998-1999, le meilleur buteur de la LNH. « Je considère que la pétition que j'ai créée pour que la LNH crée un trophée en l'honneur de Maurice Richard est possiblement le haut fait d'armes de ma carrière. » Grâce à la pétition lancée sur les ondes de CKVL, avec la collaboration du *Journal de Montréal* et de son bon ami André « Toto » Gingras, Lapointe parvient à recueillir 20 000 lettres d'appui. Avec ces 20 000 lettres en main, il se rend à New York avec Julie Snyder, dans une vaste opération de marketing, pour convaincre Gary Bettman de la nécessité de ce trophée. « C'est par la puissance de la pétition et des messages que j'avais reçus à CKVL qu'on y est parvenus. Encore une fois, personne n'y croyait. Les compétiteurs disaient que c'était trop gros. »

Le bureau des gouverneurs profita donc des festivités entourant le Match des étoiles de 1999 pour approuver l'adoption de ce nouveau trophée. Un prix qui fut remis pour la première fois au mois de juin suivant, un mois seulement après la mort du Rocket. « Ça a battu tout ce que j'ai pu faire dans ma carrière, car je savais que ce trophée serait une façon de perpétuer notre patrimoine au hockey. C'est ce qui m'a procuré le plus de satisfaction. »

---

* « Lafleur a-t-il joué son dernier match ? »

À propos de...

Chroniqueur sportif durant plus de vingt ans au *Journal de Montréal*, à *La Presse*, à TVA, à TQS, à CKVL et à CKAC, **Tom Lapointe** est maintenant producteur de télévision et de médias. Il a fondé sa propre agence de production à Paris en 2005 et vient tout juste d'ouvrir une société de production à Los Angeles.

Des opinions bien arrêtées

La mission du journaliste a connu quelques modifications au fil des décennies. Se contentant autrefois de rapporter des faits, il est aujourd'hui appelé à exprimer son opinion et à analyser. Ceux qui sont affectés à la couverture du Canadien n'y font pas exception, bien au contraire. Chaque jour, sur l'ensemble des tribunes, le Tricolore est examiné sous toutes ses coutures, au grand plaisir de ses partisans, dont la soif d'informations sur le Canadien est insatiable...

Qu'il soit question d'une transaction, d'une modification à la formation, d'une permutation au sein des trios, de l'embauche d'un joueur autonome ou de celle d'un nouvel entraîneur, tout le monde a son opinion sur les moindres faits et gestes des joueurs de l'équipe et des membres de sa direction.

6. De Lemaire à Perron : une transition houleuse

Avec la collaboration d'Yvon Pedneault

En toile de fond

Jean Perron devient le nouvel entraîneur-chef du Canadien pour la saison 1985-1986. Il affiche rapidement ses couleurs en faisant confiance, au terme du camp d'entraînement, à huit recrues. Brian Skrudland, Mike Lalor, Stéphane Richer, Kjell Dahlin, Sergio Momesso, Shayne Corson, Steve Rooney et Patrick Roy, qui disputera 47 rencontres au cours de la saison, amorcent alors leur carrière dans la LNH.

L'inexpérience du Tricolore se fait rapidement sentir. Au mois d'octobre, l'équipe ne remporte que quatre de ses dix matchs. À compter de la mi-décembre, le gâteau commence à lever. Malgré une saison ponctuée de hauts et de bas, mais surtout de bas, les jeunes joueurs décrochent finalement une participation aux séries éliminatoires.

Après s'être facilement débarrassé des Bruins de Boston en trois rencontres, le Canadien éprouve beaucoup plus de difficulté face aux Whalers de Hartford, qu'il parvient à écarter en sept matchs. En finale de l'Association Prince-de-Galles, le Tricolore élimine les Rangers de New York en cinq parties. Après avoir perdu le premier match de la finale, le Canadien défait les Flames de Calgary quatre fois de suite et remporte une 23ᵉ Coupe Stanley. Patrick Roy devient, à 20 ans, le plus jeune récipiendaire du trophée Conn-Smythe à titre de joueur le plus utile des séries éliminatoires.

L orsque le capitaine Bob Gainey soulève la coupe Stanley au centre de la patinoire du Saddledome de Calgary le 24 mai 1986, nombreux sont ceux qui se pincent pour s'assurer qu'ils ne sont pas au beau milieu d'un rêve. Comment cette équipe, dont le tiers est constitué de vertes recrues, est-elle parvenue à mettre fin à une disette de six printemps sans défilé dans les rues de la métropole ?

L'hypothèse la plus répandue veut que le Canadien ait joué de chance, ce qui n'est pas tout à fait faux. Après tout, trois des quatre champions de division (les Nordiques de Québec, les Flyers de Philadelphie et les Blackhawks de Chicago) se font montrer la porte dès le tour initial. Au tour suivant, les Oilers d'Edmonton, doubles champions en titre, se font eux aussi indiquer la sortie, grâce à Steve Smith, le défenseur des Oilers, qui, tentant une passe vers Mike Krushelnyski, voit la rondelle frapper le derrière de la jambe gauche du gardien Grant Fuhr avant de pénétrer dans son propre filet. Mais pour ceux qui suivent les activités du Canadien sur une base quotidienne, la chance est loin d'être l'unique facteur déterminant dans cette victoire. Plusieurs croient que certains joueurs et membres de l'organisation, incertains de la capacité de Jean Perron d'amener l'équipe à l'objectif suprême, ont décidé de prendre les choses en main.

• • •

Le 29 juillet 1985, Jacques Lemaire quitte son poste d'entraîneur-chef du Canadien pour occuper celui de directeur du personnel des joueurs et adjoint au directeur général Serge Savard. Auprès de ce dernier, il mousse massivement la candidature de Perron, son adjoint de la saison précédente. « J'ai toujours dit à Serge qu'aussitôt qu'il trouverait quelqu'un pour diriger cette équipe, je quitterais. Jean nous a démontré qu'il est cet homme », indique Lemaire aux journalistes venus assister au point de presse.

Issu du hockey de niveau universitaire, Perron a dirigé les Aigles Bleus de Moncton pendant 10 saisons, les menant au championnat national en 1981 et en 1982. Il fut ensuite l'adjoint de Dave King au sein du programme olympique. Au Championnat mondial de 1983, le Canada remporte la médaille de bronze. Quelques mois plus tard, lors des Jeux olympiques de Sarajevo, il prend le quatrième rang. Toutefois, l'arrivée de l'entraîneur recrue à la barre du Canadien ne fait pas l'unanimité. Dès le début de la saison, certains vétérans viennent chuchoter aux oreilles d'Yvon Pedneault, alors chroniqueur au *Journal de Montréal*, que leur nouvel entraîneur ne durera pas jusqu'à Noël.

Il faut dire qu'à cette époque, le Tricolore connaît des moments difficiles. L'équipe termine le mois d'octobre sous la barre des ,500. Et comme cela se produit souvent en pareille circonstance, les mécontents commencent à se manifester en sourdine. Même les plus grands de l'histoire n'ont pu échapper à cette réalité. « Du temps de Scotty Bowman, il arrivait que les gars barrent la porte une fois qu'il était sorti du vestiaire pour dresser eux-mêmes le plan de match qu'ils voulaient exécuter », prend soin de rappeler Pedneault.

Par la suite, le Tricolore remporte sa large part de matchs, alors la grogne s'estompe pendant quelques mois. À la pause du Match des étoiles, qui, cette année-là, se tient le 4 février, Perron et sa troupe trônent au sommet de la division Adams. Avec un dossier de 30 gains contre 17 revers et 5 matchs nuls, ils détiennent une avance de 5 points sur les Nordiques de Québec.

Bien que la tempête soit calmée, elle n'est qu'à une série de défaites de reprendre de l'ampleur. Le vent recommence à se lever dès la fin de la trêve. Du 5 février au 26 mars, les Montréalais ne savourent que 7 gains en 23 matchs. « Ça allait très mal. Soudainement, le Canadien n'était plus sûr de participer aux séries éliminatoires », se souvient Pedneault vingt-neuf ans plus tard.

• • •

Le 20 mars, Perron sort le fouet. Au lendemain d'une défaite de 6 à 4 à Winnipeg, Perron, qui qualifie ce revers de cauchemardesque, convie ses joueurs à un rigoureux entraînement sans rondelle. Au terme de cette séance punitive de quelque quatre-vingt-dix minutes, Larry Robinson se vide le cœur. Le 21 mars 1986, Red Fisher, du quotidien *The Gazette*, rapporte ses propos :

> « *If he [coach Perron] skated the hell out of us because he was unhappy with our performance against Winnipeg, why didn't he start doing it after St. Louis beat us in Montreal ?* » asked Larry Robinson.

« Or after Hartford beat us in Montreal ? Or a month and a half ago ? Is he telling us we're out of condition after the 73rd game of the regular season ? Losing games is a problem », said Robinson, *« so we've got problems. We've got a lot of problems. And the only way of solving problems is to get some discipline on the ice. Discipline is not to give up three-on-twos or two-on-ones to the other team* [...] »*

Exaspérés, Robinson et quelques vétérans de l'équipe, dont le capitaine Bob Gainey, conviennent de rencontrer Savard. « Ils lui ont dit que ça ne marchait pas et que ça n'allait plus avec Perron. Ce qui était vrai », raconte Pedneault, membre du Temple de la renommée depuis 1998. « Mais Serge leur a dit d'oublier ça, qu'il ne changerait pas de coach. Cependant, il a souligné que Lemaire reviendrait dans le giron de l'équipe.

« Ce qui est bel et bien arrivé, poursuit-il. En finale de la Coupe Stanley, il était sur la passerelle, dans une loge près de la nôtre. Je le voyais avec son casque d'écoute sur la tête et je l'entendais passer des commandes à Jacques Laperrière [l'un des adjoints de Perron]. " Va dire à McPhee qu'il se pogne le derrière " ou " Va avertir Untel qu'il ne fait pas ça de la bonne façon ". Immédiatement après, tu regardais en bas et tu voyais Lappy se diriger vers le joueur et lui parler. »

Pedneault soutient que même si, physiquement du moins, Lemaire ne dirigeait pas l'équipe, il était celui qui avait la plus grosse influence sur elle. « Sans rien enlever à Jean, Lemaire apportait une expertise à l'équipe. Ce qu'il y a d'ironique, c'est que c'est lui qui avait proposé le nom de Perron pour le remplacer. »

Pendant que Lemaire envoie ses directives depuis la passerelle de presse, Robinson, Gainey et Guy Carbonneau, comprenant que le directeur général gardera son entraîneur en poste, prennent le contrôle

---

*   « S'il [l'entraîneur Perron] souhaitait nous punir parce qu'il était mécontent de notre tenue contre Winnipeg, pourquoi n'a-t-il pas commencé à le faire lorsque St. Louis nous a battus à Montréal ? a demandé Robinson. Ou quand Hartford nous a battus à Montréal ? Ou il y a un mois et demi ? Est-il en train de dire que nous ne sommes pas en bonne condition physique après la 73e rencontre de la saison régulière ? Perdre des rencontres constitue un problème, a déclaré Robinson, donc, nous avons des problèmes. Nous avons beaucoup de problèmes. Et la seule façon de les résoudre est d'afficher plus de discipline sur la patinoire. Faire preuve de plus de discipline signifie ne pas donner de trois contre deux ou de deux contre un à l'adversaire [...]. »

du vestiaire et mènent l'équipe. « Jean ne s'est jamais rendu compte de rien, car ça se faisait dans son dos », souligne Pedneault. Quelques années plus tard, Perron ira jusqu'à nier cette réalité, même après que Lemaire eut avoué à Bertrand Raymond, alors chroniqueur au *Journal de Montréal,* qu'il a cessé de faire les voyages avec l'équipe parce que Pat Burns, le successeur de Perron, n'avait pas besoin d'autant de soutien que ce dernier.

• • •

Avant de devenir entraîneur-chef du Canadien, Jean Perron a agi à titre d'entraîneur adjoint à Jacques Lemaire. Sur ce cliché, il semble plus attentif aux indications de Lemaire que Bobby Smith (à gauche) et Ryan Walter...

Qu'il soit celui qui tire les ficelles ou non, Perron se trouve derrière le banc lorsque le Canadien remporte la 23ᵉ Coupe Stanley de son histoire, ce qu'on ne peut lui enlever. Il dirigera l'équipe pendant deux autres saisons. En 1986-1987, le parcours de la formation montréalaise se termine en finale d'association contre les Flyers de Philadelphie.

La troisième campagne de Perron à la barre du Canadien n'est pas différente des deux premières. Encore une fois, certains joueurs, Robinson en tête, expriment publiquement leur mécontentement. Le grand défenseur y va d'une autre déclaration fracassante le 21 janvier 1988, à la suite d'un revers de 4 à 1 face aux Blues de St. Louis.

Pedneault, comme le font tous les journalistes après chaque rencontre, se rend alors sous les gradins du Forum pour s'entretenir avec les joueurs. En compagnie de quelques confrères, il s'approche de Robinson, occupé à retirer son équipement.

« Larry, ça ne regarde pas trop bien ! Qu'est-ce qui se passe ? lui lance Pedneault.

— Ce maudit coach-là. S'il ne nous respecte pas, comment veux-tu que nous, on le respecte ? lui répond le joueur, qui est celui qui compte alors le plus d'expérience chez le Tricolore.

— Larry, n'oublie pas que j'ai un crayon dans les mains, le prévient le journaliste.

— Écris-le, ordonne le défenseur.

— Es-tu certain ? rétorque Pedneault dans le but de donner à son interlocuteur une dernière occasion de se rétracter.

— ÉCRIS-LE ! » répète Robinson.

Le lendemain, sous la plume de Pedneault, on peut lire :

Larry Robinson n'a pas mâché ses mots à l'issue du match d'hier soir contre les Blues de St. Louis.

[…] « Dahlin voulait jouer. Il était en grande forme. Combien de présences a-t-il faites sur la patinoire ? Six. S'il [Perron] veut le respect de ses joueurs, qu'il les respecte d'abord. »

[…] « On n'a apporté aucun ajustement à notre style. Nous avons joué le même système pendant trois périodes. Qui doit apporter les ajustements ici ? »

En 1987-1988, le Tricolore franchit le plateau des 100 points (103) pour la première fois depuis la saison 1981-1982. Ce qui n'empêche pas Savard de relever Perron de ses fonctions après une élimination au deuxième tour contre les Bruins de Boston, une première en quarante-deux ans.

Curieusement, quelques jours après le congédiement de Perron, son nom se retrouve parmi les trois finalistes au titre d'entraîneur de l'année. Il terminera la course derrière Jacques Demers, récipiendaire du trophée Jack-Adams pour une deuxième saison consécutive, et Terry Crisp.

Ce congédiement fait jaser. D'autant plus que Perron se trouve en vacances en Guadeloupe lorsque Mario Tremblay, analyste à *La Soirée du hockey*, en fait l'annonce en primeur le 10 mai 1988. L'histoire veut que Perron ait été sacrifié en raison des écarts de conduite de Shayne Corson, Petr Svoboda et Chris Chelios. Au cours des séries éliminatoires, les trois comparses ont sauté un couvre-feu pour aller prendre un verre en ville. À leur retour, leur voiture a percuté un lampadaire. Savard s'est-il servi de ce prétexte idéal pour donner son 4 % à l'entraîneur ? « Serge devait congédier Jean à la fin de la saison 1985-1986. Mais il s'est ravisé quand l'équipe a gagné la Coupe, soutient Pedneault. Il n'était pas pour congédier l'entraîneur des champions de la Coupe Stanley ! Ça ne se faisait pas. Il a dû patienter. »

• • •

Pedneault reconnaît qu'il n'a jamais entretenu une bonne relation avec Jean Perron. « Il a toujours pensé que j'étais contre lui. D'ailleurs, il le pense encore aujourd'hui, affirme-t-il. Pourtant, je suis celui qui avait prôné sa présence derrière le banc des étoiles de la LNH lors du Rendez-vous 87. »

Malgré cette relation conflictuelle, Pedneault reconnaît à Perron un certain flair. « C'est quand même lui qui a pris la décision de donner le filet à Patrick Roy pour les séries éliminatoires. Il avait convenu qu'il devait y aller avec le meilleur. Or, à ce moment, le meilleur, c'était Patrick. Et quelles séries il a connues ! » Il faut cependant préciser qu'au moment où la décision fut prise, Steve Penney et Doug Soetaert se remettaient tous les deux de blessures aux genoux. *« Il ne fait plus aucun* doute que Doug Soetaert est le choix de Jean Perron pour prendre place entre les poteaux à l'occasion du premier match des séries éliminatoires… sauf que, présentement, Soetaert complique l'existence de son pilote dans le sens que le vétéran gardien a les deux genoux en mauvais état », écrit Pedneault dans l'édition du 22 mars 1986 du *Journal de Montréal*.

Qu'à cela ne tienne. La tenue de Roy signifiera la fin du séjour à Montréal de Soetaert, qui signera un contrat avec les Rangers de New York le 24 juillet, et de Penney, échangé à Winnipeg le 15 août en retour de Brian Hayward.

Dire que les trois gardiens avaient amorcé la saison sur un pied d'égalité et avaient entretenu un ménage à trois tout l'hiver à Montréal, une situation qui avait été imposée à l'entraîneur recrue…

À propos de…

Au cours de sa carrière amorcée en 1964, **Yvon Pedneault** a couvert les activités du Canadien pour le *Montréal-Matin*, *La Presse*, le *Dimanche-Matin* et *Le Journal de Montréal*. En 1989, il a participé au lancement de RDS dans le rôle d'analyste aux matchs du Canadien et de la LNH. Il a occupé le même poste pour le compte de Radio-Canada, de TVA et de TQS. Membre du Temple de la renommée du hockey depuis 1998, il est présentement chroniqueur au *Journal de Montréal* et analyste aux matchs de la LNH à TVA Sports.

7. Un mauvais casting pour Carbonneau

Avec la collaboration de Marc Antoine Godin

On a beau s'être donné corps et âme pour une équipe en défendant ses couleurs avec fierté pendant une dizaine d'années, ce sacrifice n'est pas nécessairement gage de succès une fois que l'on passe derrière le banc. Au fil des décennies, les cas d'anciens joueurs s'étant cassé le nez au moment de devenir entraîneur-chef sont beaucoup plus nombreux que les histoires de ceux pour qui la même expérience s'est révélée positive.

C'est sans doute dans l'optique de minimiser ce risque et d'éviter d'envoyer son poulain à l'abattoir, comme l'avait fait Réjean Houle une dizaine d'années plus tôt avec Mario Tremblay, que Bob Gainey choisit le 14 janvier 2006, après avoir congédié Claude Julien, d'accompagner Guy Carbonneau derrière le banc du Canadien. Le plan est simple : le directeur général tiendra les rênes de l'équipe jusqu'à la fin de la saison. Carbonneau aura ainsi l'occasion de se faire la main, avant de diriger lui-même l'équipe pour la saison 2006-2007. Un peu comme il l'avait fait à l'époque où il avait appris à devenir un leader et à maîtriser l'art du jeu défensif, Carbonneau allait se fier à Gainey pour lui montrer la voie à suivre.

Sous sa gouverne, l'équipe connaît des débuts étincelants, mais termine la saison au 10e rang de l'Association de l'Est, malgré ses 90 points.

À l'image de celle de Bob Gainey, la crédibilité de Carbonneau repose sur ses succès passés. Il a joué 1318 matchs dans la LNH, remporté trois trophées Frank-Selke et gravé son nom sur autant de coupes Stanley. De plus, tous deux ont tenu le rôle de capitaine de cette prestigieuse équipe. Tout comme Gainey, Carbonneau possède donc un excellent bagage. Cependant, à l'image de Gainey, l'homme n'est pas un communicateur habile.

« Ce qui est souvent difficile pour un ancien joueur, c'est de vendre son passé autrement qu'en disant à ses troupes qu'il est déjà passé par là. La majorité des entraîneurs sont d'anciens joueurs, mais ils ne sont pas tous capables de puiser dans leur expérience et de la traduire différemment pour leurs joueurs, souligne Marc Antoine Godin, journaliste à *La Presse*. Et disons que la communication et les relations interpersonnelles n'étaient pas les forces de Guy. »

• • •

À l'hiver 2006, Godin assure la couverture du Canadien pour la première fois. Une crise mémorable, qui a marqué la saison 2006-2007 aussi profondément que le séjour de Carbonneau derrière le banc de l'équipe, viendra confirmer ce qu'il a pressenti dès le départ.

Après un époustouflant début de saison, le Tricolore se trouve dans une impasse. Il vient de perdre 7 de ses 11 derniers matchs lorsqu'il se présente au Joe Louis Arena de Detroit le 15 janvier. Vaincu au compte de 8 à 3 deux jours plus tôt à Ottawa, le Canadien subit cette fois l'affront d'un blanchissage. Dans un gain de 2 à 0, Dominik Hasek, à deux semaines de son 42e anniversaire, repousse les 23 lancers auxquels il fait face. À l'autre extrémité de la patinoire, David Aebischer fait face à un barrage de 39 tirs. « Le Canadien n'avait perdu que 2 à 0, mais il s'était fait donner une claque. Jamais il n'avait été dans le coup », raconte le journaliste.

Irrité par la situation, l'entraîneur-chef du Canadien se présente devant les médias de fort mauvais poil. Au cours de son point de presse, il n'hésite pas à lancer plusieurs flèches en direction de ses joueurs. « On travaille pas. C'est tout. Tant qu'ils vont se mettre dans la tête de ne pas travailler, ils ne gagneront pas. Tu ne peux pas gagner dans la Ligue nationale, aujourd'hui, si tu ne travailles pas. Il va falloir qu'ils arrêtent de blâmer tout le monde alentour et qu'ils commencent à se regarder dans le miroir pis à recommencer à jouer au hockey comme on jouait au début de la saison », lance d'abord Carbonneau dans ce laïus mémorable. Puis, il poursuit : « Va falloir que nos gardiens commencent à arrêter les rondelles aussi. David a bien fait à certains moments donnés, mais deux buts dans la Ligue nationale avec des lancers comme ils ont fait aujourd'hui, ça ne devrait pas se compter. Dans des moments comme on a présentement, il faut que nos gardiens soient plus solides qu'ils l'ont été. Je ne peux pas changer de gardien de but à tous les matchs, pendant le cours d'un match. Notre talent, maintenant, il ne marche pas. Il faut travailler. Quand tu travailles, le talent va ressortir. Tant et aussi longtemps qu'on ne travaillera pas, le talent va rester là. Je suis tanné d'écouter des excuses […]. Qu'ils se regardent dans la face pis qu'ils commencent à travailler. C'est tout. »

Et devant Luc Gélinas, de RDS, qui risque un timide : « As-tu une idée de comment tu peux régler ça ? », le pilote recrue explose : « J'te l'ai dit ! Tant qu'ils ne travailleront pas, ils ne gagneront pas. Moi, je ne peux pas embarquer sur la patinoire, Kirk Muller [son adjoint] ne peut pas embarquer sur la patinoire. C'est ça que vous voulez entendre ? Ben, c'est ça. Tant et aussi longtemps qu'ils ne travailleront pas, ils ne gagneront pas une *game* de hockey dans la Ligue nationale. Ça finit là. »

« Ça a été un pétage de coche mémorable. Il en était à sa première de trois saisons avec le Canadien. Pourtant, c'est le moment dont on se souvient, celui qui est demeuré dans les annales, souligne Godin. Ce qui est drôle, reprend-il, c'est qu'après s'être emporté, il est sorti du cercle de journalistes et il s'est arrêté d'un coup. Il s'est retourné vers Pat Hickey, le journaliste anglophone attitré à la couverture du Canadien, et lui a dit, comme s'il avait soudainement retrouvé son humour : "Est-ce que je dois te dire la même chose en anglais ?" C'est comme si la pression était tombée d'un seul coup. »

Le message mettra quelques jours à passer. Le lendemain, de retour à Montréal, le Canadien subit un deuxième jeu blanc consécutif et s'incline 4 à 0 face aux Canucks. « Le tandem Cristobal Huet-David Aebischer ne marchait plus. Aebischer n'a pas été capable de prendre la pôle au moment où Huet est tombé au combat, souligne Godin. Un peu plus tard, Jaroslav Halak fera son entrée et parviendra à redresser quelque peu la situation. Mais au moment de cette sortie légendaire, l'atmosphère était très tendue. La lune de miel du début de saison s'était dissipée. La réalité d'une équipe moyenne rattrapait le Canadien. Ç'a été le premier moment du règne de Carbo où la pression a été particulièrement forte. C'est sorti à Detroit.»

Selon Godin, les paroles que Carbonneau crache ce soir-là ne mettent pas uniquement en lumière sa frustration. «Tout le non-dit derrière cette explosion, c'était: "Nous, on a connu de bonnes carrières. Nous, on a gagné des Coupes Stanley, on a été capitaines de notre équipe, on sait comment ça marche." Mais le fait de dire que Muller et lui devraient peut-être aller faire le travail à la place des joueurs, ça témoignait du caractère bouillant du gars, mais surtout des limites de sa diplomatie.»

Quatre jours avant son congédiement, Carbonneau connaîtra un autre épisode qui minera son emprise sur ses joueurs. Au lendemain d'un revers de 5 à 1 à Buffalo, Carbonneau conviera les membres de son équipe à une séance de patinage intensif sans rondelle de près de trente minutes, sur une patinoire en banlieue d'Atlanta. «Initialement, l'équipe devait être en congé, se souvient Godin. On a intercepté les joueurs sur le bord de l'autobus, juste avant qu'ils ne quittent l'aréna. Saku Koivu a évité de se mettre les pieds dans les plats. Mais c'est clair qu'il était en furie.»

Il semble que le capitaine aura le dernier mot puisque le 9 mars 2009, Bob Gainey congédiera Guy Carbonneau, au lendemain d'une victoire à Dallas. «Koivu avait été impitoyable au moment du congédiement de Carbo en soutenant que c'est le manque de communication qui avait eu raison de ce coach», indique Godin.

«" Ce n'était sans doute pas son point fort, mais tout le monde a des lacunes", a ajouté le capitaine du Tricolore. [...] On dit qu'on apprend de ses erreurs et des expériences du passé. Peut-être devra-t-il modifier son approche à l'avenir. Qui sait?» peut-on lire sous la plume de Robert Laflamme, de la Presse canadienne, au lendemain de ce congédiement.

Il faut dire que le courant n'a jamais réellement passé entre le capitaine et son entraîneur. Grand ami de Craig Rivet, son coéquipier pendant 12 saisons, Koivu a toujours gardé une certaine amertume, estimant que Carbonneau l'avait peut-être injustement traité. D'ailleurs, le matin du fameux match à Detroit, Godin donne rendez-vous à Rivet au Atheneum Suite Hôtel. Sans surprise, le vétéran admet qu'il a de la difficulté à trouver constance et confiance depuis que Carbonneau est à la barre de l'équipe. « Ça n'allait plus très bien pour lui. Ça faisait douze ans qu'il était à Montréal, et Carbo le clouait au bout du banc. Il avait l'impression que le monde entier était contre lui, raconte Godin. C'était un gars très influent dans le vestiaire. Il

Histoire de préparer adéquatement Guy Carbonneau à tirer les ficelles à compter de la saison suivante, Bob Gainey en fait son adjoint pour la seconde portion de la saison 2005-2006.

parlait beaucoup, c'était un chum du capitaine, mais chez les amateurs, ce n'était pas un des favoris. Il savait qu'il était sur le départ parce qu'avec Carbo, ça ne marchait pas. Il était sur ses derniers miles », ajoute Godin.

En effet, Rivet sera envoyé dans les gradins lors du match suivant (la défaite contre Vancouver). Six semaines plus tard, il sera échangé, en compagnie d'un choix de 5e ronde en 2008, aux Sharks de San Jose, en retour de Josh Gorges et d'un choix de 1re ronde au repêchage suivant, sélection grâce à laquelle le Canadien réclamera Max Pacioretty.

Si cette transaction peut être qualifiée de plus grand vol de la carrière de Bob Gainey, celle qui avait fait passer Mike Ribeiro aux Stars de Dallas en échange de Janne Niinimaa, au début de la saison 2006-2007, a été sa pire. « Ça s'est avéré un fiasco monumental, indique Godin. Et on l'a su rapidement parce que Carbo ne l'a à peu près pas fait jouer. On a rapidement constaté qu'il n'y avait plus beaucoup de hockey à l'intérieur de ce gars-là. Niinimaa avait la réputation d'un gars toujours sur le party qui n'était pas en bonne condition physique. Il était loin du défenseur prometteur qu'il avait été à l'époque des Oilers et des Flyers. »

Quant à Ribeiro, les ouï-dire allaient bon train à son sujet. « Il y avait toutes sortes de rumeurs sur son comportement hors glace à cause duquel, apparemment, le Canadien n'avait pas le choix de l'envoyer le plus loin possible. C'était la fin des trois *amigos* [José Théodore, Pierre Dagenais et Mike Ribeiro], mais ça a mal viré pour le Canadien. Cette transaction a affaibli l'équipe incontestablement, rappelle Godin. En plus, Ribeiro s'était chamaillé avec Koivu au cours de la saison précédente. »

Parlant de Koivu, bien qu'il ait connu l'un des plus longs règnes chez les capitaines du Canadien, son leadership a souvent été remis en question. Pendant toutes les années 2000, on lui a reproché d'être incapable de faire prendre la sauce au sein de ses coéquipiers. « C'est un gars qui avait ses amis. Mark Recchi, au départ, puis Rivet et Sheldon Souray, tous des gars qui en menaient large dans le vestiaire. Il n'était pas nécessairement le gars le plus unificateur. »

Difficile d'accumuler les victoires lorsque l'esprit d'équipe fait défaut. Et c'est habituellement durant les périodes creuses que le malaise fait surface. « En 2006-2007, cette équipe-là était fragmentée. Alors, que

Carbo dise que les gars se montraient du doigt les uns les autres [lors de sa sortie incendiaire], ce n'était pas faux. On était loin des équipes unies sous le règne de Brian Gionta, fait valoir Godin. J'ai l'air de critiquer Koivu, pourtant c'est un gars que j'estime énormément. Il a été Capitaine Courage et a été critiqué injustement, sauf que, fondamentalement, cette équipe n'a pas été en mesure de trouver son unité. Elle l'a fait la saison suivante, car elle a terminé au premier rang de l'Association de l'Est. Cependant, la sauce n'a pas pris longtemps. Ça s'est étiolé assez rapidement. »

• • •

Foi de Godin, cette première saison de Carbonneau à la barre du Canadien fut divertissante, car « il en disait beaucoup aux médias ». Mais ce qui faisait le délice du journaliste et de ses confrères de travail irritait au plus haut point les protégés de Carbonneau. « Ses joueurs lui reprochaient d'apprendre des choses via les médias. Il ne leur disait rien, mais faisait part de ses décisions aux journalistes », se souvient Godin.

En plus d'un manque de communication avec ses joueurs, un autre aspect de sa personnalité a fini par le mener à sa perte. En coulisses, on chuchotait que l'entraîneur originaire de Sept-Îles n'était pas nécessairement un bourreau de travail. « Ce que j'entendais à l'époque, c'est qu'il était souvent sur un mode plus proche du 9 à 5, alors que certains de ses homologues travaillaient toujours jusqu'aux petites heures, indique Godin. Le métier de coach, ça met des familles en péril parce que ça demande des heures incroyables. Apporter des ajustements à l'interne et apprendre à connaître suffisamment ses adversaires pour être capable de s'ajuster et de maintenir constamment de nouvelles cartes dans son jeu, ça prend du temps et énormément de préparation. Si tu cèdes à la tentation de partir tôt, il y a des chances que tu en échappes », ajoute-t-il.

Ces deux facteurs ont conduit Godin à s'interroger sur la situation de Carbonneau. Et si Bob Gainey ne lui avait pas donné le poste qui lui convenait ? « Je ne sais pas jusqu'à quel point Carbonneau était à sa place dans le rôle d'entraîneur-chef. Peut-être qu'à un autre poste, en tant que dépisteur ou directeur général adjoint, il aurait été plus efficace, se demande Godin. C'est un homme de hockey très connaisseur. Il aurait pu apporter une contribution encore plus intéressante à l'équipe. Mais à l'image de son capitaine, il a été victime d'un problème de casting. »

À propos de...

Détenteur d'une maîtrise en création littéraire, **Marc Antoine Godin** est arrivé au quotidien *La Presse* en l'an 2000 et y a travaillé au pupitre jusqu'en 2004. Il a ensuite couvert la dernière saison des Expos à Montréal ainsi que des événements comme la Coupe Ryder, en Irlande. Depuis 2007, il suit les activités quotidiennes du Canadien.

8. La difficile loi du silence

Avec la collaboration de Jean-Philippe Bertrand

En toile de fond

L'arrivée de Marc Bergevin au poste de vice-président exécutif et directeur général du Canadien, le 2 mai 2012, après quelques semaines de spéculation, est accueillie comme un vent de fraîcheur par les médias montréalais qui viennent de passer huit saisons à négocier avec le ténébreux Bob Gainey et l'invisible Pierre Gauthier. On dit de Bergevin qu'il a de la verve et de la répartie, qu'il est coloré et qu'à l'époque où il jouait, il était un blagueur et un joueur de tours invétéré.

Si, pour les plus jeunes journalistes, Bergevin ne représente rien de plus que le modeste défenseur qui a disputé 1191 matchs dans la LNH avec huit formations différentes, pour les plus vieux, qui ont eu justement l'occasion de le côtoyer au fil de toutes ces saisons, c'est la fin de la grande noirceur à la direction de l'équipe.

Âgé de 46 ans, Marc Bergevin vient de passer sept campagnes dans l'organisation des Blackhawks de Chicago, équipe au sein de laquelle il a occupé plusieurs postes, dont celui de directeur du personnel des joueurs. Dès son premier point de presse à titre de directeur général du Canadien, il déride l'assistance avec quelques citations savoureuses. «Durant ma carrière de joueur, j'ai joué pour huit équipes. Peut-être que j'en oublie. Il y en a tellement que des fois, mes valises étaient une équipe en arrière», dit-il dans les premiers instants de cette conférence de presse. Plus tard, il ajoute à la blague: «Je ne sais même pas c'est où, Burlington», en faisant référence au lieu de résidence de son prédécesseur Pierre Gauthier, un spécimen unique en son genre.

· · ·

Journaliste à TVA Sports, Jean-Philippe Bertrand est sur le point d'être affecté à la couverture du Canadien lorsque Bergevin devient le 17e directeur général de l'histoire de la concession montréalaise. Il est heureux du choix de Geoff Molson. Pour l'avoir rencontré à quelques occasions, il est persuadé que Bergevin fera le bonheur des partisans et le délice des journalistes.

«J'ai rencontré Marc Bergevin pour la première fois lors du Défi Canada-Russie, en 2007. Il travaillait comme dépisteur pour les Blackhawks. C'était un bon ami de Pat Brisson. On est allés manger ensemble. C'était un gars amusant et drôle. Il n'arrêtait pas de faire rire la serveuse en se mettant des pailles dans les cheveux et les lunettes. Un moyen bouffon, un vrai clown, raconte Bertrand. Puis, à l'époque où je décrivais les matchs des Sénateurs à la radio, j'avais également eu la chance de l'interviewer à quelques reprises. Je trouvais qu'il était vraiment amusant et très à l'aise. C'était facile d'être en contact avec lui», ajoute-t-il. Bertrand n'est donc pas surpris d'entendre Bergevin lancer quelques boutades lors de son premier contact avec les médias de Montréal.

Mais Bertrand et quelques-uns de ses collègues déchantent à mesure que le règne de Bergevin avance. «Plus les semaines passaient, plus il commençait à être méfiant et plus il se refermait», raconte le journaliste, une réalité qu'il attribue aux exigences du marché montréalais. «J'ai l'impression qu'on l'a modelé lorsqu'il est arrivé à Montréal. Je ne jette pas le blâme sur le département des communications du Canadien. Les gars font un bon job, mais ils le font dans l'intérêt de l'organisation. Ils sont en train de le rendre plate en le limitant, soutient Bertrand. En même temps, c'est un peu compréhensible qu'ils soient prudents : le directeur général et l'entraîneur du Canadien ont plus de visibilité que les premiers ministres du Québec et du Canada. C'est beaucoup trop, et ça n'a aucun bon sens, mais c'est la réalité », ajoute-t-il du même souffle.

Que ce soit par TVA Sports, RDS, *Le Journal de Montréal, La Presse*, la Presse canadienne, la radio du 98,5 FM, *The Gazette*, Sportsnet, TSN, TSN Radio, CJAD, CTV, ou par les innombrables sites Internet et blogues indépendants, le Canadien est constamment scruté à loupe. Et puisque le rayonnement des médias francophones s'étend à la grandeur de la province, alors que celui des médias anglophones se limite davantage au marché montréalais et à ses environs, Bergevin, de l'avis de Bertrand, semble marcher encore plus sur des œufs lorsque vient le temps de réagir dans la langue de Molière.

« Je me souviens d'un bilan de mi-saison à Philadelphie, au cours duquel les réponses qu'il a données en anglais étaient bien différentes de celles qu'il avait données en français. À Phoenix, à la date limite des transactions, il a été plutôt froid avec les francophones, alors qu'il avait été beaucoup plus relax avec les anglophones, soutient Bertrand. Je me souviens d'avoir parlé de cette réalité avec Jacques Martin. Il a admis que le Canadien l'avait limité dans ce qu'il pouvait faire et dire à l'époque où il dirigeait l'équipe. Le département des communications occupe une grande place, et je pense que Bergevin était un peu gelé là-dedans. »

• • •

Chassez le naturel et il revient au galop, veut le vieil adage. Selon Bertrand, le Canadien a eu beau tenter d'aseptiser Bergevin, et le marché de Montréal a beau lui avoir enlevé une certaine spontanéité, au fond de lui, le directeur général du Canadien a gardé son authenticité et son émotivité. Il a été possible de le constater lors des séries éliminatoires du printemps 2014, lorsque des caméras l'ont surpris à danser dans la loge du Canadien après le but que Dale Weise a inscrit en prolongation dans le premier match de la série face au Lightning de Tampa Bay. Au tour suivant, lorsque son équipe a éliminé les Bruins, on l'a vu enlacer P. K. Subban à sa sortie de la patinoire, dans le corridor menant aux vestiaires.

Mais c'est un autre événement, dont Bertrand a été l'un des témoins privilégiés, survenu un an jour pour jour après l'embauche de Bergevin, le 2 mai 2013, qui lui prouve que le directeur général du Canadien est encore l'homme d'émotion et de passion qu'il a toujours été.

« C'est le type de DG qui est davantage un gars de cœur qu'un tyran ou un cérébral. Il est capable de rester cartésien pour des notions contractuelles, monétaires et juridiques, mais lorsque l'instinct de survie s'active en raison du danger qui guette un loup de sa meute, c'est à ce moment qu'il devient émotif. »

En tentant d'accepter une passe suicide de Raphael Diaz, Lars Eller reçoit l'épaule d'Eric Gryba en plein visage. La mise en échec du défenseur des Sénateurs est si solide qu'Eller, mis K.-O. instantanément, se fracasse le nez et quelques os du visage sur la glace. À demi conscient, il est transporté hors de la patinoire sur une civière. La mare de sang que le Danois laisse derrière lui ajoute au côté dramatique de la situation.

« Cet incident m'a fait penser un peu à celui qui avait impliqué Max Pacioretty quelques années plus tôt. Le silence dans l'édifice, l'inquiétude sur le visage des gens… », se souvient Bertrand.

Désireux de capter des images de l'ambulance et du branle-bas de combat près du vestiaire du Canadien, le reporter et son caméraman, Kevin Crane, décident qu'il vaut mieux quitter la passerelle pour descendre au rez-de-chaussée et ainsi prendre place dans les corridors adjacents au garage du Centre Bell. « Dans les corridors, un immense rideau sépare le côté du Canadien du côté des visiteurs. On traînait là en attendant, explique Bertrand. J'ai dit à mon caméraman : "Ne reste pas loin et tiens-toi prêt. Eller va sûrement passer par ici." » Les médecins de l'équipe ayant choisi de faire passer Eller par un autre chemin, impossible de capter des images du blessé se dirigeant vers l'ambulance.

Le prix de consolation ne tarde cependant pas à s'amener.

« C'est plutôt Bergevin qui est passé près de nous. Dans sa démarche, on voyait qu'il était enragé de voir un de ses joueurs dans un si piteux état. On pouvait comprendre qu'il avait ses joueurs à cœur. Probablement parce qu'il était déjà lui-même passé par là, raconte Bertrand. Il s'est d'abord dirigé vers le salon des femmes. Il est allé voir la conjointe d'Eller pour lui expliquer la situation. Il est sorti et s'est dirigé directement vers l'ambulance. Je n'avais jamais vu un gars marcher d'un pas aussi déterminé. Il a foncé dans le rideau comme s'il avait voulu passer à travers un mur. Il courait dans le corridor», ajoute-t-il.

Le directeur général du Canadien allait répéter exactement le même manège quelques mois plus tard, en voyant George Parros, acquis sur le marché des joueurs autonomes à l'été 2013, embrasser la glace à la fin d'un combat contre Colton Orr. «Encore une fois, il est allé parler à la femme du joueur et s'est dirigé vers l'ambulance. Encore une fois, on pouvait voir toute l'émotion dans son visage.»

• • •

L'employé de TVA Sports raconte avoir soupé une fois avec Bergevin depuis son arrivée à Montréal. C'était avant un match à Long Island. Bertrand se trouvait à la cafétéria du Nassau Coliseum et discutait avec Sergio Momesso, l'analyste des matchs du Canadien à la radio anglophone CJAD, lorsque Bergevin s'est approché et s'est joint au duo. Momesso et Bergevin s'étaient affrontés dans les rangs juniors avant de le faire dans la LNH. Les deux hommes avaient également partagé le même vestiaire à St. Louis en 1996-1997, la dernière saison de Momesso dans le circuit Bettman.

«Sergio et lui ont commencé à se rappeler à quel point les bagarres étaient nombreuses dans le junior au début des années 1980. L'un jouait à Chicoutimi, l'autre à Shawinigan. Bergevin jasait d'une bagarre générale qui avait explosé pendant la période d'échauffement, et il disait combien il n'avait pas eu envie de se battre. Il avait également raconté que lors d'un match contre Boston, les Bruins avaient convenu d'envoyer la rondelle profondément dans le territoire des Islanders avec l'objectif d'arracher la tête au premier joueur new-yorkais qui toucherait la rondelle. C'est en reprenant conscience dans le vestiaire qu'il a réalisé que c'est lui qui avait été le premier...»

Bertrand se souvient de lui avoir dit: «"Wow! C'est tellement bon, comme histoire." Il m'avait répondu: "C'est bon, mais pour toi" en voulant dire que, parfois, ça a l'air bien amusant pour les amateurs et pour ceux qui regardent, mais qu'en réalité, ce n'est pas drôle. Les gars le font par obligation et parce que c'est le travail à faire, mais ça les fait suer. Quand j'ai vu les incidents d'Eller et de Parros, ça m'a fait penser à ce qu'il m'avait dit ce soir-là. Parce qu'il a lui-même vécu de telles situations, il est en mesure de comprendre. »

Autrefois reconnu pour son sens de la répartie et ses bouffonneries, Marc Bergevin est devenu méfiant et drabe depuis qu'il occupe le poste de directeur général du Canadien. Par chance, le naturel refait parfois surface !

« Tout ça pour dire que Bergevin est un autre gars depuis qu'il est à Montréal. Cependant, dans certaines circonstances précises, tu vois que sa véritable personnalité n'est pas celle qu'on est en train de lui forger, mais celle d'un véritable gars de cœur », conclut-il.

À propos de...

Jean-Philippe Bertrand est journaliste sportif depuis plus de dix ans. En plus d'avoir été assigné à la couverture du Canadien de Montréal pour TVA Sports durant les saisons 2012-2013 et 2013-2014, il a été descripteur des matchs des Sénateurs d'Ottawa sur les ondes de CJRC en Outaouais de 2006 à 2008. Jean-Philippe a également agi comme annonceur maison lors des Jeux olympiques de Vancouver et de Sotchi.

9. Un drame évité de justesse

Avec la collaboration de Pierre Houde

Carey Price ne déçoit pas ses partisans pendant la saison 2010-2011. Il profite de ses 72 présences devant le filet (un record d'équipe) pour enregistrer 38 victoires. Devenu, à la toute fin du camp d'entraînement, le 28e capitaine de l'histoire du Canadien, Brian Gionta domine la colonne des buteurs de l'équipe. Toutefois, c'est Tomas Plekanec qui termine à son sommet.

Encore une fois, les blessures viennent ralentir la progression du Tricolore. Face à une véritable hécatombe, Pierre Gauthier fait l'acquisition de James Wisniewski. Le défenseur inscrit 30 points en 43 matchs. Bien que son équipe médicale peine à fournir et que les navettes entre Hamilton et Montréal se multiplient, la troupe de Jacques Martin fait preuve de suffisamment de régularité pour se classer au sixième rang de son association.

Pour une troisième fois en quatre printemps, le chemin du Canadien croise celui des Bruins de Boston. En poussant la série à la limite des sept rencontres, les Montréalais passent très près de créer une surprise. Mais un but de Nathan Horton en prolongation scelle le sort du Tricolore. Dirigés par Claude Julien, les Bruins, quelques semaines plus tard, soulèveront la précieuse coupe Stanley. Qui sait si l'issue de cette série n'aurait pas été différente avec le jeune Max Pacioretty dans la formation...

En toile de fond

Du décès d'Ayrton Senna à celui de Greg Moore, Pierre Houde a présenté au public son lot d'événements tragiques au cours de sa longue carrière de descripteur de courses automobiles. Bien qu'il n'ait jamais été témoin de moments aussi graves alors qu'il s'acquittait de la même tâche lors des matchs du Canadien, il a bien cru que la mort avait frappé, le 8 mars 2011, lorsque Max Pacioretty s'est effondré sur la glace à la suite d'une percutante mise en échec de Zdeno Chara.

« L'incident Pacioretty n'était pas mon premier du genre. Lors d'un match au Spectrum de Philadelphie [le 1er février 1996], Marc Bureau avait passé le K.-O. à Petr Svoboda en lui assenant un coup de coude au visage. Le plus inquiétant, c'est que Svoboda était tombé sur la tête, ce qui avait provoqué une coupure. Le sang s'était alors répandu sur la glace, raconte Houde. Avec l'escalade de violence des dernières années, le niveau de tolérance qui augmente sans cesse dans la LNH et les rivalités grandissantes, je me suis souvent dit qu'un jour, j'aurais à décrire un événement fatal. Ce soir de mars 2011, j'ai bien cru que ça y était. Très honnêtement, j'en ai eu le sang glacé. »

. . .

Le Canadien mène 4 à 0 et il ne reste qu'une vingtaine de secondes à écouler au deuxième engagement lorsque Brian Gionta, qui fait face à Gregory Campbell dans le cercle de mise au jeu, choisit de frapper la rondelle en direction de sa ligne bleue. S'amorce alors une course serrée pour l'obtention du disque entre Chara et Pacioretty. En tendant son bâton, ce dernier parvient à rejeter la rondelle dans le territoire ennemi. La course semble terminée, mais au moment où Pacioretty tente de le doubler, le défenseur des Bruins le met en échec. Avec ses 6 pieds 9 pouces et ses 255 livres, il propulse l'attaquant du Canadien contre la rampe. Sa tête heurte de plein fouet le coussinet protecteur qui recouvre l'extrémité de la baie vitrée se trouvant entre les bancs des deux équipes. Pacioretty s'effondre aussitôt.

« Lorsque Chara l'a frappé et a complété le geste qui l'a amené sur la paroi, je me souviens de m'être dit que je décrivais au ralenti. Tu peux voir venir une passe suicide, tu peux voir venir un gars qui prend deux ou trois enjambées de plus, mais ça, c'est comme si le film avait été tourné au ralenti. Si je me rappelle bien, c'est ce qui a fait que j'ai décrit l'action pratiquement en temps réel. Il n'y avait pas de seconde ou de demi-seconde de retard.

« L'impact est arrivé directement devant nous. On avait le meilleur siège pour voir la violence du geste, ajoute Pierre Houle. C'était pire qu'en sport automobile. L'accident de Senna, on ne l'avait pas vu en temps réel. Quand le plan découpé est arrivé sur lui, il avait déjà frappé le mur du Tamburello. C'est par la suite, grâce à différents angles de prises de vue et en regardant des documentaires, qu'on a constaté la force de l'impact. Lui, on ne l'avait pas vu. À part qu'on constatait que la voiture était abîmée.

« Je dirais que l'équivalent de l'incident Pacioretty en sport automobile, c'est le décès de Greg Moore à Fontana*. En décrivant son accident, je me suis dit : *" No way*, il ne peut pas s'en sortir. C'est terminé. "* Lorsque j'ai vu Pacioretty, j'ai ressenti le même feeling. »

• • •

Les 21 273 spectateurs, euphoriques en raison de l'allure de la rencontre, deviennent soudainement silencieux. C'est la consternation aux quatre coins du Centre Bell. « Ce qui a ajouté au côté extrêmement grave et dramatique de la situation, c'est le silence qu'il y avait dans la foule. C'était horrible. Plus de 21 000 spectateurs qui ne disent pas un mot… »

Pacioretty demeure étendu sur la glace, inerte, pendant quelque trois minutes avant d'être transporté hors de la patinoire sur une civière. Trois minutes qui paraissent une éternité. « Dans notre cabine, c'était glacial. Benoît [Brunet] était mon analyste à l'époque. Il a réagi en joueur de hockey. Il a demandé de voir la reprise. Moi, je préférais ne pas trop m'avancer. Je ne voulais pas trop décrire parce que je ne voulais pas avoir à dire si Pacioretty bougeait ou s'il ne bougeait pas. N'étant pas médecin, je ne savais pas ce qui arrivait. Et avec toutes les mesures de précaution qui sont prises, on ne sait jamais si c'est aussi grave qu'on le croit ou s'il ne s'agit que du protocole. »

---

* Greg Moore s'est tué au 10ᵉ tour de l'épreuve Malboro 500 de la série CART, la dernière de la saison, sur le circuit California Speedway de Fontana, le 31 octobre 1999. La veille, le pilote canadien avait subi une fracture de la main droite lorsqu'une voiture avait embouti sa mobylette.

Victime d'une commotion cérébrale et d'une fracture sans déplacement à la quatrième vertèbre cervicale, le jeune homme de 22 ans séjournera pendant deux jours à l'Hôpital général de Montréal. Si on comprend rapidement qu'il n'y a pas de danger pour sa vie, les doutes quant à la suite de sa carrière persistent.

Pour une troisième fois en autant de saisons chez les professionnels, l'athlète, originaire de New Canaan au Connecticut, avait passé du temps avec les Bulldogs de Hamilton, équipe-école du Canadien. Rappelé le 12 décembre 2010, il avait inscrit 24 points, dont 14 buts, en 37 matchs. L'avenir de ce choix de 1re ronde du Canadien (22e au total) en 2007, qui semblait si prometteur, se retrouve alors en péril.

• • •

Entièrement rétabli de ses blessures, Pacioretty reviendra au jeu dès le début de la saison suivante. Au cours de la campagne 2011-2012, la plus prolifique de sa carrière avec une récolte de 65 points, il ne ratera que trois rencontres en raison… d'une suspension. Une tenue qui lui vaudra d'être le cinquième joueur du Canadien à graver son nom sur le trophée Bill-Masterton, après Claude Provost (1968), Henri Richard (1974), Serge Savard (1979) et Saku Koivu (2002). Un honneur remis annuellement au joueur de la LNH qui représente le mieux la persévérance, l'esprit sportif et le dévouement au hockey.

Quant à Chara, bien que les officiels du match lui décernent une punition majeure et l'expulsent de la rencontre, la LNH ne lui impose aucune suspension. L'inaction des décideurs du circuit Bettman soulève l'ire de Geoff Molson. Le propriétaire du Canadien lance une flèche en direction du commissaire de la LNH. *« L'organisation du Canadien n'est pas d'accord avec la décision rendue [mercredi]. Je peux vous assurer que nous avons clairement fait connaître notre position au commissaire Gary Bettman »*, écrit Molson dans une missive à l'intention des partisans du Canadien.

Parallèlement à cette sortie, le Directeur des poursuites criminelles et pénales (DPCP) ordonne la tenue d'une enquête criminelle. Un mandat est confié au Service de police de Montréal (SPVM). Malgré les 21 273 témoins, dont plusieurs ont porté plainte au SPVM, les photos ainsi que les reprises vidéo, et après avoir rencontré plusieurs témoins dont Chara lui-même, la Couronne ne sera pas en mesure de prouver que les intentions de ce dernier étaient criminelles. Dans un communiqué émis à la mi-novembre 2011, soit huit mois après l'incident, elle fera part de sa décision d'abandonner tout recours contre le défenseur géant. «*Après avoir examiné attentivement tous les renseignements qui lui ont été soumis concernant cette affaire, le DPCP n'est pas raisonnablement convaincu de pouvoir établir la culpabilité du prévenu*», peut-on lire dans ce communiqué.

La carrière et, surtout, la vie de Max Pacioretty auraient pu être grandement hypothéquées à la suite de cette mise en échec de Zdeno Chara. Sur le banc, le gardien auxiliaire Alex Auld, Jaroslav Spacek et P. K. Subban ont rapidement constaté la gravité de la situation.

Bien que la LNH n'ait pas sévi à l'endroit de Chara et que le DPCP ait abandonné ses intentions de poursuite, Houde demeure convaincu, encore aujourd'hui, que le joueur des Bruins aurait pu frapper son adversaire de façon à éviter des conséquences fâcheuses. D'ailleurs, au moment de l'impact, le descripteur s'est écrié : « Oh ! Quel geste absolument vicieux de Zdeno Chara ! »

« J'ai toujours eu l'impression que Chara aurait pu se restreindre de faire sa poussée du bras gauche. J'ai toujours pensé que ce geste l'incriminait. S'il n'y avait eu aucun mouvement du bras, s'il s'était contenté de l'épaule ou du côté du corps, je lui aurais donné le bénéfice du doute. Une chose est certaine, Chara savait qui était là. Il savait exactement où il était. Après toutes les reprises que j'ai vues, je maintiens que le mouvement du bras donne une teinte délibérée au geste », soutient-il.

En disant que Chara « savait qui était là », Houde fait référence à l'altercation qu'avaient eue les deux hommes à la fin de l'une des confrontations précédentes entre les deux formations. Le 8 janvier, encore une fois au Centre Bell, Pacioretty avait permis au Tricolore de transformer un déficit de 0 à 2 en un gain de 3 à 2 en inscrivant le but de la victoire en prolongation. Un gain qui avait permis aux Montréalais de rejoindre temporairement les Bruins en tête de la section Nord-Est.

Or, lors des célébrations suivant le scintillement de la lumière rouge, Pacioretty avait fait sortir le Slovaque de ses gonds en le poussant par-derrière. Une mêlée impliquant tous les joueurs présents sur la patinoire s'était ensuivie derrière le filet de Tim Thomas. Hal Gill, qui ne concédait que deux pouces et une dizaine de livres au capitaine des Bruins, avait dû venir en aide aux juges de lignes Steve Barton et Pierre Champoux pour le calmer.

« Je suis convaincu que ça avait un lien avec cet événement [du 8 janvier]. Il savait que c'était Pacioretty. Maintenant, était-ce une tentative de blessure grave ? Non. On ne peut pas faire ce procès d'intention. Je regarde comment les joueurs se sentent après [avoir blessé un adversaire]. Ils s'excusent et regrettent. Et je pense qu'ils sont très sincères… à part peut-être les récidivistes notoires. D'ailleurs, un hockeyeur ne fait pas un geste délibéré avec l'intention de tuer quelqu'un. Jamais de la vie. Mais tout va tellement vite. La prise de décision est inexistante. Ils la prennent sans réfléchir. »

Pour illustrer son propos, Houde y va d'une comparaison avec les cas de rage au volant qui font souvent les manchettes. «On n'aime pas se faire couper et des fois, on sacre. Ensuite, on se dit qu'on aurait regretté d'être allé plus loin. D'ailleurs, la plupart de ceux qui sont passés à l'action dans des cas de rage au volant disent qu'ils auraient dû se contrôler. Le hockey, c'est un peu la même chose. Dans le feu de l'action, on est constamment en action-réaction. C'est un sport d'instinct, d'improvisation et dans lequel on admet un niveau très élevé de robustesse avec des joueurs toujours plus gros et plus rapides, mais sur une surface qui, elle, ne change pas de dimensions.»

Pour remercier l'Hôpital général de Montréal des bons soins qu'il a reçus, Pacioretty mettra sur pied une fondation à son nom. Avec les dons amassés, l'établissement se dotera d'un nouvel appareil d'imagerie par résonance magnétique, un appareil permettant au centre de traumatisme cranio-cérébral de l'endroit de diagnostiquer plus précisément les commotions cérébrales et les blessures au cerveau chez ses patients.

À propos de...

Descripteur des matchs du Canadien et de la LNH depuis les débuts du Réseau des sports, en 1989, **Pierre Houde** a amorcé sa carrière à la radio en 1975, sur les ondes de CKAC. Avant la création de RDS, il fut appelé à œuvrer à Radio-Canada pour participer à la couverture de nombreux événements d'envergure. En vingt-cinq ans à RDS, il a décrit près de 2500 matchs de hockey, dont 11 finales de la Coupe Stanley, en plus du match de médaille d'or, opposant le Canada aux États-Unis, aux Jeux de Vancouver.

10. La naissance d'une légende

Avec la collaboration de Robert Laflamme

La saison 1992-1993 s'amorce sous le signe du changement. Jacques Demers occupe les fonctions d'entraîneur-chef du Canadien depuis le 11 juin. Au cours du mois d'août seulement, Sylvain Lefebvre prend le chemin de Toronto, Mike McPhee est échangé au Minnesota, tout comme Russ Courtnall, alors que Brent Gilchrist, Shayne Corson ainsi que le jeune espoir Vladimir Vujtek sont envoyés à Edmonton. S'amènent à Montréal Brian Bellows, en provenance du Minnesota, et Vincent Damphousse, meilleur pointeur des Oilers la saison précédente.

Bellows conclut la campagne avec 40 buts, alors que Damphousse domine la colonne des marqueurs montréalais avec une récolte de 97 points, dont 39 buts. À l'image de l'équipe, Patrick Roy éprouve son lot de difficultés en fin de saison. Il subit la défaite à 9 de ses 13 dernières présences devant le filet.

Cette saison, qui semblait en être une de transition pour le Canadien, se termine par la conquête d'une 24e Coupe Stanley. Pour y parvenir, le Tricolore se débarrasse des Nordiques de Québec en six rencontres, balaie les Sabres de Buffalo en quatre matchs, puis élimine les Islanders de New York et les Kings de Los Angeles en cinq rencontres. Ce printemps-là, il établit un record en remportant en prolongation 10 de ses 16 victoires. Roy se ressaisit et grave, pour la deuxième fois de sa carrière, son nom sur le trophée Conn-Smythe.

Lorsque le Canadien amorce les séries éliminatoires au printemps 1993, le Québec tout entier est en liesse. Pour la cinquième fois de leur histoire, le Tricolore et les Nordiques croiseront le fer. Les partisans de la Vieille Capitale sont affamés. Leur équipe n'a pas participé au tournoi printanier depuis cinq saisons.

À l'image des jeunes Nordiques, Robert Laflamme, journaliste de la Presse canadienne basé à Québec, vit à 28 ans ses premières séries. « J'étais arrivé pratiquement en même temps que Joe Sakic. Il était là depuis l'automne 1988, j'étais arrivé au mois de janvier suivant. C'était une période de vaches très maigres. J'ai entre autres vécu la saison de 31 points (1989-1990). J'étais habitué qu'à la fin mars, la saison soit finie et qu'on me rapatrie à l'Assemblée nationale, se souvient Laflamme. Alors, j'allais faire les séries pour la première fois, comme toute cette bande de jeunes joueurs des Nordiques. J'étais très fébrile. Surtout lorsqu'on a vu qu'un choc Canadien-Nordiques se précisait. Pendant quatre ans, j'avais entendu des anecdotes de séries Canadien-Nordiques, mais je n'avais jamais goûté à ça. Une fois de plus, les vieilles histoires commençaient à refaire surface. J'avais hâte de vivre ça. »

Mené par les jeunes Sakic, Mats Sundin, Owen Nolan et Mike Ricci, le Fleurdelisé a terminé la saison régulière deux points devant ses grands rivaux au classement de la division Adams. Malgré la proximité des deux formations, la majorité des experts donnent les Nordiques, en apparence plus talentueux, favoris pour remporter cette série. « Albert Ladouceur, Claude Cadorette du *Journal de Québec,* Alain Crête de la radio, Kevin Johnston et Yves Poulin du *Soleil,* de même que moi, on était sûrs qu'on partait pour un bon bout. On se disait qu'une fois qu'on aurait passé le Canadien, on se rendrait en finale. Dans notre tête, on était en route vers la Coupe. »

Pendant ce temps, à Montréal, les journalistes et chroniqueurs jouent la carte de la discrétion. Selon eux, le Canadien, qui n'a pas franchi la finale de la division Adams depuis sa défaite en grande finale de la Coupe Stanley en 1989, ne fera pas long feu. « Ils nous concédaient presque la victoire. Et avec raison. On avait toute une équipe ! » lance Laflamme.

En plus de la fougue de leurs jeunes attaquants, les Nordiques misent sur un gardien d'expérience. Ron Hextall a été acquis dans la méga-transaction qui a fait passer Eric Lindros, premier choix des Nordiques en 1991, aux Flyers. Un troc qui impliquait sept joueurs, deux choix au repêchage et une dizaine de millions de dollars. Le gardien manitobain, alors âgé de 28 ans, avait connu des débuts phénoménaux avec les Flyers : à sa saison recrue, en 1986-1987, il avait mené l'équipe de la Pennsylvanie en grande finale. Les Flyers s'étaient inclinés en sept rencontres face aux Oilers d'Edmonton, ce qui n'avait pas empêché Hextall de mettre la main sur le trophée Conn-Smythe du joueur le plus utile des séries éliminatoires.

Le hic, c'est que l'homme masqué est tout aussi reconnu pour sa propension à perdre la tête que pour ses talents de gardien. « On connaissait la réputation d'Hextall quand il est arrivé à Québec. On savait que

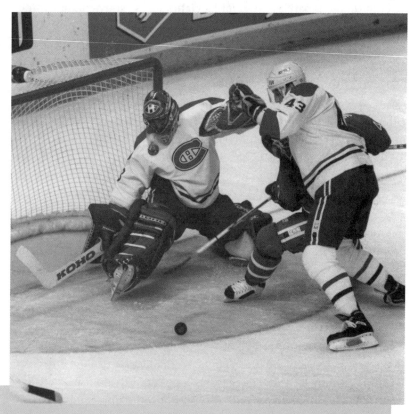

Imperturbable, Patrick Roy garde les yeux sur la rondelle, tandis que Patrice Brisebois tente de contenir Claude Lapointe, lors d'un match du premier tour des séries éliminatoires de 1993.

c'était un *weirdo*. Mais on se disait que c'était possiblement l'ingrédient qui manquait aux Nordiques. Un gardien d'expérience avec de jeunes joueurs… On croyait que ça allait être la recette idéale pour propulser cette équipe-là à un autre niveau. »

Les deux premiers matchs de la série semblent donner raison à Laflamme et à ses collègues de Québec. Hextall se montre pratiquement intraitable dans des gains de 3 à 2 (en prolongation) et de 4 à 1. « Avec les Nordiques en avant 2 à 0 dans la série, on était pas mal confiants. » Mais la bête qui sommeille en Hextall n'est jamais bien loin, et les joueurs expérimentés du Canadien le savent.

Depuis qu'il évolue dans les rangs juniors, Hextall effectue la même routine à chaque période d'échauffement. À quelques reprises, il se rend au centre de la patinoire et fait un virage brusque d'un seul patin directement sur le point de mise au jeu central. Ce qui, naturellement, le force à empiéter sur le territoire de l'adversaire. « Tout le monde avait remarqué ce geste superstitieux qu'il faisait deux ou trois fois par période d'échauffement. Dès le début de la saison, j'avais émis l'hypothèse qu'un moment donné, en séries éliminatoires, quelqu'un essaierait de l'empêcher de faire ça, se souvient Laflamme. Avant le troisième match, Mario Roberge, qui n'allait même pas participer à la partie, s'était placé au centre de la patinoire pour nuire à Hextall. Pour faire son petit manège, Hextall avait dû le pousser, ce qui avait failli donner lieu à toute une échauffourée. »

Malgré l'embrouille, Hextall connaît un excellent match. Dans une défaite de 2 à 1 en prolongation (le premier gain d'une séquence de 10 du Canadien en pareille circonstance) durant laquelle il effectue 48 arrêts, le colérique gardien termine le match par une engueulade avec l'officiel Bill McCreary, qu'il accuse d'avoir accordé un but qui n'était pas bon. Sa performance lui vaut tout de même la deuxième étoile de la rencontre.

Malgré la conduite du numéro 27, Laflamme est encore persuadé, plus de vingt ans plus tard, que le manège de Roberge au centre de la patinoire fut l'un des points tournants de la série. « Le geste de Roberge a fini par jouer dans sa tête et dans celle des jeunes Nordiques. D'ailleurs, les Nordiques ont accusé le Canadien d'avoir cherché le trouble en habillant un joueur qui ne jouait même pas dans le but de déranger le gardien », souligne Laflamme qui, n'ayant pas fait le voyage à Montréal, a vu la séquence à la télévision.

« Le Canadien avait flairé la bonne affaire, poursuit-il. Il tirait de l'arrière 2 à 0 dans la série et s'était dit qu'il essaierait tout. C'est le genre d'événement qui rassemble, qui crée des liens entre les joueurs, ce qui fait qu'ils se soudent davantage et se rallient autour d'une cause. J'ai compris ça dès ce printemps-là. Je suis convaincu que ça a joué un rôle important. Le Canadien avait passé son message. »

D'ailleurs, ce sera la seule saison d'Hextall à Québec. Au cours de l'été, il sera échangé aux Islanders de New York. Devant le filet des Nordiques, il sera remplacé par Stéphane Fiset, qui lui servait d'adjoint, et Jocelyn Thibault, un jeune Montréalais de 18 ans, fraîchement repêché des Faucons de Sherbrooke. En 1993-1994, Jacques Cloutier et Garth Snow garderont également les buts, le temps de quelques rencontres.

• • •

Le stratagème du Canadien et la déconfiture d'Hextall, qui allouera 13 buts dans les 3 matchs suivants, sont loin d'être la seule explication du revirement de cette série que le Canadien a finalement remportée en 6 matchs. À l'autre bout de la patinoire, Patrick Roy est dans sa forme des grands jours. Au moment d'amorcer cette série, il compte déjà une Coupe Stanley, un trophée Conn-Smythe, trois Vézina (1989, 1990 et 1992), quatre trophées Jennings (1987, 1988, 1989 et 1992) dont les trois premiers remportés en compagnie de Brian Hayward, trois nominations sur la première équipe d'étoiles (1989, 1990 et 1992) et deux sur la seconde (1988 et 1991).

Bien que la feuille de route de Roy soit déjà bien garnie, Laflamme soutient que c'est ce que le gardien s'apprête à accomplir, d'abord contre les Nordiques, puis contre les Sabres, les Islanders et les Kings, qui le distinguera de ses contemporains jusqu'à la fin de sa carrière. « On savait qu'il était bon parce qu'il avait gagné la Coupe et le Conn-Smythe en 1986. Mais en 1986, c'était un gardien au nombril vert. C'est vraiment en 1993 qu'il a acquis sa réputation de grand gardien. Cette Coupe a été sa signature d'homme des grandes occasions. Je pense que c'est au cours de ces séries qu'on a assisté à la naissance de la légende Roy. Je suis content d'avoir vécu le début de ça. »

Laflamme fait ici référence aux nombreuses déclarations qu'a faites le gardien du Tricolore au cours de la série contre les Nordiques. S'inspirant de Bob Gainey et de Larry Robinson, qui l'avaient précédé en tant que meneurs du Tricolore, Roy lance à ses coéquipiers, au terme du deuxième match : « *On est tannés de les vanter. Il n'y a rien qu'on n'a pas dit sur les Nordiques. À force de faire leur éloge, on finit par croire tout ce qu'on raconte. Je pense que le temps est venu de les brasser un peu.* » Une citation reprise par Bertrand Raymond dans sa chronique du 22 avril, dans *Le Journal de Montréal*.

Roy récidive entre les matchs quatre et cinq. Une fois de plus par l'entremise des médias, il n'hésite pas à décocher une flèche directement à Hextall et contribue ainsi à sa perte de contrôle. « *En ce qui concerne son vis-à-vis dans la présente série, Roy reconnaît d'emblée que Ron Hextall a bien tiré son épingle du jeu lors des deux derniers matchs présentés au Forum. "Sauf qu'il n'a pas gagné", devait-il ajouter avec un sourire qui voulait tout dire* », écrit Marc de Foy au matin du cinquième match, également dans *Le Journal de Montréal*.

À la défense du gardien du Canadien, il faut dire que Daniel Bouchard, l'entraîneur des gardiens des Nordiques, l'avait un peu cherché en affirmant plus tôt dans la série, sans jamais préciser sa pensée, qu'il avait trouvé une lacune dans son jeu. « Avec Roy, il ne fallait pas faire ça. Même si Bouchard a essayé, par la suite, de minimiser les propos qu'il avait tenus, le mal était fait. Les Nordiques ont réveillé le Roy qui dormait. Ça leur a pété dans la face, soutient Laflamme. Patrick avait tout tourné à son avantage. » La confiance de Roy en ses propres moyens est tellement grande qu'il n'hésite pas à rassurer ses coéquipiers en leur promettant, au moment d'amorcer les périodes de prolongation, qu'il ne laissera plus passer une seule rondelle et qu'il leur incombe maintenant de marquer le prochain but.

« Souvent, on dit qu'une équipe se donne une impulsion au premier tour des séries. C'est ce que le Canadien a fait. Patrick a tout pris sur ses épaules, et le Canadien a gagné 10 matchs de suite en prolongation. C'est aussi l'année du clin d'œil en finale contre les Kings [à la suite d'un arrêt contre Tomas Sandstrom dans le quatrième match], ajoute Laflamme. C'est vraiment là qu'il a pris le leadership de cette équipe. »

• • •

Laflamme et ses confrères de Québec, qui croyaient bien travailler tard au printemps, voient le parcours de l'équipe qu'ils couvrent prendre fin deux mois plus tôt que prévu. « J'étais tellement déçu. Je me voyais faire un bout avec les Nordiques. C'est là que j'ai compris que le hockey des séries est bien différent de celui de la saison régulière. Quant aux joueurs, ils étaient dévastés. Cette élimination rapide avait été une leçon pour eux, car ils ne s'attendaient pas à un tel revirement. »

Une leçon qui leur a grandement servi, puisque trois ans plus tard, alors que l'équipe vient tout juste de déménager au Colorado, plusieurs de ces jeunes joueurs soulèveront leur première coupe Stanley. Du nombre, le capitaine Joe Sakic qui, au printemps 1993, dispute ses premières séries éliminatoires après avoir joué 377 matchs en saison régulière. Ce même Sakic établira plus tard un record de la LNH avec huit buts inscrits en prolongation au cours des séries éliminatoires.

Bref, les journalistes de Québec sont condamnés à regarder le reste des séries depuis leur salon. Malgré l'élimination de leur équipe, ils gardent un œil sur le parcours du Canadien. « Pour nous à Québec, il y avait l'intérêt Demers. On l'avait côtoyé pendant quelques saisons. Avant de diriger le Canadien, il avait été l'analyste d'Alain Crête lors des matchs des Nordiques [à la station radiophonique CJRP-1060] pendant deux ans. À l'époque, je commençais et il était vraiment gentil avec moi. Il m'amenait avec lui dans le vestiaire pour me présenter des joueurs comme Steve Yzerman. Il m'avait grandement facilité la tâche, raconte Laflamme.

« On allait souper avec lui. Il nous racontait des anecdotes. Alors, lorsqu'il s'est retrouvé avec le Canadien, ça nous a fait drôle. Le gars avec qui on allait souper au resto à Tampa était rendu derrière le banc du Canadien. C'est sans doute la raison pour laquelle cette série entre le Canadien et les Nordiques a été la plus civilisée de toutes. Jacques ne cherchait pas le trouble et Pierre Pagé, l'entraîneur des Nordiques, non plus. » D'ailleurs, lorsque le Canadien a remporté la Coupe Stanley le 9 juin, Laflamme s'est empressé d'envoyer un télégramme de félicitations à l'entraîneur. Cela ne l'a pas empêché de ressentir une certaine amertume. « Quand on a vu le Canadien gagner la Coupe, on s'est dit que ça aurait bien pu être les Nordiques… si le Canadien n'avait pas saboté les plans. »

À propos de...

Journaliste à la Presse canadienne depuis vingt-cinq ans, **Robert Laflamme** a assuré la couverture des Nordiques de Québec de 1989 à 1995, puis celle du Canadien de Montréal de 2002 à aujourd'hui. Auteur du livre sur l'histoire des frères Stastny publié en 2012[*], il a aussi vécu au rythme des plus grandes compétitions amateurs, dont tous les Jeux olympiques depuis l'an 2000.

---

[*] Robert Laflamme, *Les Stastny, le coup de génie de Gilles Léger*, Montréal, Hurtubise, 2012.

Témoins privilégiés

Quand on baigne quotidiennement dans l'entourage de la plus prestigieuse concession de la LNH, elle perd un peu de son côté mythique. Les joueurs du Canadien, que la population idolâtre, deviennent alors familiers. Pendant que des spectateurs se ruent par centaines au Complexe sportif Bell de Brossard pour assister à de simples entraînements, ceux qui noircissent les pages des journaux ou sévissent sur les ondes radiophoniques et télévisuelles souhaiteraient parfois être ailleurs.

À force d'avoir le nez collé sur le Canadien, les journalistes en viennent à oublier qu'ils ont, jour après jour, accès aux coulisses du club chéri des amateurs, qu'ils visitent fréquemment les plus grandes villes d'Amérique du Nord et qu'à quelques occasions, ils mettent même les pieds dans les capitales européennes.

Et quand la chance leur sourit, ils ont le privilège de devenir témoins de certains moments marquants, tant dans la petite histoire du Canadien que dans la grande histoire de l'humanité.

11. Un empire qui s'écroule

Avec la collaboration de Réjean Tremblay

En toile de fond

Avant le début de la campagne 1990-1991, cinq joueurs influents des années 1980 plient bagage. Serge Savard échange son meilleur défenseur et cocapitaine de l'équipe, Chris Chelios, aux Blackhawks de Chicago, en retour de Denis Savard. Bobby Smith retourne au Minnesota en échange d'un choix de 4e ronde en 1992. Claude Lemieux est échangé aux Devils du New Jersey contre Sylvain Turgeon. Quant à Craig Ludwig, Savard l'expédie aux Islanders de New York pour obtenir Gerald Diduck. À ces quatre départs s'ajoute celui de Mats Naslund, qui quitte le Canada pour la Suisse.C'est donc transformé que le Canadien, choisi par la LNH pour disputer une tournée de matchs préparatoires en URSS, s'envole vers le Vieux Continent au beau milieu de son camp d'entraînement. Le Tricolore rentrera à Montréal avec une fiche de trois victoires et deux revers, ainsi qu'avec plusieurs anecdotes croustillantes...

Septembre 1990. Le régime communiste en est à ses derniers soubresauts. Le mur de Berlin, qui a séparé l'Allemagne en deux durant vingt-huit ans, est tombé depuis dix mois. En URSS, Mikhaïl Gorbatchev dirige le pays depuis 1985. Au cours des cinq premières années de son règne, il a instauré la politique de la *glasnost* (transparence), mettant fin au stalinisme dont l'idéologie consiste à utiliser la force comme mode de gouvernement, ainsi que celle de la *perestroïka* (réforme), afin de faire sortir le pays de son immobilisme économique. C'est également au cours de cette période, en décembre 1989, que George Bush père, de concert avec le dirigeant russe, annonce officiellement la fin de la guerre froide. L'empire communiste se trouve à plus ou moins un an de sa dislocation, provoquée d'abord par le coup d'État (pourtant raté) d'août 1991, puis par la dissolution officielle, le 26 décembre 1991, du Parti communiste de l'Union soviétique. Dès lors, l'URSS implosera, redonnant leur indépendance à une quinzaine de nations annexées depuis des décennies.

En ce mois de septembre 1990, donc, le Canadien, qui a choisi de tenir une partie de son camp d'entraînement en Europe, met le pied en URSS, alors que les Soviétiques se trouvent au cœur d'une transition politique historique.

Après un saut rapide à Stockholm, en Suède, le Tricolore met le cap sur le plus vaste pays du monde. Il y dispute des rencontres à Leningrad (redevenue Saint-Pétersbourg en 1991) et Riga (aujourd'hui capitale de la Lettonie), avant de terminer sa tournée par deux matchs à Moscou.

Dépêché en URSS pour le compte de *La Presse,* Réjean Tremblay accompagne l'équipe. Pour lui, il s'agit d'un retour en URSS dix ans après avoir couvert les Jeux olympiques de Moscou en 1980. Le constat de la transition que vit alors cette nation le frappe de plein fouet. « À Leningrad, on a compris que l'empire soviétique achevait. J'étais allé me promener dans la ville qui était censée être l'une des plus belles villes de l'époque. J'avais pu visiter le musée de l'Ermitage, mais sur les tablettes d'épiceries, il n'y avait rien. Ça n'avait pas de bon sens. C'était vraiment la misère. Il y avait des itinérants partout. Je n'avais jamais vu ça dix ans plus tôt, durant mon voyage à Moscou. »

C'est en posant ses valises dans la capitale soviétique quatre jours plus tard que le choc se fait le plus sentir. « Là, j'ai vraiment pu comparer.

On a été là deux ou trois jours. Des itinérants faisaient du camping sur le terrain de l'hôtel Russia, juste en face du Kremlin, avec des affiches en russe. Les rues étaient pleines de crevasses. Quasiment pire qu'à Montréal. Je n'en revenais pas, se souvient-il. Quelques jours plus tôt, à Riga, le CH nous avait organisé un autobus touristique. Le guide, en passant devant les statues des figures de l'empire comme Lénine, disait qu'il s'agissait du dernier vestige de l'invasion soviétique. C'était débile, c'était inimaginable. »

Tremblay a beau ne pas reconnaître l'URSS qu'il a visitée une décennie plus tôt, il n'y voit pas que des mauvais côtés. Les agents du KGB, omniprésents en 1980, sont toujours bien visibles, mais beaucoup moins actifs. Par conséquent, ils sont beaucoup moins intimidants. Conscients de cette réalité, les visiteurs montréalais ne mettent pas de temps à en profiter. « Techniquement, ça coûtait 1,65 $ US pour obtenir un rouble sur le marché légal. Ça n'a pas été long que Pat Burns a compris comment ça marchait. Il nous a amenés avec lui dans une ruelle. Des gars échangeaient des dollars US pour des roubles. Ils mettaient une nappe par terre. Tu mettais 100 $ US et ça te donnait une montagne de roubles. On devait recevoir entre 25 et 30 roubles pour une piastre », raconte Tremblay dans un éclat de rire.

Si le troc est si avantageux pour les Nord-Américains, c'est que Beriozka, une chaîne de magasins dont la luxueuse marchandise n'est pas offerte ailleurs, n'accepte que les devises étrangères. Tout ça, évidemment, dans le but d'impressionner les touristes. Les gens du pays, qui souhaitent également profiter de ce que Beriozka a à offrir, doivent donc trouver une façon de mettre la main sur de l'argent américain.

« On vivait misérablement partout, sauf si on était touriste, lance l'écrivain et chroniqueur à propos du sort que réservait l'URSS à ses propres habitants. En 1980, vers la fin des Jeux, j'avais compris un peu comment ça fonctionnait, mais à l'époque, personne n'osait faire du marché noir. Et là, je voyais Burns, dans une ruelle à côté du Kremlin, par terre devant une nappe carreautée, échanger des roubles. C'est inoubliable. Il ramenait ça à l'hôtel et pouvait ensuite acheter ce qu'il voulait n'importe où en ville. En 1980, avec les agents du KGB partout, il n'aurait pas fait ça longtemps », ajoute-t-il.

• • •

Si mettre la main sur un paquet de roubles n'a rien de compliqué, faire acheminer ses textes à Montréal au terme des rencontres n'est pas aussi facile. Tout au long de ce périple de deux semaines, Tremblay et ses confrères doivent composer avec une technologie chancelante et une coopération déficiente des autorités en place.

« Les problèmes ont commencé à Leningrad. On était incapables d'envoyer nos textes. On avait attendu quatre heures avant de réussir à avoir une ligne téléphonique pour envoyer nos textes à Montréal », se souvient Tremblay qui, vingt-quatre ans plus tard, n'en revient toujours pas. « À l'hôtel, toutes les portes de nos chambres étaient ouvertes, et on attendait que l'un d'entre nous obtienne la ligne. J'ai des photos de Bertrand Raymond dans sa chambre, essayant d'envoyer des textes avec son ordinateur. Il avait dévissé la prise du téléphone du mur et avait sorti deux fils pour essayer de faire la connexion. C'est *Le Journal de Montréal* qui a finalement obtenu la ligne, alors tout le monde est passé par lui. Même moi, qui étais à *La Presse,* j'ai dicté mon texte à un technicien du *Journal de Montréal* qui l'a enregistré sur une cassette avant de l'envoyer à *La Presse* par taxi. Un méchant problème ! »

Tremblay raconte qu'il en a coûté 5552 $ US pour obtenir cette seule ligne. « On se disait : "Voyons ! On ne paiera pas 800 $ chacun pour avoir été capable d'envoyer un seul texte !" On avait fait un seul appel. » L'histoire vient aux oreilles de John Ziegler, le président de la LNH, qui, étant du voyage, accepte de payer la note au nom de la ligue. « La LNH et le Canadien se sont littéralement fait arnaquer là-dedans », soutient Tremblay.

L'histoire se répète à Moscou. Voulant éviter une autre facture exorbitante, les journalistes québécois font appel à l'ambassade du Canada. « Là-bas, il y avait des lignes directes avec Ottawa, mais faire bouger des fonctionnaires, ce n'est pas facile. Lorsqu'on leur a demandé s'ils pouvaient nous accueillir à minuit, après le match, pour qu'on puisse envoyer nos textes, ils ont accepté de nous aider… la première soirée seulement », souligne Tremblay, incrédule.

C'est au lendemain de cette rencontre, perdue 4 à 1 aux mains du Dynamo de Moscou, que Tremblay et ses acolytes voient enfin poindre la solution définitive à leur problème. Une solution qu'ils trouvent auprès de Pierre Ladouceur, qui, à ce moment, occupe le poste de directeur du marketing pour le Québec de McDonald's Canada (il sera plus tard vice-président du Canadien pendant onze mois à partir de mars 2000).

« On se trouvait à l'entraînement lorsqu'on a entendu parler québécois dans les estrades. Comme les États-Unis avaient un embargo avec l'URSS, ils ne faisaient pas d'affaires ensemble, alors le McDo de Moscou était administré par des Canadiens. Pierre nous a révélé qu'il avait une ligne satellite directe avec Chicago. Après le match, on est allés au deuxième étage du McDo pour envoyer nos textes par satellite. Ça a pris une seconde et demie. Là, ça marchait ! Chicago a distribué nos textes à chacun de nos journaux. McDo, ce n'était pas l'ambassade du Canada... »

• • •

Par chance, la transmission de ce dernier match se fait sans anicroche : les reporters présents à Moscou en ont long à écrire sur le duel que viennent de se livrer le Canadien et l'Armée rouge. Une mêlée générale impliquant tous les joueurs présents sur la glace éclate. Il faut près de trois minutes aux officiels pour séparer les belligérants. Cibles de projectiles lancés par plusieurs des 9000 spectateurs réunis à l'intérieur du mythique aréna Luzhniki, les joueurs du Canadien, sous l'ordre de Burns, battent en retraite au vestiaire. « Ça a joué dur. Des bagarres ! C'était impensable au hockey international. Je peux dire que ça sifflait en tabarnouche dans l'édifice. Des politesses à la fin du match, il n'y en a pas eu », rappelle Tremblay. Huit joueurs sont expulsés de la rencontre, dont Mike McPhee et Petr Svoboda du côté du Canadien, et Vladimir Malakhov (futur joueur du Canadien) chez les Russes.

Burns et ses ouailles reviennent finalement au banc. La rencontre se termine par un gain de 3 à 2 des Russes, en prolongation. C'est Andreï Kovalenko qui inscrit le but gagnant, le même Kovalenko qui disputera 51 matchs dans l'uniforme du Canadien au cours de la saison 1995-1996. D'ailleurs, c'est à lui que reviendra l'honneur de marquer le dernier but de l'histoire du Forum, le 11 mars 1996.

• • •

Au matin du 19 septembre, lorsque les autobus transportant l'équipe et ses accompagnateurs quittent l'hôtel en direction du terminal régional de l'aéroport Cheremetievo, les visiteurs sont soulagés de quitter cette contrée où les pépins ont été nombreux. Tous s'imaginent déjà de retour à Montréal où la routine reprendra son cours et où le Canadien mettra la touche finale à son camp d'entraînement, dans l'espoir d'être prêt pour la saison qui prendra son envol le 4 octobre à Buffalo.

Mais le groupe n'est pas au bout de ses peines : les douaniers russes attendent les visiteurs canadiens de pied ferme.

« Avec les roubles de Pat, tout le monde s'était acheté du caviar noir, le plus beau et le plus recherché. Tous les joueurs et les membres de l'organisation avaient bourré leurs bagages de caviar. Les poches de hockey étaient pleines. Les gars en avaient même mis dans leurs patins. » Le *jackpot* pour les employés de l'État soviétique qui, en soumettant chacun des voyageurs à une fouille complète, trouvent également quelques œuvres d'art.

« Honnêtement, on est partis de là un peu comme des voleurs. Pourtant, on avait été prévenus. On ne pouvait pas en rapporter autant, rappelle Tremblay. Ils nous avaient tous fouillés. On avait eu droit aux rayons X pis tout le kit. Ça avait été long, et ça avait été assez humiliant merci. » Plus les minutes passent, plus la crainte grandit au sein de la troupe. Quel sort les autorités soviétiques, réputées pour ne pas faire de quartier aux criminels, réservent-elles pour ce genre d'accroc à la loi ? « Ça avait beau être la *perestroïka*, on se trouvait tout de même encore dans un pays communiste ! On ne savait pas ce qui pouvait nous attendre. Le grand Jacques Laperrière disait que c'est de cette façon que les gens se retrouvaient en Sibérie. Heureusement, il n'y a pas eu d'arrestations. »

Pourtant, comme le rapporte Tremblay, dans l'édition de *La Presse* du 20 septembre 1990, « [...] *les dirigeants du Canadien étaient stupéfaits puisqu'ils avaient obtenu l'assurance, la veille, qu'ils passeraient les contrôles "sans problèmes", comme ç'avait toujours été le cas auparavant pour toutes les équipes de la Ligue nationale en tournée en URSS* ».

Même s'il n'en a jamais eu la confirmation, Tremblay est encore persuadé vingt-quatre ans plus tard que cette fouille n'avait rien d'aléatoire et n'était nullement le fruit du hasard. Pour lui, il est clair que les Soviétiques avaient voulu se venger des événements disgracieux survenus lors du match de la veille. « C'est certain qu'il y avait un lien, martèle-t-il. Dans *La Pravda* [publication officielle du Parti communiste] et le *Moskovskiye Novosti* [le *Moscow News*], les deux grands quotidiens, il y avait des photos du match avec des mentions comme "*Honte et violence : Kanaskyy go home!*" C'est sûr qu'ils se sont dit : "Ces sauvages-là ne partiront pas en plus avec nos affaires ! " »

Malgré toutes ces mésaventures, Tremblay classe ce périple de deux semaines parmi les plus significatifs de sa longue carrière. Cela n'a rien à voir avec le volet hockey (« À part pour les bagarres, je ne me souviens même plus des matchs », dit-il), mais davantage avec les volets politique et historique. « Quelles sont les chances dans une vie d'être témoin de la fin d'un régime aussi imposant ? Ça craquait de partout. Dans les livres d'histoire, dans cent ans, ce sera écrit que ces années-là ont signifié la fin de l'empire du mal. Et on était là ! Ça avait été toute une épopée. »

À propos de...

Réjean Tremblay est journaliste, chroniqueur, scénariste et producteur. Il a longtemps travaillé au journal *La Presse* avant de se joindre à l'équipe du *Journal de Montréal*. On lui doit une vingtaine de minisé-ries et de téléséries parmi les plus marquantes de la télé québécoise, dont *Lance et compte* qui se déroule dans le monde du hockey.

12. Les conséquences du 11 septembre

Avec la collaboration de François Gagnon

Au matin du 11 septembre 2001, Oussama ben Laden et son groupe d'extrémistes attaquent quelques symboles forts des États-Unis. Trois avions détournés s'écrasent contre le World Trade Center et le Pentagone. Dans le monde entier, c'est la consternation. Les Américains n'ayant plus le cœur à la fête, le baseball majeur reporte tous ses matchs après le 16 septembre. La NFL emboîte le pas en faisant de même pour ses rencontres prévues le week-end suivant.

Puisque les équipes de la LNH n'en sont alors qu'au stade très primaire de leur camp d'entraînement, rien n'est chambardé. Cependant, le circuit de hockey le plus prestigieux au monde est en deuil. Garnet Bailey, directeur du recrutement professionnel des Kings de Los Angeles, et Mark Bavis, recruteur de la même équipe, se trouvaient à bord du vol 175 de la United Airlines, l'un des deux appareils dirigés contre le World Trade Center.

Comme la grande majorité des Nord-Américains, François Gagnon se souvient d'où il était et de ce qu'il faisait lorsque les deux tours du World Trade Center, attaquées par des avions détournés par des terroristes à la solde d'Al-Qaïda, se sont effondrées. «Je disputais une ronde de golf au club Le Mirage en compagnie d'Alain Chantelois lorsque j'ai appris la nouvelle. C'est la préposée aux départs qui nous en a fait l'annonce, les larmes aux yeux, au moment d'amorcer la deuxième portion du parcours. Même si j'ai eu tout un choc en l'apprenant, ce n'est qu'en retournant à la maison le soir, et en regardant les nouvelles, que j'ai réalisé toute l'ampleur de l'événement.»

Bien que l'Amérique soit sur un pied d'alerte et que les dirigeants des États-Unis se demandent si Oussama ben Laden et son groupe d'extrémistes s'apprêtent à frapper à nouveau, Gagnon, qui couvre alors les activités du Canadien pour le compte du *Soleil,* ne se doute pas encore que ce qui sera désormais connu comme «les attentats du 11 septembre» aura une incidence directe sur son quotidien. «On a assisté à un resserrement très strict de la sécurité. Je comprends la nécessité des contrôles de sécurité, mais au cours de la saison qui a suivi ces événements, et peut-être même les deux suivantes, c'en était devenu absurde.»

À cette époque, les journalistes voyagent encore à bord de l'avion nolisé de l'équipe. Alors qu'à peine quelques mois auparavant, un passage à l'aéroport entre la porte du terminal et celle de l'avion durait tout au plus une vingtaine de minutes, la situation devient cauchemardesque. «On se faisait passer au détecteur de métal avant de monter dans l'appareil, alors qu'il s'agissait d'un avion nolisé où tous les passagers se connaissaient et où les bagages avaient déjà été tous contrôlés par le Canadien, souligne Gagnon.

«Même les contrôles d'identité étaient devenus loufoques. Je me souviens d'une fois (l'année suivante) où les agents de sécurité, en voyant Saku Koivu s'approcher, lui avaient dit: "Hé! Bonjour Saku!" avant de lui demander une pièce pour confirmer son identité», lance le journaliste, en rappelant que cette anecdote a été reprise par Réjean Tremblay dans l'une des dernières séries de *Lance et compte.*

C'était absurde, mais, foi de François Gagnon, ce n'était pas le comble. La paranoïa se trouve à un niveau si élevé que tout ce qui a l'apparence d'une arme ou pourrait servir un dessein dangereux est confisqué, de la minuscule lame de rasoir au coupe-ongles en passant par la pince à sourcils. Même les ustensiles, à bord des avions, sont en plastique. «Ils fouillaient les moindres recoins de ton sac. Tu ne pouvais plus rien passer à la sécurité. Mais une fois ce contrôle passé, tu pouvais aller manger dans les restaurants du terminal où la coutellerie complète était disponible. Tu ne pouvais plus passer ta pince à sourcils, mais tu pouvais sortir du restaurant et monter dans l'avion avec un couteau à steak. Simonac!»

C'est justement en comparant la lourdeur des déplacements internationaux d'aujourd'hui à la facilité de ceux d'avant ces tristes événements que Gagnon prétend que les terroristes ont, en partie, gagné. «Ça a toujours été ma conclusion. Les terroristes ont réussi à hypothéquer non seulement la société américaine, mais le monde libre en général. Lorsqu'on regarde les conséquences que ces attentats-là ont eues sur le transport aérien, on en a la preuve.»

• • •

Les hasards du calendrier régulier de la LNH, dévoilé au cours de l'été, font en sorte que le Canadien affronte les Rangers à New York les 11 novembre et 11 mars. Soit deux et six mois jour pour jour après les attentats.

Chaque visite dans la Grosse Pomme se veut l'occasion idéale de se rendre à Ground Zero et de constater *de visu* l'ampleur des dégâts. Accompagné de Luc Gélinas, du Réseau des sports, et du caméraman Paul Buisson, Gagnon tente justement de prendre conscience de l'immensité du drame lorsqu'un cortège de limousines s'approche. S'arrête tout juste devant eux celle du président George W. Bush. «Il était assis à droite sur la banquette arrière. Il devait être à environ 10 pieds de nous. Le président venait commémorer les deux mois de la tragédie.»

Au centre des photos des disparus, des fleurs accrochées un peu partout et des manifestations rendant hommage aux policiers, un immense tas d'acier et de ferrailles. «Il y avait des barricades, mais le tas était tellement haut qu'on le voyait au-dessus. Il y avait tous ces édifices durement touchés, mais encore debout, qu'on avait vus souvent à la télé. Cette fois, on les voyait pour vrai. Le simple fait d'imaginer ce que ça avait été, dans ce secteur, lorsque les tours sont tombées et que les

12. Les conséquences du 11 septembre

109

murs de poussière ont déferlé entre les immeubles, ça donnait la chair de poule. »

Cependant, ce n'est rien comparativement à ce dont Guy Carbonneau, alors entraîneur adjoint de Michel Therrien, est témoin au cours de ce premier voyage au cœur de Manhattan. Grâce à un contact privilégié, Carbonneau obtient l'autorisation de traverser les barricades et de se rendre jusqu'à un belvédère duquel il peut apercevoir les pompiers et les ouvriers au travail. Dans *Le Soleil* du 12 novembre 2001, Gagnon relate ce que l'ancien capitaine du Canadien a vu :

Du toit de la caserne, Carbonneau a eu la « chance » d'assister à un moment très solennel. Celui de la découverte du cadavre de l'un des nombreux pompiers morts en devoir le 11 septembre.

« Tous les pompiers étaient regroupés autour du corps, qu'ils ont enveloppé dans un grand drapeau des États-Unis avant de le glisser à bord d'une ambulance. Les pompiers étaient là, au garde-à-vous. C'était impressionnant.

« Je ne suis pas du genre à pleurer, mais c'était émouvant. Un des gars qui m'ont fait visiter en est à ses 30ᵉ funérailles. Chaque fois qu'il visite le site, il est affecté », racontait Carbonneau.

Au départ, la visite devait inclure les joueurs du Canadien désireux de se rendre sur les lieux, mais le passage de Bush vient contrecarrer les plans. Unique joueur originaire des États-Unis dans l'équipe, Craig Darby, natif d'Oneida dans l'État de New York, a perdu un proche dans cette tragédie. Dans le même texte, il se confie :

« J'avais trois proches copains qui travaillaient dans la tour ce matin-là. Deux ont pu sortir, mais Jimmy [Patrick] est dans les décombres. Nous étions encore très proches et j'aurais bien aimé pouvoir aller à Ground Zero aujourd'hui afin de lui rendre hommage. Je suis encore bouleversé par cette histoire. J'ai aussi appris que la fiancée d'un de mes bons amis est également portée disparue depuis la tragédie. C'est dément, cette affaire-là. Ça fait déjà deux mois, mais on dirait que c'est arrivé hier [...]. »

• • •

Les 343 pompiers, 37 policiers de l'autorité portuaire et 23 autres du service de police de New York qui ont sacrifié leur vie dans cet attentat sont élevés au rang de héros. À l'image des soldats décédés à Pearl Harbor et de ceux qui ont laissé leur vie sur les plages de la Normandie, le nom des intervenants morts en service le 11 septembre 2001 est immortalisé sur des plaques commémoratives suspendues aux murs des casernes de pompiers et des postes de police. « D'ailleurs, chaque fois qu'un camion de pompiers sortait, que ce soit pour un appel d'urgence ou simplement parce qu'il roulait, les gens applaudissaient. Les pompiers saluaient en retour. Mais ce n'était pas un salut avec le sourire. On pouvait voir que, même si ça s'était produit quelques mois auparavant, les gens étaient encore marqués. »

Habitué de se rendre à New York en raison de son travail, le journaliste remarque lors de ces deux premières visites suivant les attentats un changement d'attitude dans le comportement des New-Yorkais. « Les gens de New York, habituellement au-dessus de leurs affaires, avaient changé, se rappelle-t-il treize ans plus tard. Je ne dirais pas qu'ils étaient gentils et avenants avec tout le monde, mais je dirais que, pendant deux ans, ils ont été beaucoup moins froids. L'arrogance, qui est un trait caractéristique des New-Yorkais, avait disparu. On les sentait secoués, perturbés et vulnérables. »

Quatre mois plus tard, à l'occasion d'une autre visite du Canadien à New York, Gagnon assistera à une autre cérémonie, celle-là tournée vers l'avenir. Le 12 mars 2002, on peut lire dans *Le Soleil* :

Et sur le coup de 19 h hier, une autre image, une image d'espoir, une image forte pour les New-Yorkais et pour les Américains s'est élevée dans le ciel de Manhattan lorsque deux immenses faisceaux lumineux ont jailli aux endroits précis où les tours jumelles se dressaient encore il y a six mois.

Ces deux faisceaux lumineux s'élèveront dans le ciel de New York pour le prochain mois. Ces deux faisceaux lumineux feront revivre, à leur façon, les tours jumelles qui pourraient d'ailleurs revoir le jour d'ici à quelques années alors que de plus en plus d'observateurs réclament leur résurrection afin de redonner à Manhattan l'image mondialement connue qu'elle présentait avant d'être amputée de ses tours fétiches.

• • •

Le tourment ressenti par les habitants de New York est également palpable dans la capitale américaine où, ce même 11 septembre, un autre avion détourné par des fanatiques s'était écrasé contre le Pentagone. Il y a à peine plus d'un mois que les attentats ont eu lieu lorsque le Canadien atterrit à Washington, le 18 octobre. Comme il le fera à New York trois semaines plus tard, Gagnon se rend sur les lieux de la tragédie, sur la rive sud du fleuve Potomac, là où 189 personnes ont perdu la vie.

« J'ai eu une réaction bizarre. Oui, il y avait eu des morts, mais je trouvais que les dégâts à la structure n'étaient pas si importants, raconte Gagnon. Je me souviens que ma réaction a été de dire que, puisqu'il s'agissait d'un édifice gouvernemental militaire, il avait été bâti solidement. Pour moi, ça faisait contraste avec l'aspect vulnérable des tours. Le Pentagone me donnait l'impression d'avoir été davantage construit pour faire face à ce genre de situation. Mais ce qui était saisissant, alors que j'étais sur la colline faisant face au Pentagone, c'est qu'en levant les yeux, je pouvais voir d'un seul coup d'œil la Maison blanche, l'obélisque situé juste à côté et le dôme du Capitole un peu plus loin. J'en étais venu à me demander : "Puisqu'il y avait des symboles très forts des États-Unis disponibles dans le secteur, le Pentagone n'a-t-il été qu'un prix de consolation ?" ajoute-t-il. D'ailleurs, certains ont avancé une théorie à l'effet que les terroristes ne savaient pas trop où se diriger. »

En plus de devoir vivre avec ce douloureux souvenir encore très frais dans leur mémoire, les habitants de Washington sont alors aux prises avec une vague d'alertes à l'anthrax. Plusieurs fois par semaine, des colis contenant de la poudre blanche, qui se révèle presque chaque fois être une imitation du poison, sont récupérés par des escouades spéciales.

« Ça a créé un vent de panique sur Washington, souligne le journaliste. Par ailleurs, pendant les deux jours où nous avons été là, les gens arrêtaient de marcher chaque fois qu'ils entendaient une sirène. Ils se tournaient et essayaient de voir d'où le son provenait. Chaque fois, les gens semblaient figés. Comme s'ils se disaient : "Bon, c'est où cette fois ? Qu'est-il arrivé encore ?" Washington était paralysée par les sirènes, même si ça n'avait rien à voir. Comme si les habitants attendaient le prochain attentat. » Même les exploits de leurs idoles ne suffisaient plus à leur ramener le sourire. Cette année-là, pour eux, le sport était devenu bien secondaire...

À propos de...

François Gagnon est chroniqueur hockey à rds.ca et collaborateur régulier de *Hockey360,* de *L'Antichambre* ainsi que lors des matchs du Canadien. Assigné aux activités de la LNH depuis 1995, il a couvert les Sénateurs pour le quotidien *Le Droit* d'Ottawa. Depuis 1998, il suit les activités du Tricolore, d'abord pour le compte du *Soleil* de Québec, puis pour le quotidien *La Presse.*

13. Le match de la honte

Avec la collaboration d'Albert Ladouceur

En toile de fond

Au printemps 1984, le Canadien croise le fer avec les Nordiques en finale de la division Adams. Puisque les seconds ont remporté la première confrontation printanière entre les deux équipes deux ans plus tôt, le Tricolore est bien déterminé à obtenir sa revanche. La tâche s'annonce cependant ardue. Les représentants de la capitale provinciale ont terminé la saison avec 94 points, soit 19 de plus que le Canadien. De plus, cinq des huit matchs du calendrier régulier se sont terminés à la faveur du Fleurdelisé.

Défaite dans le duel initial, la troupe de Jacques Lemaire remporte les deux matchs suivants. Après avoir vu les Nordiques égaler la série grâce à une victoire en prolongation sur la glace du Forum, l'équipe met ses rivaux au pied du mur à l'aide d'un gain par jeu blanc au Colisée. Le 20 avril, de retour devant ses partisans, le Canadien espère porter le coup de grâce à ses grands rivaux de l'autre bout de l'autoroute 20...

Les rivalités constituent un carburant essentiel du sport. Sans elles, la passion des amateurs ne serait que trop rarement soulevée. Au fil de son existence, le Canadien a développé bon nombre de ces rivalités. Certaines d'entre elles subsistent encore aujourd'hui, comme celles qui l'opposent aux Maple Leafs de Toronto et aux Bruins de Boston, cette dernière ayant pris de l'ampleur au fur et à mesure des 34 confrontations éliminatoires que se sont livrés les ennemis jurés au fil des décennies.

Malgré la férocité de ces rivalités, aucune n'arrive à la cheville de celle qui a opposé le Canadien aux Nordiques de Québec. Une rivalité courte, mais combien intense, qui, pendant seize ans, a divisé le Québec en deux et fait les choux gras des journalistes des deux villes concernées. « Dans les matchs impliquant les deux formations, il y avait toujours énormément d'émotion. Beaucoup de commentaires lancés de part et d'autre. La langue de bois qu'on connaît aujourd'hui n'existait pas à cette époque », se souvient Albert Ladouceur, qui a couvert les activités des Nordiques pour le compte du *Journal de Québec*.

Il faut dire que les médias avaient de quoi se mettre sous la dent, particulièrement à l'époque où Michel Bergeron dirigeait les Nordiques et Jacques Lemaire, le Canadien. « Pour nous, ils ont été à la fois les deux pires et les deux meilleurs entraîneurs. Pires, au sens qu'ils jetaient énormément d'huile sur le feu dans cette rivalité. Ils ont créé un monstre. Surtout Bergeron, qui était très habile là-dedans. Ils avaient créé une escalade épouvantable, soutient Ladouceur. Meilleurs, parce qu'avec ces gars-là, on avait quelque chose à écrire. Les deux se détestaient profondément. Ce n'était pas du *fake*. Ils n'étaient pas capables de se sentir. Alors quand ils avaient la chance de se planter, ils y allaient allègrement.

« C'était pas mal moins constipé qu'aujourd'hui, poursuit-il. Tu allais dans le bureau de Bergeron, il te parlait du Canadien et de Lemaire. Tu traversais de l'autre côté, et là, c'est Lemaire qui plantait Bergeron. Même les joueurs s'en mêlaient. Il faut dire qu'il y avait beaucoup de francophones au sein des deux équipes, ce qui ajoutait à la rivalité. Par exemple, d'un côté tu avais Mario Tremblay, un gars d'Alma, et de l'autre Michel Goulet, originaire de Péribonka. Par conséquent, la région du Lac-Saint-Jean était divisée en deux. »

Ladouceur, comme plusieurs de ses collègues de l'époque, est d'avis que cette rivalité est la plus plaisante qu'il lui ait été donné de couvrir. Possiblement parce que les médias eux-mêmes s'étaient laissé embarquer dans ce tourbillon, certains oubliant parfois leur impartialité. « On sautait sur tout ce qu'on pouvait. On avait du plaisir. Le Québec au complet était également impliqué. Que ce soit au Forum ou au Colisée, tu te demandais pour qui la foule prenait tellement elle était divisée.

« Il y avait une balloune gonflée au maximum dans cette rivalité. Tôt ou tard, c'est certain qu'elle allait nous péter en pleine face. Tous les éléments étaient réunis pour qu'on assiste à une explosion terrible. »

• • •

Cette explosion survient le 20 avril 1984, lors du sixième match de la série finale de la division Adams. Une rencontre ponctuée de deux mêlées générales menant à 198 minutes de punitions et à l'expulsion de 11 joueurs. Un choc légendaire, connu depuis lors sous le nom de « Bataille du Vendredi saint ». Du côté anglophone, on baptise cette soirée « Good Day Massacre », ce qui donne une allure encore plus sinistre à l'événement.

« C'est ce vendredi-là que tout a pété. C'est ce soir-là que l'abcès a crevé. Au moment des événements, il y a eu une perte totale de contrôle de la part des joueurs et des entraîneurs. Même du côté des officiels. »

Les Nordiques, qui font face à l'élimination, mènent 1 à 0, grâce à un but de Peter Stastny marqué dans les premières minutes du match, lorsque le Forum s'embrase au son de la sirène annonçant la fin de la deuxième période. « D'abord, il y a eu une bousculade autour du filet des Nordiques, que défendait Daniel Bouchard, entre Dale Hunter et Guy Carbonneau. Ça aurait pu être l'événement déclencheur. Cependant, ça ne semblait pas vouloir aller très loin, se souvient Ladouceur. Quelques secondes plus tard, Chris Nilan a frappé Randy Moller par-derrière. Ce n'était pourtant pas son genre. Il l'a coupé à l'arcade sourcilière. C'est ce qui a lancé le bal. La chicane a pogné, tout le monde se battait. »

Les deux formations rentrent au vestiaire après une bagarre générale qui a duré trois minutes et demie. Il aura fallu le coup de poing dévastateur de Louis Sleigher à Jean Hamel pour calmer les esprits. « À ce moment, on pensait bien que c'était terminé », lance le journaliste vétéran. Cependant, Ladouceur, ses confrères et les 18 090 spectateurs réunis à l'intérieur du vétuste Forum n'ont encore rien vu. Bruce Hood, l'arbitre expérimenté de la rencontre, ainsi que Joey D'Amico et Bob Hodges, ses juges de lignes, ne sont pas au bout de leurs peines. Hood profite de l'entracte pour démêler la situation et faire le décompte des punitions. Chris Nilan et Mario Tremblay, du côté du Canadien, ainsi que Louis Sleigher et Peter Stastny, chez les Nordiques, sont expulsés du match.

« À l'annonce du verdict, Bergeron est devenu fou furieux, se rappelle Ladouceur. Peter ne voulait rien savoir de se battre. C'est Mario qui avait sauté dessus. D'ailleurs, il lui a cassé le nez. » Le hic, c'est que, ignorant le verdict de Hood au moment d'entreprendre le troisième engagement, tout ce beau monde revient à proximité de la patinoire. « Bien évidemment, la foire a repris. Richard Sévigny s'est rué sur Hunter et s'est arrangé pour le sortir. »

L'animosité est si intense que même les frères Hunter, Dale du côté des Nordiques et Mark chez le Canadien, passent près d'en venir aux coups. « Les deux se couraient après sur la glace. C'était le *free for all* total, raconte Ladouceur. Sur la passerelle, on se disait : "Batinse ! Est-ce que ça va finir ?" Un moment donné, on s'est dit que ça n'avait plus de sens, qu'il fallait que ça arrête. Et puis, on pensait à nos heures de tombée… »

Il faudra cinq minutes supplémentaires de brasse-camarade avant que tout revienne à la normale. Résultat : Dale Hunter, Clint Malarchuk, Randy Moller, Wally Weir ainsi que Mark Hunter, Mike McPhee et Sévigny se voient indiquer le chemin des douches. Le plus beau dans tout ça, c'est que les punitions sont annoncées alors que les belligérants se tapent encore sur la margoulette.

• • •

Trente ans plus tard, Ladouceur analyse de façon un peu différente ce qu'il a vu ce soir du 20 avril 1984. « Aujourd'hui, lorsqu'on regarde le match à nouveau, on se dit que ce n'était pas si pire. Oui, tous les joueurs étaient sur la glace, mais il y avait beaucoup d'accrochages de chandail, beaucoup de gars qui se retenaient. Il y avait plus de grandes danses et de valses à trois que de rondes de boxe. Sauf que tout le monde était actif, souligne-t-il.

« Dans l'histoire du hockey, il y a eu des bagarres générales beaucoup plus violentes que celle-là. Mais celle-ci a marqué l'imaginaire parce qu'elle est survenue au cœur de la rivalité, en pleines séries éliminatoires. Si ça avait été le Canadien contre les Bruins ou les Nordiques contre les Sabres, les souvenirs seraient beaucoup moins précis. Probablement que les gens en parleraient autour d'une bière en disant : " Te souviens-tu une année, il était arrivé cette grosse bagarre générale ? C'était contre qui, donc ? " »

Toujours est-il que, par chance, l'action ne s'est limitée qu'à la patinoire. La tension est alors si palpable à l'intérieur du Forum que Ladouceur est surpris que les spectateurs n'en soient pas eux-mêmes venus aux coups. « S'il avait fallu que ça dégénère dans les gradins, je ne sais pas comment ça aurait fini. Heureusement, la foule était davantage intéressée à ce qui se passait sur la glace. C'est comme si elle assistait à un spectacle burlesque », laisse-t-il tomber.

Cette échauffourée légendaire poussera tout le monde à faire un examen de conscience, y compris les membres des médias. « La Bataille du Vendredi saint constitue l'œil au beurre noir de la rivalité entre le Canadien et les Nordiques. C'est ce qui a amené tout le monde à réfléchir et à conclure qu'il ne fallait pas que ça se reproduise. On s'est dit : " C'est bien beau gonfler la balloune, mais un moment donné, il va falloir revenir à des proportions plus normales. " C'est dommage, car il y a eu tellement de beaux moments, de moments fantastiques, dans cette rivalité. »

Le soir même de la fameuse bataille, René Lecavalier, descripteur des matchs du Canadien à la télévision de Radio-Canada, s'insurge contre toute cette violence. En véritable précurseur, quelques décennies avant bien d'autres, il demande une interdiction complète des bagarres. « Je pense qu'il n'est pas possible de tolérer un peu les bagarres. On les tolère ou on ne les tolère pas. Tant qu'on leur trouve des prétextes, tant qu'on leur trouve une certaine justification, on en arrive à ce qu'on a aujourd'hui. Et une série Québec-Canadien devrait être tout autre chose. Il n'y a personne qui aime vraiment le hockey qui peut se flatter, se féliciter ou se dire même excité par ce qu'il a vu. Ça dépassait les bornes », plaide, en direct, Lecavalier accompagné de son analyste Gilles Tremblay.

Le lendemain matin, les journalistes, qui avaient pourtant participé à cette escalade, ne sont pas plus enchantés de ce qui s'est passé. *Le Journal de Montréal* titre même : « Le CH gagne le match de la honte et la série ! »

• • •

Le 20 avril 1984 est possiblement le jour le plus sombre de l'histoire de la rivalité entre le Canadien et les Nordiques. La légendaire Bataille du Vendredi saint a donné lieu à deux bagarres générales impliquant la grande majorité des joueurs des deux formations.

Pour la majorité des gens qui ne se souviennent plus de l'issue de la rencontre, rappelons que le Canadien l'avait emporté 5 à 3 et avait, du même coup, éliminé les Nordiques. « L'issue de cette bagarre a eu une grande influence sur le résultat. Les Nordiques ont fini le match avec leurs troisième et quatrième trios, alors que le Canadien avait encore de bons joueurs sur la patinoire », mentionne Ladouceur.

Et qu'est-il arrivé à Bruce Hood, qui avait totalement perdu le contrôle de cette rencontre ? « Il a perdu son emploi. Pourtant, c'était un gars d'expérience », répond Ladouceur.

En fait, Hood a eu le temps d'arbitrer un dernier match avant de tirer sa révérence : la deuxième rencontre de la finale de l'Association Campbell entre les North Stars du Minnesota et les Oilers d'Edmonton. Un autre match où il fut au centre d'une controverse. L'Ontarien avait accordé à Wayne Gretzky le but qui allait faire la différence dans un gain de 4 à 3 des Oilers. Il avait indiqué que la rondelle avait franchi la ligne rouge, alors que, selon les joueurs et l'entraîneur des North Stars, elle se trouvait dans la mitaine du gardien Don Beaupre. Une triste façon de clore une carrière de 21 saisons dans la LNH.

• • •

Malgré la disgrâce, le match du 20 avril 1984 a marqué si profondément l'imaginaire qu'il est inclus dans le coffret des 10 matchs les plus mémorables de l'histoire du Canadien, un classement qui a été déterminé par les partisans dans le cadre des festivités entourant le centenaire de l'équipe en 2009. « Avec le temps, c'est devenu un événement de société. Ça allait au-delà du sport. Si on s'en souvient autant, c'est parce que c'était une bataille de famille. Comme une chicane dans un mariage. C'était comme les deux beaux-frères qui se battent ou la belle-sœur qui arrache les cheveux de sa cousine. C'était le peuple québécois qui se battait sur la glace ce soir-là. »

Quelques années plus tard d'ailleurs, d'un commun accord, la direction du Canadien et celle des Nordiques conviendront de mettre un terme aux traditionnels duels du temps des fêtes que les deux équipes se livraient la veille du jour de l'An et le jour de l'An. Une bonne idée, compte tenu du nombre incalculable de bagarres et de querelles fratricides dont ces matchs étaient le théâtre…

À propos de...

Albert Ladouceur a commencé sa carrière au *Montréal-Matin* en 1973, où il a été appelé à suivre le Canadien. Puis, en 1979, il a fait son entrée au *Journal de Québec*, où il a assuré la couverture des Nordiques pendant les seize années d'existence de l'équipe. Il y a occupé la fonction d'éditorialiste sportif pendant quinze ans. Il est actuellement collaborateur pigiste au *Journal de Montréal*.

14. La mort d'un immortel

Avec la collaboration de Bertrand Raymond

Avec un entraîneur recrue en poste, le Canadien connaît, en 1997-1998, une saison en dents de scie. Sous la gouverne d'Alain Vigneault, l'équipe entreprend la campagne du bon pied. Une heureuse séquence de 10 victoires en 12 rencontres lui permet d'occuper, le 17 novembre, le sommet de l'Association de l'Est.

Malheureusement, un calendrier chargé en raison de la présence, pour la première fois, des hockeyeurs de la LNH aux Jeux olympiques, jumelé à une série de blessures, vient annuler ce brillant début de saison. Au retour de la pause olympique, le Tricolore ne remporte que 9 de ses 26 matchs. Son dossier de 15-17-9 au Centre Molson représente la première fiche déficitaire du Canadien à domicile depuis l'hiver 1939-1940.

Cependant, pour une rare fois, ses prouesses importent peu. Le 11 mars, on apprend que la vie de Maurice Richard, le plus immortel des anciens glorieux, est menacée. Le Québec est en émoi.

Les héros restent dans la mémoire, mais les légendes, elles, ne meurent jamais. Voilà sans doute ce que se sont dit les millions de partisans du Canadien de toutes les générations en apprenant que Maurice Richard, l'idole d'un peuple, était atteint du cancer.

C'est le quotidien *The Gazette,* sous la plume de Red Fisher, qui rapporte la nouvelle le 11 mars 1998 : « 'Rocket' Richard fighting battle of his life*. » Dès le diagnostic (appris à la fin janvier), il semble que le combat ait été perdu d'avance. Le Rocket, âgé de 76 ans, est atteint d'une tumeur cancéreuse à l'abdomen. On raconte alors qu'il s'agit d'une forme très rare de cancer dont seulement cinq cas ont jusque-là été recensés au Canada.

Bertrand Raymond, chroniqueur au *Journal de Montréal* à l'époque, se souvient de la stupeur qu'a provoquée cette nouvelle aux quatre coins de la province. « Les gens n'y croyaient pas. Dans la tête de tout le monde, Maurice Richard était indestructible. Au cours de sa vie, il était passé à travers toutes sortes d'épreuves, alors il était impossible qu'il soit atteint du cancer. »

Mais la nouvelle est bien réelle. Devant subir des traitements spéciaux, la grande idole perd une vingtaine de livres. Malgré le choc, la population est incapable de reconnaître que celui dont les exploits ont marqué l'imaginaire puisse perdre son combat contre cette terrible maladie. « Tout le monde s'est dit qu'il allait passer à travers et gagner aussi contre le cancer. Pendant les deux années qui ont suivi, on en a entendu parler, mais relativement peu, alors on faisait confiance à la vie en se disant que si on n'en entendait pas parler, ça devait ressembler à de bonnes nouvelles », raconte le journaliste, aujourd'hui membre du Temple de la renommée du hockey.

Les mois passent et, effectivement, les nouvelles tout comme les apparitions de Richard se font rares. Jusqu'au début de l'an 2000. À la mi-mai, Maurice Richard fils confirme au *Journal de Montréal* qu'au cours des six mois précédents, l'état de santé de son père s'est grandement détérioré. Il confie qu'une autre tumeur maligne (de type rétropéritonéale) s'attaque cette fois à son estomac. L'espoir qu'il retrouve la santé diminue de jour en jour.

_____
*   « Rocket Richard livre le combat de sa vie. »

« Ça ne se pouvait pas que le Rocket meure. La grandeur du personnage, le fait qu'il était sans peur et sans reproche, de même que toutes les histoires à son sujet qui avaient contribué à faire de lui une légende, dont celle selon laquelle il était sorti de l'infirmerie à demi conscient pour marquer le but gagnant en séries éliminatoires, ont fait en sorte que, lorsqu'on a appris que c'était sérieux et qu'il n'en avait plus pour longtemps, le Québec était totalement chaviré. »

« Rien ne laisse présager qu'il va décéder dans les prochains jours. Mais tout est possible », prévient le docteur André Robidoux lors d'un point de presse tenu le 21 mai 2000. C'est pourtant ce qui survient sept jours plus tard, au matin du 27 mai, à l'Hôtel-Dieu de Montréal. Quelque temps après avoir sombré dans le coma, la légende rend l'âme, plongeant son peuple dans un deuil national.

« Le matin où il est mort, son monument érigé devant l'aréna Maurice-Richard a été enseveli sous un amoncellement de fleurs que des gens sont allés porter à cet endroit. Sur un espace de 10 pieds par 10 pieds, c'est devenu un jardin botanique, se souvient Raymond. Quelqu'un a même fait fabriquer un chandail sur mesure pour mettre sur les épaules de sa statue. Un autre a apporté un bâton de hockey sur lequel il avait fait inscrire : " Scores-en plein en haut, Rocket. " »

La renommée de la légende est si grande que la nouvelle de son décès fait rapidement le tour du monde, créant un certain émoi sur le Vieux Continent. « Les journaux du monde entier y ont fait allusion, précise Raymond. Il avait déjà été honoré en Tchécoslovaquie [en 1959] où on lui avait fait cadeau d'une voiture*. En Europe, Maurice Richard, c'était aussi très gros. »

· · ·

Les deux ans qui se sont écoulés entre l'annonce de la maladie de Richard et sa mort ont laissé le temps aux différents médias de préparer émissions spéciales et cahiers souvenirs racontant, pour la énième fois, les exploits l'ayant hissé au rang de légende. Dans celui du *Journal de Montréal*, Bertrand Raymond écrit :

---

*   Il avait également déjà rencontré la reine d'Angleterre.

Le Rocket est sans doute parti avec la conviction d'avoir accompli tout ce qu'il était humainement possible de réaliser pour satisfaire ses admirateurs. Les Québécois le lui ont bien rendu en le faisant crouler sous les ovations à un âge où les gens sombrent souvent dans l'oubli. Son départ n'est pas un événement triste en soi. C'est l'occasion ultime de lui rendre un hommage chaleureux. C'est le moment de lui rappeler une autre fois à quel point on a apprécié ce qu'il nous a donné. À quel point il nous a fait chaud au cœur en acceptant de souffrir pour que le spectacle s'éternise certains soirs. Le Rocket n'a pas à s'inquiéter. Il sera toujours reconnu comme le Babe Ruth du hockey. Babe Ruth a depuis longtemps fait la preuve que les monuments résistent à l'usure du temps.

« Chaleureux » est un terme trop faible pour décrire l'hommage que lui rendent les Québécois le 31 mai. On offre au légendaire numéro 9 des funérailles nationales. Plus de 115 000 personnes, faisant la file autour de la gare Windsor, viennent lui rendre un dernier hommage en défilant devant son cercueil, placé en chapelle ardente au Centre Molson. Soixante-trois ans plus tôt, le Canadien avait offert le même traitement à sa première vedette, Howie Morenz, cette fois au Forum. (Curieusement, tout comme l'annonce du diagnostic de cancer de Maurice Richard, les funérailles de Morenz, en 1937, ont été célébrées un 11 mars. Encore plus curieux, Bernard Geoffrion, coéquipier de Richard et gendre de Morenz, s'éteindra lui aussi un 11 mars, cette fois en 2006.)

« Ce jour-là, je suis allé dans les estrades m'imprégner de l'ambiance avant d'écrire une chronique. C'était un éclairage feutré, on entendait de la musique classique. Des gens défilaient dans un silence respectueux. C'était impressionnant. Il régnait à l'intérieur du Centre Molson une ambiance dramatique que je n'oublierai jamais. »

En regardant les milliers de gens défiler devant Maurice Richard, Raymond a compris que la légende du Rocket ne s'éteindrait pas avant au moins quelques générations. « Des pères qui tenaient leurs jeunes enfants dans leurs bras s'arrêtaient près du cercueil pour leur expliquer qui était Maurice Richard. Ces pères, qui avaient à peine 35 ou 40 ans, ne l'avaient même pas vu jouer. Ça faisait quarante ans qu'il s'était retiré. Mais ils le connaissaient, et ils expliquaient qui il était à leurs enfants. Un jour, ces petits mousses diront : " J'étais là ", et ils expliqueront à leur tour aux plus jeunes qui était le Rocket. Voilà pourquoi la ferveur envers lui ne s'éteindra jamais. »

Raymond se souvient d'un autre témoignage du même genre. « De jeunes parents avaient permis à leur petite fille d'un an d'aller déposer des fleurs sur la pelouse de la maison du Rocket. Ils ont dit que plus tard, lorsque cette enfant reverrait la photo, elle voudrait savoir ce qui s'est passé à ce moment-là. Ce serait ensuite à elle de le raconter à ses enfants. Quelle belle façon de véhiculer une légende ! »

Originaire de Chicoutimi, Raymond n'a lui-même jamais vu jouer le Rocket en personne. Il avait 16 ans lorsque Richard a annoncé sa retraite, au camp d'entraînement précédant la saison 1960-1961. « Je me souviens quand il a annoncé sa retraite, je me disais que ça ne se pouvait pas. Il avait 39 ans, mais au cours de la saison qui venait de se terminer, il avait marqué 19 buts en 51 matchs. [Il en avait raté une vingtaine en raison d'une fracture de la mâchoire.] Avec 19 buts dans une ligue à 6 équipes où marquer 20 buts était pratiquement un exploit, tu te demandais pourquoi Richard se retirait.

« C'est vrai que 39 ans, c'était vieux pour un athlète dans ce temps-là. Il a probablement pensé qu'il serait incapable de donner sa pleine mesure, ou bien il se sentait fatigué. Il avait fait une conférence de presse télévisée au cours de laquelle il annonçait sa retraite. Il venait de marquer quatre buts dans la séance d'entraînement du matin. Ces quatre buts-là, c'était contre Jacques Plante, pas contre un réserviste sans nom ! »

• • •

Après ce défilé de quelques heures, le cercueil du Rocket est transporté à la basilique Notre-Dame. Sur le chemin du cortège, qui emprunte entre autres la rue Sainte-Catherine, des milliers de partisans sont entassés sur les trottoirs. Des applaudissements fusent à mesure que le cortège avance. « C'est comme si Maurice Richard, qui avait provoqué bien des défilés de la Coupe Stanley dans le temps, venait d'en organiser un dernier. Il y avait du monde à perte de vue. » Trois mille personnes prennent déjà place dans l'église lorsque le cortège arrive devant la basilique, suivi par les milliers de personnes devant qui il a défilé quelques minutes plus tôt. Ces milliers de spectateurs assisteront aux funérailles, célébrées par le cardinal Jean-Claude Turcotte et retransmises à la télévision et sur un écran géant installé à l'extérieur de la majestueuse église. « Quand la dépouille de Maurice est entrée dans l'église, il y a eu une ovation. Parfois, il y en a une en sortant, mais là, c'était en entrant. C'était très spécial. »

Pour l'occasion, les porteurs sont tous d'anciens joueurs du Canadien. Au sein du groupe, on retrouve Elmer Lach, son compagnon de trio de la Punch Line, son frère Henri, Gerry McNeil, Ken Reardon,

Le décès de Maurice Richard provoque un deuil national. Tout près de l'aréna qui porte son nom, un véritable jardin botanique prend forme autour de la statue à son effigie.

Dickie Moore, Kenny Mosdell, Émile Bouchard et Jean Béliveau. « À ce moment-là, on venait d'apprendre que Jean Béliveau combattait un cancer de la gorge. On le regardait défiler avec le cercueil dans l'allée et on se demandait s'il n'allait pas être le prochain. Ça ajoutait à l'élément émotif. Et le premier porteur en avant, c'était Henri. Henri, qui avait toujours été solide comme le roc, marchait dans l'allée en essuyant des larmes. Ça venait te chercher. »

Il faut dire que la relation entre les deux frères n'a jamais été des plus chaleureuses, les quatorze ans et demi qui les séparaient y étant probablement pour quelque chose. « J'avais fait une entrevue avec Henri dans laquelle il était question du fait qu'ils ne se parlaient pas beaucoup. Ils s'aimaient, mais n'avaient jamais trouvé la façon de se le dire, souligne Raymond. Ils n'ont jamais eu de lien à l'exception de celui du sang. Cependant, quand Henri est arrivé dans la Ligue et qu'il se faisait bousculer, Maurice arrivait tout de suite et l'agresseur de son frère en payait le prix. C'était sa façon de lui démontrer qu'il l'aimait. Il était son protecteur. Mais Henri a soutenu qu'il ne l'avait jamais entendu dire qu'il l'aimait. Il ne l'a jamais dit. Ça ne se disait pas dans ce temps-là. »

Le jeune Henri n'avait que six ans lorsque son frère aîné a amorcé sa carrière avec le Canadien. Dès lors, il a su qu'il suivrait ses traces. « La mère d'Henri l'amenait tout le temps voir jouer Maurice au Forum. On disait qu'Henri était le seul Québécois qui aurait pu avoir accès à Maurice Richard après une partie de hockey. Pourtant, Henri rentrait à la maison immédiatement après le match sans s'attarder autour du vestiaire. Pourquoi l'aurait-il fait ? Ils ne se seraient pas parlé de toute façon. C'étaient des spéciaux, ces Richard-là. "Je vais venir à ton secours si tu as besoin d'aide, mais ne me demande pas de te dire que je t'aime. Je ne saurais pas comment." »

Au cours de l'entrevue, Henri Richard confie au journaliste qu'il se trouvait à côté de son frère lorsque celui-ci a rendu l'âme et que, dans les secondes précédentes, il a tenté un ultime dialogue. « Quand il a risqué une question à Maurice, il n'était plus conscient. C'était la première fois de sa vie qu'il prenait son courage à deux mains pour poser une question à son frère, et celui-ci est décédé, le laissant sans réponse. Ils ont passé une vie entière à ne pas se parler, et le jour où Henri a risqué une question, l'autre n'était plus là… »

Au cours de son siècle d'histoire, le Canadien a pu miser sur bien d'autres grandes vedettes. Pourquoi Maurice Richard est-il devenu une légende, alors que d'autres comme Jean Béliveau, meilleur pointeur de l'histoire du Canadien, saisons régulières et séries incluses (1395 points), ou Guy Lafleur, auteur de six saisons d'au moins 50 buts dont une de 60, ont vu leur statut s'arrêter à celui de héros ou de supervedette? « Parce que les gens se sont identifiés à lui au moment de sa suspension, pourtant méritée. À l'époque, la Ligue nationale semblait n'accorder aucune considération aux athlètes québécois. Les Canadiens français, qui souffraient, eux aussi, d'un manque de reconnaissance, se sont retrouvés en lui. Sans le vouloir, Maurice Richard s'est mis à charrier ses compatriotes sur ses épaules, répond Raymond. C'était ça, l'image de Maurice Richard. Les Québécois qui se sentaient petits dans ce temps-là savaient qu'ils pouvaient compter sur le Rocket pour être revalorisés. C'est la raison pour laquelle on ne peut pas oublier Maurice Richard », ajoute-t-il.

Le journaliste reconnaît que l'absence de la télévision pour près de la moitié des 17 saisons qu'il a passées dans l'uniforme du Canadien peut avoir contribué à l'explosion de l'imaginaire de ses contemporains. « Les légendes naissent souvent dans l'imaginaire des gens, qui se souviennent à leur façon des grands exploits qui les ont marqués. Ça explique peut-être que certaines histoires n'étaient pas toujours racontées de la bonne façon ou, à tout le moins, de la même façon. » C'est pourquoi la légende du Rocket a pris de l'ampleur à mesure que ces exploits étaient racontés, à l'image de celle des grands guerriers de l'Antiquité et du Moyen-Âge.

À propos de...

Pendant ses quarante ans à l'emploi du *Journal de Montréal*, **Bertrand Raymond** a tour à tour couvert les activités du Canadien, occupé le poste de directeur des sports puis celui de chroniqueur. En cours de route, il a été analyste des parties du Canadien à TVA, en plus de participer régulièrement à des émissions à TQS et à la SRC, ainsi qu'à la radio de CJMS et de CKAC. Depuis 2010, il est chroniqueur à rds.ca et analyste à diverses émissions du Réseau des sports. Il est membre du Temple de la renommée du hockey depuis 1990.

14. La mort d'un immortel

15. De la magie dans le vestiaire

Avec la collaboration de Martin McGuire

Tout juste avant le début de la saison 2009-2010, Geoff Molson, à la tête d'un groupe d'investisseurs, se porte acquéreur du Canadien, propriété depuis huit ans de l'homme d'affaires américain George Gillett. On assiste à un autre changement de garde sur la glace. Au cours de l'été, Bob Gainey fait l'acquisition de Scott Gomez en échange, entre autres, de Chris Higgins et de Ryan McDonagh. Au fil des semaines suivantes, il réussit à convaincre Michael Cammalleri, Brian Gionta, Hal Gill, Jaroslav Spacek et Travis Moen de poursuivre leur carrière à Montréal. Du même coup, le Canadien fait ses adieux à quelques membres de la vieille garde, dont Saku Koivu, Alex Kovalev et Francis Bouillon. De plus, le Tricolore amorce la campagne avec un nouvel entraîneur, Jacques Martin.

Le 4 décembre, le Canadien célèbre son 100e anniversaire. Plusieurs anciens joueurs sont invités à prendre part aux festivités d'avant-match. L'organisation profite de cette soirée pour retirer le numéro 3 d'Émile Bouchard et le numéro 16 d'Elmer Lach.

Au moment d'amorcer la pause olympique, la participation du Canadien aux séries éliminatoires est loin d'être assurée. Les Montréalais occupent alors le huitième rang de l'Association de l'Est, avec un seul point de plus que les Rangers de New York et le Lightning de Tampa Bay. Une séquence de sept victoires en huit matchs lui permet de se hisser au sixième rang et de se qualifier pour les séries par un seul point.

Au fil des décennies, les séries éliminatoires ont souvent donné lieu à des performances inattendues. Tels des bourgeons, certains joueurs ont profité du printemps pour éclore et se montrer au grand jour. À Montréal, ce fut souvent le cas des gardiens.

En 1971, Ken Dryden s'était amené comme un cheveu sur la soupe pour aider le Canadien à éliminer les Bruins, champions du calendrier régulier avec une récolte de 121 points et, par le fait même, grands favoris pour graver leur nom sur la coupe Stanley pour une deuxième saison consécutive. Avec seulement six matchs d'expérience dans la LNH, le longiligne gardien avait surpris la planète hockey en permettant au Tricolore d'éliminer en sept rencontres, dès le tour initial, l'équipe qui l'avait repêché à la 3e ronde (14e au total) du repêchage de 1964. Les prouesses de Dryden allaient ensuite aider le Tricolore à prendre la mesure des North Stars du Minnesota en six matchs et des Blackhawks de Chicago en sept rencontres, lui procurant, le 18 mai, la 17e Coupe Stanley de son histoire. L'Ontarien, alors âgé de 23 ans, allait sans surprise mettre la main sur le trophée Conn-Smythe, remis au joueur le plus utile des séries.

Quinze ans plus tard, un phénomène du nom de Patrick Roy allait rééditer les exploits du grand Dryden en menant une équipe comptant bon nombre de recrues à une Coupe Stanley surprise. Triomphe survenu au terme de gains face aux Bruins de Boston en trois rencontres (à l'époque, le premier tour était une série trois de cinq), aux Whalers de Hartford en sept matchs, aux Rangers de New York en cinq matchs et aux Flames de Calgary, également en cinq rencontres. Âgé d'à peine vingt ans comme quatre de ses coéquipiers, Roy allait devenir, le 24 mai, le plus jeune récipiendaire du trophée Conn-Smythe.

• • •

Il y a dix-sept ans que le Canadien n'a pas atteint la finale de l'Association de l'Est lorsque les séries de 2010 se mettent en branle. Puisqu'il s'est qualifié au tout dernier jour de la saison grâce à un point récolté lors d'un revers en prolongation aux mains des Maple Leafs de Toronto, on ne donne pas cher de la peau du Tricolore. Devant lui se dressent les Capitals de Washington, champions du calendrier régulier avec 121 points et 15 gains de plus que l'équipe montréalaise.

Après avoir ravi à Carey Price le poste de gardien numéro un au cours de la saison, Jaroslav Halak est envoyé dans la mêlée pour le début des hostilités. Des départs plus ou moins convaincants aux deuxième et troisième matchs incitent Jacques Martin à avoir recours à Price pour la quatrième rencontre. Le jeune gardien britanno-colombien accorde quatre buts dans un revers de 6 à 3 qui place le Canadien, en retard 1-3 dans la série, au bord du gouffre. De retour devant le filet à compter du cinquième match, Halak n'accorde que

Au printemps 2010, Jaroslav Halak a multiplié les arrêts importants face à Sidney Crosby et à la puissante attaque des Penguins. Il constitue l'une des raisons pour lesquelles le Canadien a atteint la finale de l'Association de l'Est.

trois buts dans les trois derniers matchs de la série, pour permettre à son équipe d'éliminer la bande d'Alexander Ovechkin et de créer la surprise du premier tour.

Fouetté par sa performance, le Slovaque surfe sur cette vague au tour suivant. Cette fois, les victimes sont les Penguins de Pittsburgh, champions en titre de la Coupe Stanley et finalistes du tournoi de 2008. Encore une fois, le Tricolore comble un déficit, cette fois de 2-3, dans la série pour forcer la tenue d'un match ultime à Pittsburgh.

« Peu de gens croyaient aux chances du Canadien de remporter ce match », se souvient Martin McGuire, descripteur des matchs du Canadien à la radio. « Ça avait été un drôle de septième match. Marc-André Fleury avait donné de mauvais buts. Son espèce de mauvais sort contre le Canadien se poursuivait. » À la surprise de tous, les visiteurs prennent les devants 4 à 0. Les buts de Brian Gionta, de Dominic Moore, de Mike Cammalleri et de Travis Moen inscrits sur 13 lancers chassent Fleury de la rencontre. Mais les Penguins refusent de mourir. Chris Kunitz et Jordan Staal réduisent l'écart à deux buts avant la fin du deuxième engagement.

Lorsque le son de la sirène retentit, Josh Gorges se trouve au cachot depuis 10 secondes. Les Penguins amorcent donc le troisième tiers avec l'avantage d'un homme, un quatre contre trois puisque Cammalleri et Tyler Kennedy ont été punis avec une minute à faire à la période. « Je crois que c'est à ce moment que Halak a réalisé son plus gros arrêt de cette série, soutient McGuire.

« Commencée en fin de deuxième période, l'attaque massive des Penguins s'est terminée en début de troisième. Avant la fin de la deuxième période, Dan Bylsma, l'entraîneur des Penguins, avait mis Sidney Crosby et Evgeni Malkin sur le même trio. Ça tourbillonnait rondement depuis un bon moment dans le territoire du Canadien. Pendant les pauses, je ne cessais de dire à Dany [Dubé], mon analyste : " Ils ne s'en sortiront pas. Pittsburgh est en train d'aller chercher le momentum et le Canadien n'est pas assez fort pour garder cette avance. " »

La troisième période n'est vieille que de 25 secondes lorsque le retour d'un tir de Malkin se retrouve sur la palette de Crosby. Auteur de 51 buts au cours de la saison, Crosby a mis la main, *ex æquo* avec Steven

Stamkos, sur le trophée Maurice-Richard. Le but qu'il s'apprête à enregistrer n'est donc qu'une formalité. « Je le revois tout juste à la gauche de l'embouchure du filet. Crosby était tellement habitué à occuper cette position sur la glace que je suis persuadé qu'il avait les yeux fermés. Il a simplement poussé la rondelle. Halak a sorti la jambière à la vitesse de l'éclair et a frustré Crosby qui, pourtant, avait un but assuré sur le bout de son bâton », raconte le descripteur, encore médusé.

Le Canadien écoulera cette infériorité numérique, puis une autre, avant que Gionta ne porte le coup d'assommoir aux Penguins à mi-chemin de la période. Un engagement au cours duquel Halak stoppera 18 tirs. En tout, il en recevra 39 ce soir-là.

• • •

McGuire est toutefois persuadé que les spectaculaires arrêts du Slovaque face aux Capitals et aux Penguins ne constituent pas l'unique raison qui explique la participation du Canadien à la finale d'association pour la première fois depuis sa dernière conquête de la Coupe Stanley en 1993. « Durant ce parcours de 2010, on n'a pas parlé beaucoup de la proximité des joueurs. Il y avait un esprit particulier dans cette équipe. Les liens étaient tissés serré, les gars étaient coude à coude. Des gars comme Hal Gill, Josh Gorges, Roman Hamrlik et Brian Gionta, de vieux routiers, avaient joué un rôle très important pour souder l'équipe ensemble. » Un événement dont il est témoin dans les minutes suivant cette victoire lui fera prendre conscience de cette réalité.

« On était dans le vieil aréna des Penguins, le Mellon Arena. Pour nous rendre de la cabine de description au vestiaire du Canadien, nous devions franchir un véritable labyrinthe. C'était plein de corridors. Pour prendre un raccourci, j'ai décidé de passer par les gradins et d'emprunter les marches pour descendre vers le tunnel qui menait au vestiaire des visiteurs. J'étais persuadé que le vestiaire était déjà ouvert. En arrivant au bout du tunnel, j'ai entendu chanter. Je me suis alors aperçu que l'endroit n'était pas encore ouvert aux médias. »

Au lieu de rebrousser chemin et de rejoindre ses collègues qui font le pied de grue à plusieurs mètres de là, McGuire choisit de s'aventurer un peu plus loin. « Pierre Gervais, le préposé à l'équipement, était en train de ranger son stock. Tout le personnel du Canadien présent était occupé. J'ai profité de leur inattention pour m'approcher. Et là, j'ai vu les joueurs, en cercle au centre du vestiaire, chanter *Olé! Olé! Olé!*, se souvient McGuire.

« Je me suis dit : "Wow!" Voir un groupe de joueurs de hockey, des durs, des barbus, chanter dans un vestiaire comme les partisans, c'était spécial. Je ne m'imaginais pas les joueurs poussant le même cri de ralliement que les fans. Et ce soir-là, ils l'ont fait. Je me suis trouvé chanceux de pouvoir assister à un moment comme celui-là. C'est là que j'ai saisi que cette victoire-là voulait dire beaucoup pour cette équipe qui n'avait pas d'affaire là. Surtout au deuxième tour, surtout dans un septième match contre les Penguins, champions en titre de la Coupe Stanley et équipés pour y retourner. L'ambiance était spéciale : la fin d'un vieil aréna, la tristesse dans l'autre vestiaire, des corridors trop petits pour le nombre de journalistes que nous étions, un vestiaire qui pue, un endroit où je n'aurais pas dû me trouver... L'aspect vieillot m'a amené à penser : "Même ces gars-là, qui gagnent des millions de dollars, peuvent encore s'émerveiller comme des enfants qui gagnent un tournoi quelconque, contre toute attente." À ce moment-là, il y a eu de la magie. »

• • •

La magie qui propulse Jaroslav Halak et le Canadien vers le sommet depuis environ un mois s'estompe toutefois dès le tour suivant. La troupe de Jacques Martin, de façon expéditive, se fait jeter hors du train en marche. L'obscur Michael Leighton éclipse Halak en réalisant trois jeux blancs, pour aider les Flyers à remporter le trophée Prince-de-Galles au terme d'une série de cinq rencontres. Après avoir vaincu deux des équipes favorites pour rafler les grands honneurs, le Canadien se fait ainsi montrer la sortie par une formation qui a terminé la saison avec un total de points (88) identique au sien.

« Physiquement et émotivement, cette équipe-là était vidée. Après avoir chanté dans le vestiaire, c'était comme s'ils avaient gagné leur Coupe. Ces gars-là étaient au bout de leurs ressources. Il n'y avait plus de magie à sortir d'Halak, indique McGuire. Les joueurs qui avaient été si bons étaient usés aussi. Le Canadien n'avait pas assez de profondeur pour tenir devant les Flyers. C'est dommage, car les Flyers misaient sur un gardien tellement ordinaire.

« Les gens n'avaient pas calculé le prix que ça avait coûté d'éliminer les Capitals et les Penguins, les deux meilleures équipes de l'Est, le sacrifice que ces gars-là ont fait contre Washington. Ils ont été tellement maganés physiquement. À ce moment-là, les Capitals étaient une grosse équipe. Comme Boston, ils croyaient que la façon de battre les joueurs du Canadien était de les frapper et de les frapper encore. Effectivement, ils les avaient frappés et leur avaient fait mal. Donc, se rendre à cette septième partie-là, qui était magique pour eux, c'était déjà une grosse réalisation », ajoute-t-il.

• • •

Les prouesses d'Halak, venu près d'imiter Dryden et Roy, font grandir son cercle d'admirateurs à un rythme fulgurant. Choix de 9e ronde (271e au total) du Canadien lors du repêchage de 2003, il détient maintenant la pôle dans le cœur des partisans de la Sainte-Flanelle devant Price, tout 1er choix de l'équipe (5e au total) de l'encan 2005. La valeur du Slovaque étant à la hausse, Pierre Gauthier en profite pour l'échanger, le 17 juin suivant, aux Blues de St. Louis. En retour, le directeur général du Canadien obtient les attaquants Ian Schultz et Lars Eller.

La transaction soulève l'ire des partisans dont la foi en Price a périclité au cours du printemps. D'ailleurs, avant de quitter pour le camp d'entraînement des Blues, Halak tiendra une séance de signature d'autographes dans un centre commercial de Pointe-Claire, où 5000 personnes se présenteront pour lui dire au revoir et merci.

« L'histoire de Jaroslav Halak, c'est un peu la même que celle du boxeur que tu prends dans un fond de cour et que tu amènes à un combat de championnat, illustre McGuire. Bob Gainey voulait tellement que Price réussisse que ça a quasiment nui à Halak. Mais il a eu cette fenêtre-là dans sa carrière et il a sauté sur l'occasion. Au bout du compte, ça a servi le Canadien sur les deux tableaux, car la situation a aidé Carey Price. Ça lui a fait réaliser que s'il ne travaillait pas, il n'obtiendrait pas ce à quoi il était promis. Il s'est aperçu qu'un gars moins talentueux que lui était venu lui voler ce qu'il voulait. »

À propos de...

De 1991 à 1995, **Martin McGuire** a occupé le poste de descripteur des matchs des Harfangs de Beauport de la LHJMQ. Par la suite, il a joint les rangs de RDS à titre de correspondant à Québec, en plus de cumuler les rôles de descripteur et d'animateur lors des retransmissions des matchs de la LIH, de la LAH et de plusieurs matchs internationaux. Il s'est joint à CKAC en 1999. En 2014-2015, il a entrepris sa 11e saison à la description des matchs du Canadien.

Bisbille en la demeure

Chez le Canadien, comme dans toutes les bonnes familles, il arrive que des querelles éclatent. Parfois le résultat d'un conflit de personnalités, elles sont à d'autres occasions simplement causées par une saute d'humeur. Rien de plus normal lorsque près de 30 personnes se retrouvent jour après jour dans le même environnement. Pour les mêmes raisons, la confrérie journalistique n'est pas en reste. Quelques prises de bec ont fait époque, particulièrement au cours des années 1980.

Si certaines ne durent qu'un moment et sont rapidement oubliées, d'autres s'intensifient jusqu'à connaître une fin explosive. Dans un cas comme dans l'autre, ça fait de bonnes histoires à raconter et, surtout, de belles scènes à voir...

16. Quand le Français plante l'Anglais

Avec la collaboration de Bernard Brisset et d'Yvon Pedneault

La saison 1976-1977 du Canadien fut l'une des plus brillantes de l'histoire de la Ligue nationale de hockey. Champion défendant la Coupe Stanley, le Tricolore renverse tout sur son passage. Pratiquement invincible, il ne subit que 8 revers et termine au sommet du classement général avec une récolte de 132 points. Ces 132 points constituent toujours, au moment d'écrire ces lignes, un record de la LNH.

Au cours de cette saison, Steve Shutt devient le premier joueur de l'histoire du Canadien à marquer 60 buts. Quant à Guy Lafleur, il établit un record de la LNH en s'inscrivant sur la feuille de pointage lors de 28 matchs consécutifs. Il remporte les trophées Art-Ross, Hart et Pearson. Larry Robinson grave son nom sur le trophée Norris, pendant que Ken Dryden et Michel Larocque se partagent le Vézina. Scotty Bowman complète la liste en étant élu entraîneur de l'année.

En séries éliminatoires, le Canadien se défait des Blues de St. Louis, des Islanders de New York et des Bruins de Boston. En route vers sa 20ᵉ Coupe Stanley, le Tricolore ne subit que deux revers, aux mains des Islanders. Lafleur en profite pour ajouter le trophée Conn-Smythe à sa prestigieuse collection.

L'élection du Parti québécois à l'Assemblée nationale crée une onde de choc au Québec en ce 15 novembre 1976. En défaisant le gouvernement libéral de Robert Bourassa, à la surprise de plusieurs, René Lévesque promet de tenir un référendum sur l'indépendance du Québec. C'est le branle-bas de combat chez les anglophones. L'instabilité constitutionnelle pousse nombre d'entre eux à s'exiler à l'extérieur du Québec. Montréal, plaque tournante du secteur économique canadien, voit de nombreuses compagnies déménager leur siège social à Toronto.

À cette époque, le Tricolore est composé presque exclusivement de joueurs canadiens. Le défenseur Bill Nyrop, qui a vu le jour à Washington, est le seul étranger du groupe. Dix des vingt et un autres joueurs sont originaires de la Belle Province. Or, le Tricolore dispute la victoire aux Blues de St. Louis au Forum en ce lundi soir de novembre, alors qu'aux quatre coins de la province sont dépouillées les boîtes de scrutin. Pour les Québécois, l'issue du match, un gain de 4 à 2 des Montréalais, est bien secondaire.

Malgré une certaine tension dans la province, on affirme chez le Canadien qu'aucun conflit linguistique ne divise le vestiaire. Mais une bagarre entre Mario Tremblay et Peter Mahovlich, neuf jours après l'élection du PQ, viendra soulever certains doutes à ce sujet.

• • •

Réalité difficilement explicable aujourd'hui, le Canadien faisait à l'époque partie de la division Norris avec les Penguins de Pittsburgh, les Capitals de Washington, les Red Wings de Detroit et… les Kings de Los Angeles. «On allait à Los Angeles trois fois par saison. Et chaque fois qu'il y avait un voyage dans l'Ouest, il se passait quelque chose», se souvient Bernard Brisset qui, à l'époque, noircissait les pages du défunt *Montréal-Matin*.

L'arrivée dans la ville des Anges était souvent précédée d'un match à Vancouver, à Oakland, à Cleveland ou au Colorado, et d'une ou deux journées de congé. «À cette époque, tout le monde disait que Sam Pollock en menait tellement large que c'est le Canadien qui faisait le calendrier de la LNH. Les voyages étaient toujours bien organisés, raconte l'ancien journaliste. Si bien que l'équipe avait le temps de passer quelques jours dans des endroits comme Squaw Valley, en Californie, ou Newport Beach, à Los Angeles. C'étaient toujours des endroits de villégiature. C'était le party. Il n'y avait pas trop de surveillance. La petite pratique du matin était suivie d'une ronde de golf en après-midi ou d'un détour par Reno, au Nevada, ou par Lake Tahoe. »

Même lorsque c'était la fête au village, le Tricolore ne perdait pas souvent sur la côte ouest. Au cours du règne de Scotty Bowman, de 1971-1972 à 1978-1979, le Canadien affiche un dossier de 47 gains contre 5 défaites et 16 verdicts nuls dans cette portion du continent. « Bowman, même s'il pouvait être la personne la plus détestable au monde, était un fin renard. Il disait toujours que si l'équipe ne gagnait pas, il n'y aurait plus de petits séjours du genre à l'avenir. Or, inutile de dire que les gars jouaient toujours la pédale au plancher. Que ce soit à Vancouver, Oakland, Colorado ou Los Angeles, c'étaient des victoires pratiquement assurées. Le Canadien traversait ces équipes-là chaque fois. »

• • •

Au lendemain d'une convaincante victoire de 8 à 1 sur les Barons à Cleveland, les joueurs du Canadien et les journalistes prennent place à bord de l'avion qui les mènera à Los Angeles, où le prochain duel face aux Kings n'est prévu que deux jours plus tard. Assis derrière Larry Robinson et tout juste à côté de Guy Lafleur, Yvon Pedneault, également employé du *Montréal-Matin*, jongle avec la façon dont il réussira à remplir les quatre pages qui lui seront assignées dans l'édition du lendemain.

« Un moment donné, le grand Pete Mahovlich s'est levé. Il boitait et avait une bonne égratignure dans le front. Pourtant, après le match de la veille, il était frais et pimpant. Tout semblait beau. Alors, j'ai dit tout haut : "Coudonc ! Qu'est-ce qui est arrivé à Pete ?" Pince-sans-rire, Robinson s'est retourné et m'a répondu : "Il s'est coupé ce matin avec son rasoir."

« Disons qu'il n'en a pas fallu plus pour me mettre la puce à l'oreille, raconte Pedneault. Ça n'a pas pris deux secondes que Flower a répliqué :

— Ouin ! Ça n'a pas bien été cette nuit.

— Qu'est-ce que tu veux dire ?

— Ça a brassé pas à peu près.

— Qu'est-ce qui est arrivé ?

— Il en a mangé toute une !

— Comment ça ?

— Hier soir, Yvon [Lambert], Réjean [Houle] et Mario [Tremblay] ont fait la fête. Ils étaient dans la chambre d'hôtel et avaient bien du plaisir… »

Pedneault poursuit : « Un moment donné, Pete [qui était le co-chambreur de Tremblay] est monté à sa chambre et a pété une crise. Il s'est mis à crier : *"Get the fuck outta here** *!"* Mario lui a répondu : *"Pete, batinse ! Je t'endure depuis le début de la saison. J'en ai passé des nuits blanches à cause de toi. Cette fois-ci, c'est mon tour."*

« Pete a continué de chialer, alors Mario a pris une bouteille et la lui a lancée par la tête. Mais puisque Pete était saoul et qu'il titubait, la bouteille est passée à côté de lui et s'est fracassée sur le mur, le tesson de la bouteille se retrouvant sur le tapis. Lorsque Mario lui a sacré un coup de poing dans le front, Pete est tombé sur le tesson », explique-t-il.

• • •

Deux joueurs du Canadien en viennent aux coups, et l'un d'entre eux, Mahovlich, en est quitte pour 9 points de suture au front et 27 à la cuisse droite. De plus, l'altercation implique un Québécois et un Ontarien. Dans le contexte politique qui existe en ce mois de novembre 1976, l'histoire est énorme. Tellement que Pedneault préfère ne pas être seul sur l'affaire.

« Dans l'avion, Yvon est venu me voir. Il m'a révélé que quelqu'un venait de lui dire que Mahovlich s'était fait casser la gueule par Tremblay », indique Bernard Brisset. De l'aveu même de ce dernier, la promiscuité de l'époque entre les joueurs et les journalistes rend la situation délicate. « Par la force des choses, on devenait parfois presque complices », soutient-il.

Il faut savoir que jusqu'au début des années 2000, les journalistes voyageaient à bord des mêmes avions et logeaient aux mêmes hôtels

---

*   « Foutez le camp d'ici ! »

que les joueurs du Canadien. Or, cet accès privilégié permettait aux reporters d'être témoins, et même parfois partie prenante, de certains événements de la vie quotidienne des athlètes. Ces événements n'avaient pas nécessairement de lien avec leur carrière. Pas question alors d'en faire mention dans les journaux, à moins qu'ils n'aient une incidence sur l'équipe ou sur la performance de l'athlète en question. Dans le cas contraire, on jugeait, avec raison, que ce n'était pas d'intérêt public.

Le 13 avril 1977, Pete Mahovlich en vient aux coups avec Brian Sutter des Blues de St. Louis. Ayant triomphé de son coéquipier quelques mois auparavant, Mario Tremblay (14) se contente, cette fois, du rôle de spectateur...

Les deux journalistes se déplacent à l'intérieur de l'avion à la recherche d'informations supplémentaires. Soudain, vient aux oreilles de Brisset un important détail qui met fin à la remise en question des deux hommes : la blessure qu'a subie Mahovlich à la jambe droite pourrait être suffisamment grave pour l'empêcher de disputer le match suivant. « Si l'altercation n'avait pas eu d'effet sur l'équipe, je ne suis pas certain que nous en aurions parlé. Mais là, on avait notre clé. S'il ratait le match du lendemain, on ne pouvait pas écrire qu'il s'était tordu un orteil en enlevant ses patins », explique Brisset. Les deux hommes conviennent alors de se diviser la tâche. Rendu à destination, Pedneault ira voir Tremblay, alors que Brisset tentera de poser des questions à Mahovlich.

• • •

Une fois dans la métropole californienne, Pedneault repère son client au *coffee shop* de l'hôtel Marriott, accompagné de Jacques Lemaire et de Réjean Houle. Il s'approche.

« Il en est arrivé une belle cette nuit.

— Je ne vois pas de quoi tu parles. »

Pedneault vide alors son sac, révélant au Bleuet bionique ce qu'il a appris à bord de l'avion. Devant la précision des détails, Lemaire se tourne vers son coéquipier et lui lance : « Confirme-lui donc l'histoire. Il la sait toute ! » Ce dont convient Tremblay.

« *Je n'invoquerai pas les raisons qui m'ont incité à faire un tel geste parce qu'il s'agit d'une affaire entre lui et moi. Cependant, je ne peux nier l'incident.* » Voilà les propos de Mario Tremblay, rapportés par Pedneault dans un texte cosigné par Brisset et publié le 26 novembre 1976.

Pendant ce temps, Brisset monte à sa chambre et passe un coup de fil à Mahovlich.

« Je dois te parler d'un sujet très délicat.

— Quoi ? Veux-tu bien me dire de quoi tu parles ? Il n'y a rien de délicat à discuter !

— C'est peut-être mieux qu'on se voie. »

« Disons qu'il n'était pas très chaud à l'idée de me recevoir parce qu'il était *pucké* dans le front. Il était coupé au-dessus d'un œil, se souvient Brisset. Une fois rendu à sa chambre, il m'a raconté une histoire qui ne tenait pas debout. »

« *Nous chambrons ensemble depuis le début de la saison et comme nous le faisons régulièrement, nous avons lutté, nous nous sommes tiraillés. J'ai fait une chute et, en voulant me relever, ma tête a frappé un bureau de la chambre. Qui a bien pu inventer une telle histoire ?* » peut-on lire dans le même compte rendu, cosigné par Pedneault.

Conscient qu'il se fait mentir en plein visage, Brisset décide de provoquer le joueur du Canadien. « "Pourtant, ce n'est pas tout à fait ce qu'on a entendu. On nous a dit que vous vous êtes pognés, un Anglais contre un Français." »

« Jamais je n'oublierai la face qu'il m'a faite quand je lui ai dit ça », rigole Brisset presque quarante ans plus tard. « Il a fini par reconnaître que c'était une affaire de boisson, qu'il était rentré tard et que Mario et lui s'étaient battus. Cependant, il a juré que ça n'avait rien à voir avec une question linguistique. »

Le texte des deux journalistes leur vaut une manchette à la une du *Montréal-Matin,* sur laquelle on peut lire : « Bataille à coups de poing entre Tremblay et Mahovlich. » Le lendemain, Mahovlich revêtira finalement son uniforme et récoltera une mention d'aide dans une victoire serrée de 4 à 3 sur les Kings.

« Les joueurs s'aimaient, mais Pete tapait sur les nerfs de plusieurs d'entre eux. Il prenait souvent un coup et rentrait tard le soir. C'était un peu le mouton noir de l'équipe. Mais c'était un bon joueur », soutient Brisset. Le grand numéro 20 du Canadien sera échangé aux Penguins de Pittsburgh un an plus tard, le 29 novembre 1977, en compagnie de Peter Lee, en retour des services de Pierre Larouche.

« Ce qui est drôle, c'est que Flower n'arrêtait pas de dire que Pete ne lui passait pas la rondelle. Pourtant, une année [1974-1975], il a fini la saison avec 82 passes ! Il devait bien la lui mettre sur la palette de temps en temps », déclare Pedneault dans un éclat de rire.

• • •

Bien que l'altercation survienne alors que le calendrier n'est avancé que de 25 matchs et au même moment où un putsch contre Bowman (qui n'aura finalement pas lieu) se prépare, l'esprit d'équipe ne sera pas miné et le Canadien continuera de jouer les rouleaux compresseurs partout en Amérique, en route vers une saison record de 132 points et vers la deuxième d'une série de quatre conquêtes de la Coupe Stanley.

«Cette équipe-là marchait à fond de train. D'ailleurs, ces gars-là avaient tellement de talent qu'ils pouvaient rentrer paquetés un soir et connaître tout de même un excellent match le lendemain, maintient Brisset. Et c'est vrai qu'il n'y a jamais eu de frictions chez les joueurs entre les deux groupes linguistiques à ce moment-là. C'est dans les mois précédant le référendum de 1980 qu'on a davantage remarqué que les Français se tenaient entre eux et que les Anglais faisaient de même», conclut-il.

À propos de...

Journaliste depuis 1965, **Bernard Brisset** a d'abord travaillé au *Montréal-Matin*, pour lequel il a fait la couverture du hockey professionnel de 1973 à la fermeture du quotidien, en décembre 1978. Il a repris les mêmes fonctions à *La Presse* de 1979 à 1984. Au cours de sa carrière, il a été directeur des sports et directeur de l'information au *Montréal-Matin*, directeur des sports et rédacteur en chef au *Journal de Montréal* et directeur de l'information à TQS. Il a aussi été directeur des communications des Nordiques de Québec, vice-président Communications et Services de marketing du Club de hockey Canadien et directeur des programmes du 98,5 FM.

17. La guerre des ondes

Avec la collaboration de Pierre Trudel

Il n'y a pas que la retraite de Guy Lafleur et les festivités entourant son départ qui retiennent l'attention au cours de la saison 1984-1985. La fébrilité a beau s'être apaisée depuis les malheureux incidents de la Bataille du Vendredi saint, la guerre fratricide que se livrent le Canadien et les Nordiques de Québec fait toujours rage chaque fois que les deux équipes croisent le fer au Forum de Montréal et au Colisée de Québec.

Une situation particulière – qui se déroule à l'extérieur de la patinoire – fait également jaser les journalistes cette saison-là. Une situation qui découle de la bataille que se livrent les deux principaux brasseurs de bière canadiens depuis l'adhésion des Nordiques à la LNH, quatre ans plus tôt...

La guerre se joue maintenant sur un autre champ de bataille.

La fusion entre les brasseries Molson et O'Keefe, le 18 janvier 1989, vient mettre un terme à l'un des volets de la rivalité entre le Canadien et les Nordiques. Avec cette entente se terminent dix ans de conflit au cours duquel les deux parties se disputent la visibilité, la popularité, mais surtout les revenus issus des contrats de télédiffusion des matchs. Favori à l'arrivée des Nordiques dans la LNH le 30 mars 1979, Molson se fera clouer le bec, en cours de route, par les ruses de Marcel Aubut, président des Nordiques, alors propriété d'O'Keefe.

Lors de l'admission des Nordiques, Molson, qui détient les droits nationaux de télédiffusion des matchs du Canadien et des Maple Leafs, leur impose une limite territoriale. Pour les cinq premières années de leur existence, la retransmission des matchs des Nordiques sur Télé-Capitale, filiale de TVA à Québec, est limitée à un rayon 80 kilomètres autour de la capitale provinciale. Au-delà de ces 80 kilomètres, les Nordiques n'existent tout simplement pas sur le plan télévisuel. Tout un handicap, lorsqu'on souhaite emplir une partie de ses coffres avec les spots publicitaires vendus lors des matchs !

Bien qu'il n'ait pas le choix d'avaler la pilule, Aubut, fin renard, cherche une façon de contourner ce quasi-monopole. Cette brèche, il l'ouvre d'abord en présentant, au cours de la saison 1982-1983, des matchs à la télévision à péage, une option qui n'avait pas été incluse dans le contrat. Cependant, c'est en étudiant le *Trans-Border agreement,* un contrat de télévision qui existe entre la LNH et ses équipes depuis 1966, qu'Aubut réussit son plus grand tour de force.

Selon cette entente, dont l'échéance est prévue à la fin de la saison 1983-1984, les 20 autres équipes de la LNH se partagent les revenus largement générés par *Hockey Night in Canada* et *La Soirée du hockey* de façon très inéquitable. Alors que les Maple Leafs et le Canadien voient leurs coffres se gonfler de 5 millions de dollars par saison, les 14 formations américaines ne touchent que 125 000 $ chacune. C'est pourquoi, lorsque Aubut, O'Keefe et les Nordiques évoquent l'idée de créer un nouveau réseau national de diffusion et proposent à ces 14 formations 500 000 $ par saison chacune, aucune d'entre elles n'hésite à sauter dans la barque. Le 1er février 1984, O'Keefe et les Nordiques annoncent donc la création de ce nouveau réseau. Celui-ci entrera en ondes dès la saison suivante.

Si cette entente n'a aucune incidence sur *La Soirée du hockey*, qui présente les matchs du Canadien le samedi soir à Radio-Canada, c'est tout le contraire pour ceux diffusés le jeudi soir à TVA. Puisque les droits de télédiffusion des équipes américaines appartiennent à O'Keefe et ceux du Canadien à Molson, TVA doit envoyer, pour chaque rencontre du Tricolore présentée au sud de la frontière, deux équipes de production : une en provenance de Québec, l'autre de Montréal…

Pierre Trudel, qui travaille alors à TVA en plus d'animer *Les Amateurs de sports* sur les ondes de CKAC, se souvient que ce coup de génie d'Aubut avait engendré quelques absurdités. « On était deux groupes de commentateurs francophones pour la même partie de hockey, chacun avec ses propres commandites. Car c'est à ce niveau que se jouait toute la *game* pour eux[*], raconte-t-il. Même pour les matchs Canadien-Nordiques à Québec, on était les deux groupes. »

· · ·

Sur le terrain, Aubut ne laisse rien au hasard. À chaque visite du Canadien chez l'Oncle Sam, il s'assure que son groupe de commentateurs a la priorité sur tout, du choix du local d'entrevues à celui des joueurs invités lors des entractes. « Marcel nous a passé des entourloupettes à quelques reprises. Je me souviens, entre autres, d'un soir à St. Louis [le 3 janvier 1985]. D'abord, il avait pris le meilleur vestiaire, nous laissant celui qui avait la dimension d'un garde-robe. C'était tellement petit que si quelqu'un avait flushé la toilette pendant l'entrevue, on aurait entendu le bruit en ondes », raconte Trudel, qui n'était pas au bout de ses peines.

« On devait avoir Gilbert Delorme en entrevue. Tout allait bien, je suivais les directives. Trente secondes avant d'entrer en ondes, on m'a appris qu'on n'aurait pas Delorme. Alors, j'ai dit : " On a qui ? " Le régisseur m'a répondu : " On ne le sait pas. " Dix secondes avant d'entrer en ondes, j'ai vu entrer un joueur. Je ne me souviens plus de qui il s'agissait, mais je me souviens que je n'avais aucune préparation pour lui. Alors, on a jasé ensemble pendant quatre minutes. C'était une p'tite

---

[*] Tout l'argent généré par la diffusion des matchs que le Canadien disputait sur les 14 patinoires américaines entrait dans les coffres d'O'Keefe et, par ricochet, des Nordiques.

shot de Marcel. Quand il a su qu'on avait Delorme, il s'était arrangé pour qu'il aille plutôt de son côté », indique-t-il.

Sans nécessairement faire allusion à cet événement précis, Ghislain Luneau, dans les pages du *Journal de Montréal* du lendemain, relate l'absurdité de ce doublon.

En déléguant chacun un réseau de télévision pour la diffusion du même match, Molson et O'Keefe ont dû rencontrer, hier, des dépenses supplémentaires d'environ 40 000 dollars. [...] Il en coûte générale- ment 25 000 dollars pour produire un match présenté aux États-Unis mais hier, parce que Molson se réservait le territoire montréalais et que O'Keefe envahissait le reste du Québec, la facture s'est élevée à plus de 65 000 dollars. [...] Pas moins de 20 commentateurs, techni- ciens et responsables de la production sont venus de Québec ou de Montréal pour montrer ce match. Le plus drôle dans tout ça, c'est que TVA a été tellement prise au dépourvu par cette double production que seulement deux minutes de réclames ont été vendues aux annonceurs.

• • •

Mais ces démêlés avec Aubut et O'Keefe ne sont rien en comparaison avec l'animosité qui règne alors entre Trudel et quelques animateurs de radio de la Vieille Capitale. « Historiquement, il y a toujours eu une rivalité entre Québec et Montréal. Ou tu es de Montréal, ou tu es du village. Donc, à la rivalité historique s'ajoutaient la rivalité du hockey et celle des brasseries Molson et O'Keefe. Il y avait également Ronald Corey, transfuge d'O'Keefe à Molson, qui se battait avec un autre coq : Marcel Aubut. Tu mêlais ça et ça se transposait dans les matchs de hockey et dans les médias, surtout à la radio. C'était débile. Je n'étais pas habitué à ça, et je me demandais pourquoi les confrères de Québec étaient si agressifs. »

Lors de chaque affrontement entre les deux formations ennemies, CKAC et sa station sœur de Québec, CKCV, s'unissent pour tenir une tribune sportive commune. Le principe est fort simple : l'animateur de Montréal et celui de Québec occupent le même studio et prennent, en alternance, les appels des amateurs des deux villes. « Je l'ai d'abord fait avec Jos Hardy et Pierre Gingras, qui est par la suite devenu la voix des Nordiques, raconte Trudel. On se faisait attaquer personnellement de part et d'autre. »

S'il adore échanger des *jabs* amicaux avec ses confrères de Québec, la situation devient plus sérieuse avec Michel Villeneuve. « Michel, c'était le jars. Il symbolisait toute la rivalité. Le tirage de pipe a rapidement tourné à l'insulte. Je ne le blâme pas plus que je me blâme, moi. J'ai embarqué dans le jeu. »

La relation s'envenime à un point tel qu'un soir, Trudel menace Richard Morency, le directeur des sports de CKAC, de ne pas se présenter en studio si son confrère de Québec s'y trouve. « Un moment donné, j'en ai eu assez. Alors, un samedi soir au Forum, j'ai dit à Morency : " Si Villeneuve est là, je ne serai pas là. Il animera le show seul. Tu m'as bien entendu ? " Il m'a répondu : " Voyons, Trudel. " Je lui ai répété : " Richard. Je te le dis. Je ne serai pas là. " Il ne me croyait pas. »

À 14 h, voyant que son employé n'est toujours pas arrivé au bureau, Morency comprend que ce n'était pas du bluff. Il convient donc d'un marché. Pour toute la durée de la tribune sportive, il prendra place entre les deux animateurs. « Ce n'est pas une légende urbaine. On était vraiment à la veille de se frapper. Si ça avait été le cas, j'aurais mangé une volée parce que Villeneuve était pas mal plus costaud que moi, soutient Trudel. Les insultes ont quand même continué. Je n'étais pas assez agressif. Mais à partir de ce moment, par la force des choses, je le suis devenu. »

L'animosité entre les deux hommes est telle qu'ils ne s'adresseront pratiquement plus jamais la parole, même au-delà de trente ans plus tard. « On s'est revus quelques fois, mais sans plus. Il a déjà déclaré à la radio de Québec : " Trudel, c'est mon ennemi préféré. " »

« Quatre gars de Québec sur cinq haïssaient Montréal de façon maladive. Et Villeneuve particulièrement, ajoute Trudel. Quand les Nordiques ont disparu, il a fallu que les gars de Québec se trouvent un emploi à Montréal. Ça faisait drôle de les voir s'amener dans la métropole. D'ailleurs, Michel Villeneuve détestait tellement Montréal qu'il n'y a jamais habité. Il est toujours demeuré en banlieue. »

Mais à ce moment, il y a longtemps que la situation burlesque du dédoublement d'effectifs a pris fin. Elle n'a heureusement duré que trois saisons. La brasserie O'Keefe, considérant que le réseau TVA consacrait davantage d'énergie aux intérêts du Canadien qu'à ceux de son équipe, décidait, au printemps 1987, de signer une entente avec Télévision Quatre-Saisons, nouveau joueur à l'époque de la scène télévisuelle québécoise. Jusqu'à leur déménagement au Colorado à l'été 1995, les matchs des Nordiques seront donc diffusés sur CFAP-TV, propriété du réseau TQS.

À propos de...

Après avoir œuvré quelques années en tant que chroniqueur artistique, dont plusieurs au poste de rédacteur en chef de l'hebdo *Échos Vedettes*, **Pierre Trudel** a bifurqué vers le sport et la radio, où il a animé pendant plus de vingt ans *Les Amateurs de sports* (CKAC) et *Parlons sports* (CJMS). Dans les années 1980, il a aussi animé *Sport Mag* sur les ondes de TVA. Durant la même période, il a été coanimateur des matchs du Canadien, également sur TVA. Il collabore aujourd'hui à *RADIO9*, sur le 91,9 FM.

18. «Mon poing sur la gueule»

Avec la collaboration de Guy Robillard

Certains athlètes et entraîneurs marquent leur sport. Parfois pour les bonnes raisons, parfois pour les mauvaises. Pat Burns aura été l'un des rares à y être parvenu sur les deux fronts.

En 14 saisons derrière le banc du Canadien, des Maple Leafs de Toronto, des Bruins de Boston et des Devils du New Jersey, Burns n'a connu que deux saisons perdantes. Ses habiletés à diriger ses joueurs lui ont valu trois trophées Jack-Adams, remis annuellement au meilleur entraîneur de la LNH. Sous sa gouverne, le Canadien a terminé au sommet de la division Adams à deux occasions (sur quatre saisons) et il a atteint la finale de la Coupe Stanley une fois. Cependant, c'est avec les Devils, au printemps 2003, que Burns a enfin pu soulever la coupe Stanley. Ces accomplissements professionnels lui ont valu d'être admis au Temple de la renommée du hockey, à titre posthume, à l'été 2014.

En contrepartie, plusieurs de ses prises de bec avec ses joueurs et avec les membres des médias sont devenues tout aussi légendaires que ses succès derrière le banc. Si plusieurs en rient aujourd'hui, il fut une époque où personne ne trouvait les sautes d'humeur du coach très drôles. Ce fut le cas, entre autres, au cours de la saison 1989-1990.

Ancien policier dans la région de l'Outaouais, Pat Burns n'a jamais été du genre à se laisser marcher sur les pieds. Tout au long de son séjour de quatre saisons à la barre du Canadien, entre l'automne 1988 et le printemps 1992, le Montréalais d'origine en a fait la preuve plus d'une fois.

«En bon français, qu'il mange d'la marde!» a-t-il dit à Shayne Corson en février 1992, par l'entremise des médias, après que l'attaquant s'est fait expulser d'une boîte de nuit (le Zoo Bar) à la suite d'une bagarre générale. Il a également invité John Kordic à descendre dans la rue pour régler leurs différends. «Là, il n'y aura pas de juges de lignes pour m'arrêter», a vociféré Burns à l'endroit de son homme fort, qui se disait insatisfait de son utilisation. Une invitation qu'il lui a lancée dans son bureau après lui avoir balancé un cendrier à quelques centimètres de la tête.

Il n'y a pas que les joueurs qui ont goûté à la médecine de Burns. Les journalistes travaillant à la couverture du Canadien en ont également eu pour leur argent. Pierre Durocher a eu droit à sa propre discussion animée avec le fougueux entraîneur après l'avoir accusé de devenir paranoïaque lorsqu'il était question du cas de Stéphane Richer. Réjean Tremblay a été expulsé de l'avion de l'équipe pour avoir écrit: «*[Claude] Lemieux a été humilié par Pat Burns et ses coéquipiers. Demande-t-on aux chouchous du coach de marquer des buts, de faire de belles passes, de provoquer de beaux jeux? Non, on demande aux Keane, Skrudland, McPhee et compagnie de jouer les plombiers*.*»

Cependant, ces deux incidents paraissent presque anodins comparativement à celui du 9 novembre 1989, impliquant Guy Robillard, journaliste de la Presse canadienne affecté à la couverture du Canadien. Ce soir-là, le Tricolore, qui vient d'affronter les Blues à St. Louis dans un match nul de 1 à 1, s'apprête à s'envoler vers Los Angeles où, face aux Kings, il doit compléter un court voyage de trois rencontres. «À un moment du match, Burns avait envoyé Jean-Jacques Daigneault sur la patinoire, alors que son équipe évoluait en infériorité numérique. Or, au cours des semaines précédentes, plusieurs journalistes avaient

---

*   Au cours du premier match de la série finale de 1989, Lemieux, atteint légèrement par le bâton de Jamie Macoun, s'est écroulé sur la patinoire en se tordant de douleur. Burns a interdit à Gaétan Lefebvre, le soigneur de l'équipe, d'aller l'aider à quitter la patinoire.

critiqué le jeu défensif de Daigneault. Ça avait même fait le sujet de quelques reportages. Par conséquent, je l'avais trouvé courageux de l'utiliser en pareille circonstance.»

Après s'être empressé d'écrire ses textes résumant la rencontre dans l'espoir de monter à temps dans l'autobus de l'équipe, Robillard se dirige vers la sortie du St. Louis Arena. Chemin faisant, il rejoint Burns qui marche dans la même direction. Pensant bien faire, le journaliste lui lance: «C'est quand même bien! Tu as fait jouer Daigneault à court d'un homme. Tu n'as pas eu peur de l'envoyer.» Une remarque qu'il ne met pas de temps à regretter. «Il a très mal réagi, raconte Robillard. Je ne me souviens plus des mots exacts qu'il a criés, mais il n'était pas de bonne humeur.» Ignorant quelle mouche a piqué l'entraîneur, Robillard poursuit sa route jusqu'à l'autobus, non sans avoir traité Burns de bougonneux. Une fois à bord, il se rend jusqu'au fond de l'habitacle et prend place dans l'une des dernières rangées.

«Pat, comme d'habitude, s'était assis en avant. Soudainement, il s'est levé et s'est avancé vers moi. Arrivé à ma hauteur, il m'a lancé: "Je vais te mettre mon poing sur la gueule!" » Avec la stature qu'il avait, Burns faisait peur. Et de mon côté, je n'ai jamais été bagarreur. Alors, il n'était pas question de me battre contre lui.» Robillard tente donc de faire comprendre à son assaillant qu'il n'y avait aucun sarcasme dans son commentaire, que celui-ci avait été émis en toute sincérité. «J'ai toujours été persuadé qu'il avait mal interprété le sens de mes propos, soutient Robillard un quart de siècle plus tard. Il a dû croire que je portais un jugement sur l'utilisation qu'il faisait de son défenseur.»

C'est le vénérable Red Fisher, du journal *The Gazette,* qui vient désamorcer la montée de lait de l'entraîneur en lui mettant la main sur l'épaule. «Il lui a dit doucement: "Voyons, Pat. Calme-toi."», se rappelle Robillard, tout de même convaincu que Burns ne l'aurait pas frappé, même sans l'intervention de son collègue. «Il était trop intelligent pour faire une bêtise comme celle-là.»

Au lendemain de cet épisode, les joueurs et membres du personnel du Canadien, de même que les journalistes, se trouvent dans un chic hôtel de la ville des Anges lorsque Burns vient trouver le représentant de la Presse canadienne. «Il faut qu'on se parle», lui lance-t-il. «C'était en début de soirée, se souvient Robillard. On est allés s'asseoir, il m'a offert une bière et s'est excusé. Il m'a dit: "Je m'excuse, je suis comme ça. J'étais particulièrement fatigué, après le long voyage et un match difficile. C'est juste que tu étais au mauvais endroit au mauvais moment." Quand on dit que c'était un homme de peu de mots… », déclare Robillard, dans un éclat de rire.

« J'insiste pour dire que je n'ai jamais compris pourquoi il s'était fâché. Il n'y avait vraiment aucune raison. D'ailleurs, jusque-là, il n'y avait jamais eu de confrontation entre nous, même s'il était clair qu'entre lui et moi, il n'y avait aucun atome crochu, poursuit le reporter. Disons que cet incident n'a pas réchauffé notre relation. »

• • •

Pourtant, les origines des deux hommes et leurs antécédents familiaux auraient été propices à un rapprochement. Tout comme Robillard, Burns a vu le jour dans le quartier Saint-Henri. « Il est né tout près de chez ma grand-mère, à quelques pas de la maison familiale. De plus, nos pères se connaissaient très bien. Le sien avait été le contremaître du mien à l'Imperial Tobacco. Dans le fond, on aurait dû être proches », déclare-t-il, avant de prendre soin d'ajouter : « D'ailleurs, son père était apparemment exactement comme lui. Il avait le même tempérament. Il parlait dur et sec, mais après, tout était fini. »

Robillard rappelle que Jean-Pierre Boisvert, qui a couvert les activités de l'équipe pour le compte de RDS puis de TVA, aurait pu, lui aussi, avoir une relation privilégiée avec Burns. Les deux hommes se sont connus alors que Burns dirigeait les Olympiques de Hull. À ce moment, Boisvert travaillait pour *Le Droit* d'Ottawa. Mais dans ce cas également, il n'y avait aucune affinité entre les deux individus. « Jean-Pierre était le souffre-douleur de Burns. Ce dernier aimait le ridiculiser et se payer sa tête dans les conférences de presse. Je n'ai jamais compris ce qu'il avait contre lui », s'interroge Robillard, qui a quitté le *beat* du Canadien après le lock-out de 2004-2005.

Peut-être n'y avait-il rien de personnel. Peut-être était-ce simplement sa façon de faire. « Ça l'arrangeait, car ça lui permettait subtilement de garder le contrôle sur les médias, indique Robillard à ce sujet. Il misait sur une relation de crainte. Autant avec nous qu'avec ses joueurs. D'ailleurs, plusieurs d'entre eux disaient qu'il leur faisait peur.

« Certains vont m'en vouloir, mais je vais être franc : lorsqu'il est tombé malade, tout le monde s'est mis à dire qu'il était fin. Pourtant, il n'a jamais été le plus sympathique des entraîneurs. Il s'est probablement amélioré au fil des ans, mais lors de son passage à Montréal, il n'était pas d'un commerce facile et agréable, ajoute Robillard. Il est de ceux qui n'ont jamais compris que s'ils gagnent des salaires faramineux, c'est en partie en raison de leur relation avec les médias. S'il n'y avait pas cette relation, au bout du compte, il y aurait beaucoup moins de monde au Centre Bell. La façon de rejoindre les partisans, c'est via les médias. Et lui, il comprenait mal cette réalité. »

À la décharge de Burns, Robillard convient que le marché de Montréal est le plus exigeant, particulièrement pour un entraîneur recrue. « Ce qu'il détestait surtout, c'est de répéter les réponses dans les deux langues. Pourtant, ça fait partie de la description de tâches lorsque le directeur général fait passer des entrevues aux candidats. Je revois ses soupirs lorsqu'il devait répéter.

« D'ailleurs, j'ai trouvé cocasse qu'il parte pour Toronto [deux jours après avoir remis sa démission à Serge Savard], alors que le phénomène médiatique y est le même qu'à Montréal. Ce n'est pas une ville de hockey reposante. Les Leafs sont tout aussi suivis que le Canadien. Et toutes les maisons mères des grands groupes de presse se trouvent à Toronto ! »

Quoi qu'il en soit, Burns ne rate pas l'occasion de lancer quelques flèches en direction de Robillard et de ses collègues lors de son premier point de presse à Toronto, le 29 mai. Marc de Foy rapporte ses propos dans l'édition du lendemain du *Journal de Montréal* : « *Ces gars-là voulaient me voir sortir de Montréal, a-t-il affirmé. Là-bas, certains journalistes sont des rois. Ils sont durs à combattre. Mais je ne me suis jamais mis à genoux devant eux.* »

• • •

Burns vient de compléter sa première saison derrière le banc du Canadien de Sherbrooke lorsque Serge Savard l'engage pour succéder à Jean Perron. L'ancien policier revient sur les terres de son enfance, précédé de sa réputation. « On savait qu'il avait un caractère difficile, mais pas à ce point. Dès les premières conférences de presse, on a constaté qu'il était bourru, souligne Robillard. Il fallait y penser à deux fois avant de remettre en question ses décisions. Ça ne nous empêchait pas de lui poser les questions qu'on voulait lors des traditionnels points de presse, mais il y avait quand même une certaine pression permanente. Il bougonnait souvent. Quand ça ne lui tentait pas, il répondait par des oui ou des non.

« On avait beau avoir été prévenus, sa venue changeait l'ambiance et l'atmosphère. Avec Perron, c'était amical. Il adorait les caméras. Burns, lui, les fuyait, ajoute-t-il. Si on trouvait que c'était un gros saut, imaginez quand Jacques Demers est arrivé après Burns. C'était un triple saut, peut-être même un quadruple. On revenait à l'autre extrême, puisque Jacques courait après les caméras. Les relationnistes de l'équipe devaient même le tirer par un bras pour le sortir de ses points de presse. »

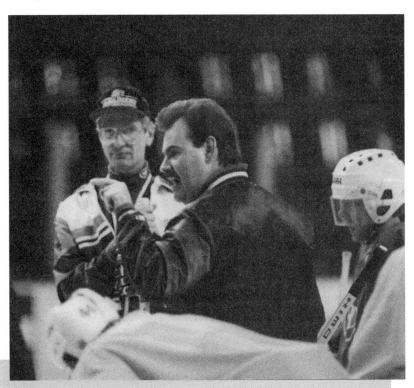

Même lors des entraînements, Pat Burns s'est toujours assuré de se faire entendre et écouter de tous, y compris de son adjoint, Jacques Laperrière.

Même si plusieurs journalistes ont eu leur part de démêlés avec Burns, il faut lui reconnaître certaines qualités. « Il n'a pas gagné le trophée Jack-Adams à trois reprises pour rien, admet Robillard. Il est le seul à l'avoir remporté aussi souvent. D'ailleurs, chaque fois qu'on lui a remis le titre d'entraîneur de l'année, il en était à sa première saison à la barre de son équipe (Montréal en 1989, Toronto en 1992 et Boston en 1997). En passant, quand il s'est retrouvé à Boston, les gens disaient qu'il s'agissait de l'environnement idéal pour lui. Il se trouvait à la tête d'une équipe de cols bleus, ce qui collait parfaitement à sa personnalité. » On peut également ajouter que Burns a remporté la seule Coupe Stanley de sa carrière d'entraîneur à sa première saison derrière le banc des Devils. Bref, un coach dont l'impact était immédiat… pas seulement auprès des journalistes !

À propos de...

Engagé à la section cinéma de *La Presse*, **Guy Robillard** s'est ensuite-tourné vers le journalisme sportif. Passé au *Montréal-Matin*, il a vécu la fermeture du journal avant de devenir pigiste et de collaborer à différents médias (*Le Devoir*, *Dimanche-Matin*, *Les Affaires*, *L'actualité*, TVA). Il a conclu sa carrière à la Presse canadienne, pour laquelle il a couvert plusieurs Jeux olympiques d'été et d'hiver, et suivi les activités du Canadien et de la LNH pendant une vingtaine d'années.

19. Un coq de trop

Avec la collaboration de Jacques Primeau

Ronald Corey, le président du Canadien, a la mèche courte en ce début de saison 1995-1996. Déjà irrité par le fait que son équipe, le printemps précédent, a raté les séries pour la première fois en vingt-cinq ans, il ne peut supporter de la voir perdre ses quatre premiers matchs de la saison. Le 17 octobre, il montre la porte au directeur général Serge Savard, à son adjoint André Boudrias, au dépisteur professionnel Carol Vadnais ainsi qu'à l'entraîneur-chef, Jacques Demers (qui demeure toutefois dans l'organisation à titre de dépisteur professionnel).

Dans l'après-midi du 21 octobre, Corey prend tout le monde par surprise en confirmant l'embauche de trois anciens joueurs du Canadien, dont l'expérience derrière un banc ou à la direction d'une équipe est inexistante. Réjean Houle succède à Savard, alors que Mario Tremblay remplace Demers. Le trio est complété par Yvan Cournoyer, nommé entraîneur adjoint.

Les effets de ce coup de fouet se font immédiatement sentir. Tremblay remporte ses six premiers matchs à la barre du Canadien. La lune de miel se poursuit jusqu'à la fin du mois de novembre. Une séquence de cinq matchs sans victoire culminera, le 2 décembre, par la célèbre prise de bec entre Tremblay et Patrick Roy...

« Les Canadiens de Montréal ont fait un échange, hier. Nous avons échangé Patrick Roy et Mike Keane pour Jocelyn Thibault, Andreï Kovalenko et Martin Rucinsky. » Ces mots prononcés par Réjean Houle, devant 110 représentants des médias, sur le coup de midi le 6 décembre 1995 viennent, en plus de clore un chapitre de 11 saisons, mettre un terme à l'un des épisodes les plus sombres de l'histoire du Canadien.

Quatre jours plus tôt, en plein cœur d'un match que le Tricolore allait perdre 11 à 1 aux mains des Red Wings de Detroit, la marmite qui bouillait entre Roy et Mario Tremblay explose. D'un océan à l'autre, les amateurs de hockey ont été témoins, en direct, de la fin du règne de Roy à Montréal. Qui ne se souvient pas des images du gardien défiant le regard de son entraîneur, une fois de retour au banc, en passant devant lui ? Tremblay venait enfin de se décider à le retirer de la rencontre après le neuvième but des visiteurs. Des images que l'on doit à la vivacité d'esprit, au flair et à l'expérience de Jacques Primeau, réalisateur de matchs de hockey et de baseball depuis le milieu des années 1970.

« Je suivais l'équipe depuis assez longtemps pour savoir qu'il y avait un certain froid entre ces deux coqs. Et à la façon dont le match se déroulait, je me doutais qu'il se passerait quelque chose, raconte le réalisateur vingt ans plus tard. J'ai eu le premier indice à 7 à 1 lorsque, après un arrêt de routine, Roy a levé les bras dans les airs. »

À ce moment, Roy, pratiquement laissé à lui-même au cours des vingt-cinq premières minutes de jeu, vient d'accorder un but à Mathieu Dandenault. Il a déjà jeté quelques regards au banc dans l'espoir que son entraîneur le retire lorsque, sur l'un des arrêts suivants, un lancer anodin de Sergeï Fedorov, les spectateurs tournent la situation en dérision en applaudissant le gardien vedette.

Sept autres minutes suffisent aux Red Wings pour ajouter deux buts et convaincre Tremblay, finalement, de retirer son gardien. Roy vient donc d'accorder 9 buts sur 26 lancers lorsque son entraîneur le rappelle. Dès lors, Primeau se doute qu'il y aura des étincelles au banc.

« Je connaissais bien le caractère des deux hommes. Alors, lorsque Mario a décidé de retirer Patrick, j'ai dit au caméraman qui le filmait, Normand Meloche : " Norm, tu restes avec lui. Tu ne le lâches pas. Tu restes dans le passage. S'il s'en va dans le vestiaire, tu restes là. " » Roy dépose alors son masque, son gant et son bloqueur. Il passe devant son entraîneur, le défie du regard, avant de rebrousser chemin et d'aller s'adresser à Ronald Corey, le président de l'équipe. Après lui avoir indiqué qu'il s'agit de son dernier match à Montréal, Roy retourne s'asseoir et lance, en regardant en direction de Tremblay : « T'as compris. »

Pourtant, Tremblay assure aux médias anglophones au cours de son point de presse d'après-match : « Je n'ai pas entendu ce qu'il a dit à monsieur Corey. Mais s'il y a un problème, nous allons le régler demain. Nous avons une rencontre d'équipe demain à 13 h dans le vestiaire. Nous allons en discuter et s'il y a des joueurs qui ne sont pas heureux avec l'équipe, ils auront juste à aller voir le directeur général… On fera des arrangements. »

Peu importe. Ce qui vient de se produire, c'est de l'or en barre pour le réalisateur. « J'étais tellement certain qu'il se passerait quelque chose que je m'étais dit : "Même si l'arbitre remet la rondelle en jeu, je ne montre pas la mise au jeu. Je garde l'image du banc." »

• • •

Au cours de son mandat de 17 saisons à la présidence du Canadien, Ronald Corey a toujours occupé le même siège durant les matchs disputés au Forum de Montréal. Une coutume instaurée lors de l'ouverture du Forum, soixante et onze ans plus tôt. Assis derrière le banc de l'équipe, dans la toute première rangée, le président avait la position idéale pour évaluer le travail de l'entraîneur et prendre le pouls des joueurs. Même vingt ans après cette soirée unique, Primeau est persuadé que la crise n'aurait pas pris de telles proportions si Corey n'avait pas été assis à cet endroit.

« Il y aurait probablement eu l'échange de regards entre Mario et Patrick, mais il serait retourné s'asseoir dans son coin et ça se serait arrêté là, soutient-il. En voyant les images à la télé, Bob Sauvé, qui était l'agent de Roy, s'est précipité au Forum. Si Corey n'avait pas été assis là, Sauvé aurait eu le temps d'arriver. Il y aurait certainement eu des discussions en coulisses, mais Sauvé aurait été en mesure de calmer le jeu. Il ne faut pas oublier que Patrick était un gars assez impulsif. ».

Ce qui, pour Primeau et la Société Radio-Canada, représente l'un des plus beaux coups de la télévision québécoise prend rapidement la forme d'une tempête incontrôlable pour la direction du Canadien. « Je me souviens que Mario a dit dans les jours suivants : " Si la télé n'avait pas fait une aussi bonne job, la majorité des gens n'auraient rien vu. " C'était un petit velours pour nous. Effectivement, sans les images, il y aurait peut-être eu seulement 200 personnes, assises au Forum, qui auraient été conscientes de la séquence. D'ailleurs, avec les images qu'on avait montrées à la télé, l'équipe n'avait plus le choix d'échanger Roy, souligne Primeau.

« Sur le coup, je n'ai pas pensé aux conséquences que ces images pourraient avoir. Je me disais seulement que c'étaient des images exceptionnelles, ajoute-t-il. Après, quand Mario a dit qu'on avait fait une bonne job, c'est là qu'on en a compris l'ampleur. » Primeau, qui a travaillé quelques années avec Tremblay à Radio-Canada, est alors pris de remords. « D'une certaine façon, j'étais un peu responsable de l'échange. Je me suis senti mal parce que j'étais proche de Mario. Mais en même temps, c'est la vie. Si je n'avais pas montré les images, je n'aurais pas fait mon travail. Je vivais des émotions assez partagées. »

Dans une chronique de Mario Brisebois publiée le 6 décembre 1995 dans *Le Journal de Montréal*, Claude Brière, producteur chez Molstar, ne tarit pas d'éloges à l'endroit de Primeau : « *Jacques a un flair incroyable. [...] Durant toute ma carrière, je n'ai jamais vu un meilleur réalisateur de hockey. [...] j'en profite pour ajouter que Jacques est le meilleur de sa profession dans le monde entier, et cela inclut les Américains.* »

• • •

À juste titre, Primeau rappelle que la relation entre Tremblay et Roy était vouée à l'échec dès l'embauche de l'entraîneur, le 21 octobre 1995. « Lors de la conférence de presse annonçant l'arrivée de Réjean Houle, de Mario Tremblay et d'Yvan Cournoyer, Patrick n'en est pas revenu. » « *Je suis allé prendre une douche lorsque j'ai appris la nouvelle à la télévision. Une bonne douche froide pour voir si je ne rêvais pas...* », écrivait Mathias Brunet, citant Roy, dans *La Presse*.

L'inexpérience de Houle et de Tremblay n'est pas la seule raison expliquant la réaction du portier. Journaliste et commentateur pour la station radiophonique CJMS depuis sa retraite en 1986, Mario Tremblay y est allé de quelques critiques qui ont déplu à Roy dans les jours précédant son embauche. La veille de la confirmation de l'arrivée de Tremblay à la barre de l'équipe, il y a même eu prise de bec entre les deux hommes.

Pris de panique au cœur de la tempête, Houle n'a que très peu d'options. Ses 25 homologues sont bien au fait de l'histoire. Conscients que Houle est mal pris, ils savent qu'ils n'auront pas besoin d'offrir la lune pour obtenir le deuxième gardien le plus utilisé de l'histoire du Tricolore. Il ne faudra que quatre jours au directeur général du Canadien pour confirmer la transaction qui fera passer Roy au Colorado.

Sous l'œil amusé d'Yvan Cournoyer, Mario Tremblay fait mine d'assener un coup de bâton à Patrick Roy. Quelques semaines plus tard, la prise de bec entre les deux hommes n'aura rien d'une comédie.

On connaît la suite. Roy a remporté deux Coupes Stanley au Colorado, dont une dès le printemps suivant cette transaction. Chez le Canadien, celle-ci marqua le début d'une longue agonie. Une descente aux enfers qui aura duré presque quinze ans. Et dire qu'au moment de son congédiement, Serge Savard s'apprêtait à conclure un marché sur lequel il travaillait depuis quelques semaines, également avec Pierre Lacroix de l'Avalanche, dans lequel il obtenait Stéphane Fiset et Owen Nolan en retour de Roy… Dans le livre *Jacques Demers en toutes lettres,* écrit par Mario Leclerc, on peut lire cette confidence de Savard : « *Une minute après avoir appris mon congédiement de la bouche de Ronald Corey, je suis retourné à mon bureau. Le premier coup de fil que j'ai reçu fut celui de Pierre Lacroix, qui dirigeait l'Avalanche du Colorado. Pierre m'appelait pour compléter une transaction sur laquelle on travaillait depuis un certain temps. J'avais décidé d'échanger Patrick Roy ! […]* »

• • •

Ce haut fait d'armes a beau rendre Primeau très fier, ce n'est pas celui que les amateurs ou les gens qu'il croise lui associent le plus souvent. « C'est plate à dire, mais je pense que la séquence du clin d'œil que Roy avait adressé à Tomas Sandstrom [dans le quatrième match de la finale de 1993] a été la plus diffusée. D'ailleurs, elle passe encore sur le tableau indicateur au Centre Bell [pendant les cérémonies d'avant-match] », raconte Primeau. Pourtant, il avait fallu que l'œil de Primeau soit vif pour remarquer le fameux geste, parmi les nombreuses images qu'il a constamment à sa disposition au cours d'un match.

« Je disais au gars : " Recule ta cassette ! Recule ta cassette ! " Il ne comprenait pas trop pourquoi. Il me demandait : " Qu'est-ce que tu cherches ? Qu'est-ce que tu cherches ? " Je lui ai répondu : " Le gardien de Montréal vient de faire un clin d'œil à Sandstrom. " Lui, il ne l'avait pas vu. On a repassé l'image à la télé, et c'est devenu comme la fin du monde. Pour moi, cette séquence a une moins grande signification, car si Patrick n'avait pas fait le clin d'œil ou si je ne l'avais pas vu, il n'y aurait pas eu de suite à l'histoire. »

Trois autres événements marquants du sport immortalisés sur pellicule sont attribuables au travail de Jacques Primeau. D'abord, on lui doit l'incroyable monologue d'insultes que Pierre Pagé, l'entraîneur des

Nordiques, a crié aux oreilles de Mats Sundin lors du sixième match de la série contre le Canadien, au printemps 1993. Du côté du baseball, il y a eu d'abord cet échange avorté qui devait faire passer Dennis Martinez aux Braves d'Atlanta. Mis au fait de la transaction, le partant des Expos s'était présenté dans l'abri des joueurs en plein milieu d'une rencontre contre les Cubs de Chicago pour serrer la pince à ses coéquipiers. Au cours des heures suivantes, Martinez évoquera finalement sa clause de non-échange pour demeurer avec les Expos.

Mais il y a eu surtout le décès de l'officiel au marbre, John McSherry, le 1er avril 1996, à l'occasion de la visite des Expos à Cincinnati. Après le septième lancer du partant des Reds, McSherry s'est effondré, victime d'une crise cardiaque. «Mario Brisebois, du *Journal de Montréal,* m'a appelé et a écrit un article [paru le lendemain du triste incident] dont le titre était: "La mort en direct à la télévision"…»

Bref, s'il est vrai qu'une image vaut mille mots, Jacques Primeau a dû écrire un nombre incalculable de bouquins. Et certaines des images qu'il a diffusées au fil des ans valent assurément toutes les primeurs du monde. Elles ont eu un impact immédiat sur les acteurs impliqués et ont fait jaser pendant des jours, des semaines, des années et même des décennies. Ils sont rares, pour ne pas dire inexistants, les journalistes qui peuvent en dire autant d'une nouvelle qu'ils ont écrite ou d'un reportage qu'ils ont réalisé…

À propos de…

Jacques Primeau est réalisateur d'émissions sportives depuis le milieu des années 1970. À l'emploi de Radio-Canada jusqu'en 1998, il a travaillé aux émissions *La Soirée du hockey, Le baseball des Expos, Le football des Alouettes* de même qu'à sept Jeux olympiques. Pigiste à compter de 1998, il fut entre autres le réalisateur de *Hockey Night in Canada* à CBC. Il est aujourd'hui employé de TVA Sports pour qui il réalise les matchs du Canadien.

20. Le Bleuet explose

Avec la collaboration d'Alain Crête

Si le début de saison 1996-1997 du Canadien n'est guère reluisant, c'est tout le contraire pour le jeune Saku Koivu. À sa deuxième saison seulement dans la LNH, le Finlandais flirte avec les meilleurs pointeurs du circuit Bettman. Le 7 décembre, un but inscrit dans les premiers instants de la troisième période face aux Blackhawks de Chicago lui permet de rejoindre momentanément Jaromir Jagr et Peter Forsberg au sommet de la colonne des pointeurs du circuit. Quelques instants plus tard, le numéro 11 se blesse à un genou en entrant en collision avec Jeff Schantz. Il ratera deux mois d'activité et n'ajoutera que 18 points à sa fiche au cours des 20 autres rencontres qu'il disputera.

Les partisans de l'équipe n'ont que bien peu de moments réjouissants à se mettre sous la dent durant cet hiver. Qualifié pour les séries grâce à un verdict nul contre les Flyers lors du tout dernier match, le Canadien baisse pavillon en cinq rencontres face aux Devils. Le 30 avril 1997, quatre jours après l'élimination de son équipe, Mario Tremblay annonce sa démission pendant un point de presse pour le moins tumultueux, au cours duquel il règle ses comptes avec certains journalistes qu'il accuse d'avoir été mesquins à son égard. À la défense de ceux-ci, disons que Tremblay leur a donné passablement de matière au cours de ses deux saisons derrière le banc du Canadien...

Mario Tremblay a toujours été reconnu pour ne pas s'en laisser imposer sur une patinoire. Au cours de ses 12 saisons dans l'uniforme du Canadien, tous les adversaires venus chercher noise à l'un de ses coéquipiers ou à lui-même ont rapidement vu de quel bois il se chauffait. Bobby Schmautz, des Bruins de Boston, que Tremblay a couché d'un seul coup de poing en mai 1978, pourrait en témoigner.

Dans son rôle d'entraîneur-chef du Canadien, le Bleuet bionique a conservé le même caractère bouillant. D'ailleurs, il n'a pas mis de temps à prouver qu'il serait le seul maître à bord, tenant tête à Patrick Roy dans les premiers mois de son mandat. Or, si Tremblay a tenu son bout devant celui qui était considéré comme le meilleur gardien de l'histoire, il n'allait certainement pas s'en laisser imposer par un joueur de quatrième trio. Donald Brashear l'a appris à ses dépens le 9 novembre 1996.

Ce soir-là, on a vu Tremblay hurler et vociférer à l'endroit de l'homme fort du Canadien sur la glace du vieux McNicoll Arena de Denver. Des images que Paul Buisson, caméraman au Réseau des sports, a été le seul à tourner. «Ce matin-là, on sentait qu'il régnait une tension incroyable sur la patinoire. Dès le début de l'entraîne-ment, Mario s'était engueulé avec un joueur [Stéphane Richer], se souvient Alain Crête, qui couvrait alors les activités du Canadien pour le compte de RDS. J'ai dit à Paul : " *Checke*-toi. C'est tellement tendu que c'est certain qu'il va se passer quelque chose. " » Le flair du repor-ter ne le trompe pas. Quelques instants plus tard, insatisfait du rende-ment de Brashear, Tremblay explose. Il fulmine contre l'attaquant, le sommant de quitter la patinoire.

«Ça s'engueulait rondement. On entendait des *fuck* ci, *fuck* ça, "Va-t'en dans la chambre", " *Fly* d'icitte" et " *Get the fuck outta here*˙ "! La chicane s'est même poursuivie dans le corridor menant au vestiaire. Mario courait après lui. Pauvre Brashear. Paul a tourné toute la scène sur la patinoire. Cependant, le temps qu'il arrive près du corridor, Brashear était déjà rendu dans le vestiaire et Mario était revenu sur la glace», raconte Crête.

Buisson et Crête sont conscients qu'ils possèdent l'histoire du jour et qu'ils sont les seuls à en avoir les images. Pourtant, Buisson n'est pas le

---

˙ «Sacre ton camp d'ici!»

seul caméraman présent. « Sur place se trouvait une journaliste de NBC Denver. Son caméraman et elle n'en revenaient tellement pas de ce qu'ils voyaient qu'ils n'avaient même pas eu le réflexe de filmer. Le gars était assis et tout ce qu'il disait, c'était : *"What the fuck is going on* * *?"* Bref, on était les seuls à avoir les images de cette chicane. »

• • •

L'organisation du Canadien, informée de la situation, est déterminée à ce que RDS ne diffuse pas les images. Elle sait très bien que celles-ci feront rapidement le tour de l'Amérique. « Ça n'a pas été trop long que Michèle Lapointe, la directrice des services de l'équipe, m'a appelé en me disant : " Tu ne peux pas passer ça en ondes ", se souvient Crête. Je lui ai demandé : " Mimi, pourquoi pas ? On est à Denver et non au Centre Molson. C'est une pratique, c'est ouvert au public. Que veux-tu que je te dise ? Ça s'est passé. "» Ni Crête, ni l'employée du Canadien ne veulent abdiquer. Tant et si bien que c'est au-dessus de leurs têtes, à Montréal, que la décision sera rendue. Donald Beauchamp, alors directeur des communications du Canadien, intervient. Une négociation serrée s'amorce entre Beauchamp et Charles Perreault, producteur délégué à l'information de la station sportive.

Pendant ce temps, les deux comparses de RDS rentrent à l'hôtel pour repasser, une fois de plus, la bande vidéo. « On n'en revenait pas encore », rigole Crête, qui à ce moment tente de faire comprendre à Perreault, son patron, l'importance de la diffusion de ce matériel. « Brashear s'est fait mettre dehors par Mario. Ça crie, ça hurle. Brashear l'a envoyé chier et Mario a répliqué », explique Crête à son patron. Ce dernier, tentant d'accommoder les deux parties, lui demande s'il est possible d'enlever les jurons. « Charles ! Il sacre à tous les deux mots. On ne peut rien enlever. Il va y avoir des bips partout », lui répond Crête.

En attendant une décision, Buisson et lui se rendent à une station de télévision locale pour envoyer à Montréal le contenu de leur pellicule. « Puisque c'était un samedi, il n'y avait pas beaucoup de monde dans cette station. Mais tout le monde regardait ça. Tout le monde était fasciné », raconte le journaliste. Après avoir pris connaissance du contenu,

---

*   « Que se passe-t-il ici ? »

son patron lui donne raison et décide de diffuser les images. Comme prévu, l'engueulade entre Tremblay et Brashear fait le tour du continent à la vitesse de l'éclair.

Radio-Canada, alors diffuseur des matchs du Canadien le samedi, lance les images pendant le premier entracte du match entre le Canadien et l'Avalanche. Pat Burns, analyste de la société d'État, commente l'événement. Les bulletins de fin de soirée de TSN et même d'ESPN consacrent quelques minutes à la nouvelle.

« Le Canadien nous en a voulu, mais on n'avait pas le choix. C'était la nouvelle du jour, se défend Crête. RDS n'était pas ce qu'il est aujourd'hui. Ces images-là ont fait le tour de l'Amérique, que ce soit au Québec, au Canada anglais ou aux États-Unis. Ça a certainement contribué à la reconnaissance de RDS à travers la LNH », ajoute-t-il.

Pendant ce temps, Brashear, qui a à peine eu le temps de prendre une douche, est renvoyé à Montréal. Sans parler aux journalistes, il est placé illico dans un taxi en direction de l'aéroport de Denver. Il sera échangé quatre jours plus tard aux Canucks de Vancouver, en retour de Jassen Cullimore.

• • •

Ce qu'il faut également savoir à propos de cette anecdote, c'est que le Canadien s'était entraîné à 10 h 30 au lieu de sauter sur la glace comme prévu à 11 h 30. L'Avalanche étant rentrée de Phoenix tard la veille, l'équipe avait choisi de ne pas tenir d'entraînement matinal et avait offert son heure de glace au Tricolore. Les moyens de communication n'étant pas ce qu'ils sont aujourd'hui, seuls les journalistes logeant au même hôtel que le Canadien avaient été mis au courant de ce changement d'horaire.

« Notre confrère de TVA n'avait pas été prévenu. Lorsqu'il s'est présenté à l'aréna, la pratique tirait à sa fin. Quand il s'en est rendu compte et qu'il nous a demandé s'il s'était produit quelque chose de spécial, François Lemenu, de la Presse canadienne, a répondu : "Rien de spécial. La routine habituelle" », lance Crête dans un éclat de rire. « Jean Gagnon, son patron, ne l'avait pas trouvé drôle. Il lui avait dit : "Tu vas revenir à pied à Montréal, ça va me donner le temps de me défâcher" », ajoute-t-il.

La prise de bec entre Tremblay et Brashear est venue clore un épisode sombre d'une saison difficile. Dans les jours précédents, au moment de quitter pour ce voyage de six matchs sur les patinoires adverses, Réjean Houle avait procédé à une (autre) transaction contestée, transaction venant mettre un terme à quelques jours de rumeurs. Même si on disait que Houle était à la recherche d'un défenseur numéro un, il avait envoyé Pierre Turgeon aux Blues de St. Louis avec Craig Conroy et Rory Fitzpatrick, en retour de Shayne Corson, de Murray Baron et d'un choix de 5e ronde en 1997 (Gennady Razin).

« On était à l'aéroport, se souvient Crête. On a vu Turgeon arriver. Quelqu'un du Canadien est venu lui parler, puis Turgeon est parti. C'est de cette façon qu'on a appris qu'il avait été échangé. Lorsqu'on a su qui le Canadien avait obtenu en retour, on n'en revenait pas. Je me souviens que Mario Leclerc du *Journal de Montréal* et moi, nous nous sommes

Mario Tremblay s'assure que Donald Brashear a bien saisi ses directives. L'entraîneur du Canadien se montrera moins patient la saison suivante, lors d'un entraînement matinal au Colorado.

dit : "Je ne peux pas croire qu'ils ont ramené Shayne Corson. Avec Murray Baron ! " »

Les deux journalistes montréalais ne sont pas les deux seuls incrédules. Lors du point de presse confirmant la transaction, le directeur général du Canadien se fait varloper en direct à la télévision. « C'était épouvantable. Il s'était tellement fait planter que le Canadien a arrêté, pendant un bon bout de temps, de tenir des conférences de presse en direct. » Comme si ce n'était pas suffisant, le soir où la transaction a eu lieu, Turgeon a participé aux quatre buts du Canadien dans un revers de 5 à 4, en prolongation, contre les Coyotes de Phoenix.

Alain Crête se souvient que Serge Savard était dans tous ses états. Il avait été congédié pour faire de la place à Houle et à Tremblay. En plus, il était celui qui avait amené Turgeon à Montréal. Comme prévu, le Canadien a perdu au change dans cette transaction. « Corson a été un paquet de problèmes. Quant à Baron, il s'est battu [contre Troy Mallette] et s'est fait assommer lors d'un match à Boston », indique Crête.

• • •

Malgré l'importance de l'incident Brashear, les médias ne modifient pas immédiatement leur façon de couvrir le Canadien. Radio-Canada ne se met pas à couvrir systématiquement les entraînements à l'étranger, et TVA Sports est encore à une quinzaine d'années de voir le jour. « Déplacer une équipe sur la route, ça représentait des coûts importants. Pour des stations qui ne présentaient que cinq minutes de sports dans un bulletin de nouvelles, ça ne valait pas la peine. À RDS, nous pouvions nous le permettre puisque nous étions une station de sports 24 heures », explique Crête.

Plusieurs années plus tard, Crête et Tremblay sont devenus des collègues de travail. Crête assure que jamais l'ancien entraîneur ne lui en a voulu d'avoir diffusé ces images. « Mario n'est pas un gars rancunier. Ça n'a jamais affecté notre relation et il n'y a jamais eu de froid, même au départ, assure-t-il. Je lui ai parlé de sa relation avec Patrick, mais il reconnaît lui-même qu'il serait aujourd'hui un entraîneur différent. Qu'à l'époque, il n'avait pas d'expérience. »

Tremblay n'a jamais obtenu un autre poste d'entraîneur-chef dans la LNH. Cependant, il a travaillé pendant huit ans comme adjoint à son bon ami Jacques Lemaire avec le Wild du Minnesota (sept ans) et les Devils du New Jersey (un an).

Quant à Brashear, il a passé cinq saisons et demie dans l'uniforme des Canucks. Surtout reconnu pour ses talents de pugiliste, il a également porté les couleurs des Flyers de Philadelphie et des Capitals de Washington avant de terminer sa carrière dans la LNH, en 2009-2010, en disputant 36 rencontres avec les Rangers de New York.

À propos de...

De 1985 à 1995, **Alain Crête** a occupé les fonctions de descripteur des matchs des Nordiques à la station radiophonique CHRC et de correspondant à Québec pour le réseau TQS. Embauché par RDS en 1995, il a été affecté, pendant deux ans, à la couverture du Canadien. Depuis 2003, il est surtout animateur des entractes des matchs du Canadien, ce qui ne l'a pas empêché de couvrir quelques Grands Prix du Canada, la Coupe Rogers et plusieurs Jeux olympiques.

La routine ?
Connais pas !

Le mot «routine» ne fait pas partie du vocabulaire des journalistes. C'est ce qui rend ce métier si captivant. Bien sûr, le sujet de base demeure sensiblement le même. Cependant, contrairement aux abonnés du 9 à 5 et à ceux qui travaillent sur les quarts, le journaliste ignore de quoi le lendemain sera fait. Se produira-t-il un événement particulier? Un scandale? Quelle sera la grosse nouvelle du jour? Quel dossier sera prioritaire?

Si cet avenir partiellement inconnu apporte une certaine stimulation intellectuelle, il peut également être à l'origine de frustrations et de colère. Au cours d'une saison, certains pépins peuvent survenir à l'improviste. Personne n'est à l'abri d'une annulation de vol, d'une tempête, d'un bris mécanique... bref, d'une journée qui n'en finit plus de finir.

21. Au cœur de la tempête

Avec la collaboration de Luc Gélinas

La Caroline du Nord étant une région propice à la formation des ouragans, ses habitants ont depuis longtemps appris à combattre les caprices de dame Nature. Mais lorsque le soleil se lève sur le 24 janvier 2000, ils n'ont aucune idée de ce qui les attend. Au cours des 48 heures suivantes, cet État de la côte est sera frappé par une accumulation record de 20,3 pouces de neige (environ 50 centimètres). Une tempête qui marquera tellement les résidants du coin qu'elle passera à l'histoire sous le nom de « Blizzard de l'an 2000 ».

Le Canadien, qui se trouve au cœur d'une deuxième saison difficile consécutive, traverse à ce moment l'une de ses rares périodes heureuses de l'hiver 1999-2000. Ravigoté par une séquence de quatre victoires en cinq parties, il quitte la métropole pour un court périple de deux rencontres devant les mener en Caroline puis à Boston. Pris au beau milieu de cette tempête historique, il ne mettra jamais le cap sur Beantown.

En toile de fond

Arrivé la veille du match pour permettre à son caméraman, Paul Buisson, de rencontrer Martin Gélinas, alors porte-couleurs des Hurricanes, dans le cadre d'un reportage pour l'émission *Hors Jeu*, Luc Gélinas est loin de se douter que sa routine est sur le point d'être totalement chamboulée. «J'étais allé souper au restaurant de l'hôtel avec Guy Robillard, un confrère de la Presse canadienne. Je me souviens qu'à ce moment-là, les prévisions météorologiques n'annonçaient pas de précipitations de neige», raconte le journaliste du Réseau des sports affecté à la couverture du Canadien.

Effectivement, les différents sites Internet et documents historiques relatant l'événement confirment que les météorologues de l'époque n'ont pas été en mesure de prévoir cette tempête. Résultat: la région de Raleigh est paralysée, plus de 100 000 personnes sont privées d'électricité, et les écoles, les commerces ainsi que les bureaux demeurent fermés pendant plusieurs jours. Il en va de même pour les aéroports. La pire tempête de neige à frapper la région depuis 1929, affirment les journaux du temps. «L'État était dans le trouble. C'était l'enfer», souligne Gélinas.

• • •

Défaits 3 à 2 en prolongation par les Hurricanes, les joueurs du Canadien ignorent que la nature s'apprête à se déchaîner à l'extérieur du tout nouveau Sports and Entertainment Arena de Raleigh. «Lorsqu'on est sortis de l'amphithéâtre, il tombait déjà de gros flocons. Pour nous, ça semblait banal. Cependant, plus on se dirigeait vers l'aéroport, plus ça devenait intense. C'est à ce moment que la rumeur a commencé à circuler voulant qu'on ne s'envolerait peut-être pas pour Boston, raconte le journaliste. Même entrer à l'aéroport a été compliqué. Il y avait des fils électriques qui pendaient partout. On est passés de justesse», ajoute-t-il.

Gélinas et ses collègues saisissent alors la gravité de la situation. À moins d'un miracle, ils devront passer une nuit de plus en Caroline. Cependant, tous ne sont pas du même avis. «Michèle Lapointe, la directrice des services de l'équipe, était sûre et certaine qu'on partirait. Nous, on regardait la neige tomber et on se disait: "Voyons donc! On ne décollera jamais."» Après quatre-vingt-dix minutes assis dans l'avion, le verdict tombe, donnant raison à Gélinas et à ses confrères. Impossible de quitter la Caroline. L'équipe et ses accompagnateurs doivent donc rebrousser chemin.

Mais les problèmes du groupe ne s'arrêtent pas là. Tous les hôtels de la région affichent «complet». Impossible de retourner au Embassy Suites, là où a séjourné l'équipe, puisque les Coyotes de Phoenix, prochains adversaires des Hurricanes, sont déjà en ville. «Nous nous sommes retrouvés sur le campus de l'Université de North Carolina, à Chapel Hill. Juste s'y rendre avait été un aria incroyable. Les fils pendaient, les transformateurs explosaient, on avait de la misère à distinguer la route. À un certain moment, Pierre McGuire, qui faisait de la radio pour CJAD, est sorti de l'autobus. Comme un éclaireur, il marchait devant nos deux autobus et les guidait en leur faisant des signes. On est arrivés à l'université à 4 h du matin.»

Alain Vigneault et ses joueurs sont habitués de braver les intempéries pour aller s'entraîner à l'Auditorium de Verdun. Cependant, les quelques flocons qu'ils affrontent de temps à autre ne sont rien à côté de la tempête qui les attend à Raleigh, en janvier 2000.

Au réveil, la tempête a cessé. Mais la région est ensevelie sous deux pieds de neige. Rien pour améliorer les chances de partir. « Je *rushais*. La fête de mon fils approchait. Ma fille Pénélope est née le 10 novembre, alors j'avais un bébé à la maison, il y avait eu le passage à l'an 2000… Disons que j'avais seulement envie de rentrer à la maison. » Coincés à l'hôtel Carolina Inn, bâti en 1924, le journaliste et son caméraman décident d'axer leur reportage de la journée sur la situation : les joueurs du Canadien prisonniers d'une tempête de neige.

« Paul a filmé des images d'Alain Vigneault qui fumait un gros cigare dehors avec Roland Melanson et qui nous lançait des balles de neige. On avait également des images de Michel Bergeron qui jouait du piano électronique dans le hall d'entrée de l'hôtel. Il jouait du piano et il chantait. On le trouvait vraiment bon jusqu'à ce qu'on réalise, le lendemain, que le piano jouait tout seul… Ça faisait de la belle télé. »

Posséder du bon matériel, c'est bien, mais si on est incapable de le diffuser, ça ne vaut rien. La technologie n'étant pas ce qu'elle est aujourd'hui, les deux comparses doivent absolument se rendre à une maison de production locale pour parvenir à envoyer leurs images au Réseau des sports. Mais avec la situation qui a cours, aucun taxi n'accepte de venir les cueillir à Chapel Hill pour les amener à Raleigh. Ils devront donc jouer d'ingéniosité et d'audace.

« L'heure de tombée pour le bulletin de 18 h approchait de plus en plus. Je courais après des étudiants en jeep pour leur demander un *lift* jusqu'en ville. Personne ne voulait y aller. Un moment donné, Paul a eu l'idée d'emprunter l'un des deux autobus. Il m'a lancé : "On est pognés ici. Ils ne font rien. On pourrait demander au chauffeur de nous amener." » Gélinas s'approche de l'un des chauffeurs. Un homme costaud, noir, âgé dans la fin cinquantaine. Il lui expose le problème, puis lui demande : « Si je te donne 200 $ comptant maintenant, on fait-tu l'aller-retour ? »

« Laisse-moi regarder avec mon partenaire. Je te reviens », de répondre le chauffeur. Dix minutes plus tard, le voilà de retour. Il accède à la requête du journaliste en lui expliquant qu'il en profitera pour aller chercher des vêtements de rechange. Puisque, à l'origine, ils devaient simplement reconduire l'équipe de l'aréna à l'aéroport, les deux chauffeurs n'ont pas apporté de valise. « On va faire un petit arrêt sur le bord de l'autoroute. La femme de l'autre chauffeur va nous apporter du linge », indique le conducteur.

Tout comme le parcours de la veille, celui qui amène Gélinas et Buisson de Chapel Hill à Raleigh, une randonnée de près de 50 kilomètres, n'a rien d'une balade touristique. « Sur l'autoroute, il y avait des voitures abandonnées partout. À un certain moment, à la sortie que nous devions prendre, il y avait tellement de voitures laissées sur place qu'on ne pouvait sortir. On a dû reculer et aller plus loin. On a fini par se rendre à la station. Ça a donné un fichu de bon reportage. »

Le chemin du retour n'étant guère mieux, l'autobus rentre à l'hôtel vers 20 h, non sans avoir fait un petit détour pour aller chercher les vêtements des chauffeurs.

« Tout le monde était pompette, incluant les joueurs qui n'avaient plus que ça à faire. En entrant dans l'hôtel, les gars nous ont dit : " Mimi vous attend. Elle est en furie. Vous avez kidnappé son chauffeur et son autobus ! " » Craintif des représailles qui l'attendent, Gélinas se présente au restaurant de l'hôtel, penaud.

« Mimi n'avait pas de douceur. Elle parlait fort. Elle terrorisait certains collègues. C'est probablement la femme qui faisait peur au plus grand nombre de personnes, soutient-il. Heureusement, elle avait bu un peu. Elle m'a attrapé par le cou et m'a dit : " Mon petit sacripant ! Une chance que je vous aime, Paul et toi. Vous rendez-vous compte de ce que vous avez fait ? Si on avait réussi à se trouver une place pour décoller, on n'aurait pas eu d'autobus. Qu'est-ce qui vous est passé par la tête ? Vous auriez pu m'en parler ! " Le lendemain, une fois dégrisée, elle riait moins. »

Au matin de la deuxième journée, Alain Vigneault tient également à servir un avertissement au journaliste de RDS et à son caméraman. Il les somme de ne pas bouger de l'hôtel, car, à tout moment, il est possible que le Canadien obtienne une permission de décoller. « Il nous a dit : " Là, je me suis fait chicaner par Mimi. Aujourd'hui, appelle ton boss. Si tu veux, je vais lui parler. Il n'y a pas de reportage. Vous ne partez pas d'ici. Vous ne prenez pas de taxi, pas de jeep ou quoi que ce soit. Parce que ça se peut que, d'une minute à l'autre, on se fasse dire qu'on peut décoller. Vous ne bougez pas. " »

Malgré tout, ce n'est que le lendemain, soit trois jours après le match, que Gélinas parvient à rentrer à la maison. Air Canada étant incapable d'assurer le voyage, c'est l'avion des Rangers de New York, un Boeing 727, propriété de Madison Square Garden, qui ramène l'équipe et les médias à Montréal (le match que le Canadien devait disputer à Boston a été reporté). Un avion dernier cri, avec les sièges en cuir disposés face à face comme dans un train, muni de tables pour jouer aux cartes. Le grand luxe. Ce qui fait changement de la compagnie aérienne habituelle.

«Même si c'était un avion nolisé, Air Canada nous traitait comme si on était des passagers commerciaux. Michel Bergeron et Pierre Rinfret se chicanaient sans cesse avec les hôtesses de l'air. Ils jouaient au backgammon et devaient constamment relever leur tablette. Dans l'avion des Rangers, j'avais été impressionné parce que la seule chose que le pilote nous a dit au moment du décollage, c'est: "*Ladies and gentlemen! Hold on to your drink**!" C'était le seul règlement.»   .

S'il soutient que cette anecdote demeure la plus inusitée qu'il a vécue au cours de ses quelque vingt ans de carrière, Gélinas raconte qu'il a été pris à deux autres occasions au cœur d'un blizzard.

Le 26 décembre 2010, une tempête s'est abattue sur Long Island, où le Canadien venait de s'incliner 4 à 1 contre les Islanders. Les joueurs, les journalistes et même les spectateurs ont été coincés à l'aréna et à l'hôtel Marriott situé tout juste de l'autre côté du stationnement du domicile des Islanders. «Il y avait du monde couché dans le lobby de l'hôtel. L'équipe s'était envolée vers Washington le lendemain, mais tous les autres vols avaient été annulés. J'ai donné 200 $ à un chauffeur de limousine pour qu'il nous amène à la gare Penn Station qui se trouve à côté du Madison Square Garden, au centre-ville de New York. Le trajet en train qui devait nous amener dans la capitale américaine en deux heures en a pris six.»

En février 2013, au lendemain d'un match à Buffalo, Gélinas et son caméraman, Raphaël Denommé, ont une fois de plus choisi de prendre le train pour rentrer à Montréal en raison d'une autre tempête. Quelques-uns de leurs collègues, moins expérimentés dans ce type de situation, ont pris le pari de rentrer en avion. Un choix qu'ils ont

---

*   Mesdames et messieurs! Accrochez-vous à vos verres!»

regretté tout au long des dix heures qu'ils ont passées sur le tarmac de l'aéroport Pearson de Toronto, enfermés dans l'appareil. La rumeur dit qu'ils ont été nourris exclusivement aux bretzels…

À propos de...

Journaliste au Réseau des sports depuis 1989, **Luc Gélinas** couvre à plein temps les activités du Canadien et de la LNH depuis la saison 1992-1993. Il a également couvert des Jeux olympiques, des Coupes du monde et des Championnats du monde. Il participe régulièrement à des émissions radiophoniques partout dans la province, et est l'auteur de sept livres.

22. Sur le *beat*
45 000 kilomètres par année

Avec la collaboration de Pat Hickey

Après 12 saisons dans l'organisation des North Stars du Minnesota/Stars de Dallas, Bob Gainey revient au bercail pour la saison 2003-2004. Au cours de ses 16 saisons dans l'uniforme du Canadien, le nouveau directeur général a mis la main sur 5 Coupes Stanley. On compte donc sur l'arrivée de cet ancien pour rallumer la flamme qui vacille depuis quelques années.

Lorsque les journalistes assistent à la conférence de presse annonçant que Gainey prend le relais d'André Savard le 2 juin 2003, ils sont loin de se douter que l'une des premières décisions du nouveau directeur général du Canadien les concernera directement. En effet, au cours des semaines qui suivent, Gainey met un terme à la présence des journalistes à l'intérieur de l'avion nolisé de l'équipe. Désormais, les reporters désireux d'assurer la couverture du Tricolore devront le faire par leurs propres moyens. C'est la fin d'une époque, particulièrement pour les plus âgés, dont certains ont commencé à suivre l'équipe du temps où elle voyageait en train.

Journaliste au quotidien *The Gazette*, Pat Hickey se souvient que le Canadien de Montréal et les Maple Leafs de Toronto ont été les premières équipes à chasser les reporters de l'avion. Dix ans plus tard, c'est devenu la norme pratiquement partout, tant dans la LNH que dans les autres sports professionnels. « C'est ce que Gainey avait trouvé pour garder le contrôle. Il avait peur qu'il se passe quelque chose dans l'avion et que les journalistes l'écrivent. Il craignait qu'on soit témoins d'une querelle entre joueurs, d'une bataille entre un joueur et un entraîneur, ou que l'on voie des gars s'enfermer dans les toilettes avec les hôtesses de l'air, énumère Hickey. Je me souviens, effectivement, de quelques chicanes entre joueurs et entraîneurs. Quand je couvrais les Expos, j'ai également vu un joueur se retrouver dans les toilettes avec une agente de bord », ajoute-t-il.

Décision de Gainey oblige, les journalistes sont désormais responsables de leurs déplacements. Mais le pire, c'est qu'ils doivent prendre des vols commerciaux et, par le fait même, s'en remettre aux aléas de la nature, aux caprices des compagnies aériennes et aux particularités de chaque aéroport. « Auparavant, nous n'avions besoin de nous occuper de rien. Mimi [Michèle Lapointe, directrice des services de l'équipe, qui perdra son emploi dans la foulée de l'adoption de cette nouvelle philosophie] organisait tout. Avion, autobus, hôtel », explique Hickey, dont le premier voyage avec le Canadien remonte à 1968. « Le seul inconvénient de se déplacer avec l'équipe, c'est que nous étions à la merci de son horaire. Après les matchs, nous devions écrire nos histoires en vitesse puisque nous avions seulement vingt-cinq minutes pour embarquer dans l'autobus qui nous ramenait à l'aéroport. »

Il ne faudra pas beaucoup de temps, ni de malchances, pour que Hickey se résigne à se déplacer de ville en ville à bord de sa voiture. Que ce soit pour un match à Ottawa, à Toronto, à Buffalo ou à Detroit vers l'ouest, ou encore pour une rencontre à Boston, au New Jersey, à New York, à Long Island ou à Philadelphie au sud, Hickey couvre la distance derrière son volant. « J'avais l'habitude de faire la route entre Montréal et Pittsburgh, mais je ne la fais plus aujourd'hui. C'est la même chose pour Columbus et Washington. C'est beaucoup trop loin », précise-t-il.

Bien qu'il ait retiré ces trois destinations de sa liste, il ajoute, bon an mal an, près de 45 000 kilomètres à l'odomètre de son véhicule. Ses trois dernières voitures ont rendu l'âme après avoir franchi au-delà de 400 000 kilomètres. Le véhicule qu'il possède actuellement subira un jour le même sort, lui qui a déjà vu défiler 280 000 kilomètres d'autoroute.

« Les gens croient que je conduis beaucoup parce que j'ai peur des avions. En réalité, ce sont les aéroports que je déteste. J'ai connu tellement de mésaventures, martèle-t-il. On ne sait jamais à quel moment on va être confinés pendant sept ou huit heures dans un aéroport en raison d'un retard ou de la température. » À juste titre, Hickey explique qu'avec les années, les habitués en viennent à s'imposer quelques règles. « Tu sais que tu dois éviter à tout prix les transferts à Toronto (car le processus est interminable, particulièrement pour les passagers qui ont des bagages), à Chicago (en raison des vents capricieux qui causent un nombre impressionnant de retards) et à Philadelphie (là où la congestion aérienne est omniprésente) », mentionne le vénérable journaliste.

À cette liste d'aéroports, on peut ajouter quelques compagnies aériennes, dont United Airlines, sans doute la plus frileuse d'Amérique du Nord. Si, par malheur, une légère brise se lève ou si quelques flocons tombent du ciel, c'en est fait du vol prévu. On doit alors prendre son mal en patience.

« Et ça, c'est sans compter tout le temps qu'on perd dans les aéroports. Par exemple, pour aller à Toronto, tu dois arriver à Dorval une heure et demie à l'avance pour déposer ta valise et passer la sécurité. Ensuite, tu passes une heure dans le ciel, et si tu atterris à l'aéroport Lester-B.-Pearson, il te faut presque une heure pour arriver au centre-ville. C'est presque le même temps qu'en voiture. »

Alors, pendant que ses collègues se dirigent vers l'aéroport, Hickey saute dans sa bagnole. Évidemment, parcourir l'est de l'Amérique comporte sa part de risque. Particulièrement lorsque l'on circule dans les rues de Philadelphie avec une plaque d'immatriculation du Québec et que le Canadien lutte contre les favoris locaux pour une place en finale de la Coupe Stanley.

• • •

Le 16 mai 2010, la troupe de l'entraîneur Jacques Martin vient de se faire lessiver 6 à 0 par les Flyers, en levée de rideau de la finale de l'Association de l'Est, à Philadelphie. Pour les partisans, tout comme pour les journalistes montréalais présents dans la ville de l'amour fraternel, c'est la consternation. Comment l'équipe qui a vaincu les Capitals de Washington et les Penguins de Pittsburgh, les deux favorites de l'association, a-t-elle pu aussi mal paraître contre une formation beaucoup moins talentueuse ?

Mais une plus grande surprise encore attend Hickey, qui a fait le trajet au volant de sa voiture de modèle 1999 (affichant un respectable 580 000 kilomètres au compteur), dans le stationnement du Wachovia Center. « Mon véhicule était couvert de cannettes et de bière. En m'approchant, j'ai vu qu'un de mes pneus était crevé, que les essuie-glaces étaient pliés, que le pare-brise était fissuré et que les enjoliveurs étaient brisés. En plus de maltraiter ma voiture, les malfaiteurs avaient volé ma plaque d'immatriculation », raconte-t-il. Hickey passera la journée du lendemain à s'acheter un nouveau pneu et à remplir le rapport de police.

Au matin du deuxième match, le journaliste écrit dans *The Gazette* :

Over the years, the city's sports fans have earned a reputation as boorish fanatics. These are the folks who booed Santa Claus and pelted him with snowballs at an Eagles game. […] But my biggest concern was that some yahoo tore off my license plate. I spent three hours yesterday, shuttling between police stations before I was able to fill out a report on the theft. I'm hoping that the report will help me clear Customs tomorrow*.

L'histoire ne manque pas de faire la manchette. Hickey donne des entrevues au réseau américain NBC ainsi qu'à plusieurs stations de radio. Il reçoit même environ 250 courriels de Philadelphiens qui lui demandent pardon pour les gestes commis par leurs concitoyens.

---

* Au fil des ans, les amateurs de sport de cette ville ont acquis la réputation d'être de grossiers fanatiques. Ce sont les mêmes qui ont hué le père Noël et qui l'ont bombardé de balles de neige lors d'un match des Eagles. […] Mais ma plus grande préoccupation était qu'un certain crétin avait arraché ma plaque d'immatriculation. J'ai passé trois heures, hier, à faire la navette d'un poste de police à l'autre avant de pouvoir remplir un rapport sur le vol. J'espère que ce rapport me permettra de passer les douanes sans problème demain.

Ce que les repentants ignorent, c'est que quelques heures avant que le journaliste ne découvre sa voiture en piteux état, l'équipe de reporters de la télé de Radio-Canada a également été victime de vandales. Ceux-ci ont arraché les câbles reliant leur camion micro-ondes au panneau d'alimentation de l'amphithéâtre. Comme si ce n'était pas suffisant, ils ont aspergé ce même panneau de bière, compliquant la retransmission des données.

Quelques jours plus tard, Hickey et la police de Philadelphie mettront la main au collet des malfaiteurs de façon plutôt inusitée. « L'un d'entre eux a été assez stupide pour afficher une photo de lui, tenant la plaque de mon véhicule, sur Facebook. Quand les policiers l'ont arrêté, le procureur m'a appelé et m'a demandé si j'étais canadien-français. Quand je lui ai répondu que non, il m'a dit : " C'est dommage. On voulait l'accuser de crime haineux." », se souvient Hickey, encore incrédule.

Entre-temps, ce dernier est rentré à Montréal au terme du deuxième match, un revers de 3 à 0. Cependant, le voyage ne s'est pas fait sans heurts. En cours de route, les policiers l'ont interpellé à deux occasions parce que sa voiture n'était pas munie d'une plaque d'immatriculation.

• • •

Hickey se risque tout de même parfois à prendre l'avion pour des périples qu'il effectue habituellement en voiture. Comme la poisse semble le poursuivre, il lui arrive souvent malheur. Ce fut le cas en janvier 2014 lors d'un séjour devant le mener à Pittsburgh et à Detroit. « Deux jours avant le match, j'ai reçu un appel me disant que mon vol du lendemain était annulé. La température n'était pas mauvaise à ce moment, mais la compagnie aérienne savait que les conditions météorologiques se détérioreraient dans les heures suivantes. On a donc offert de me placer sur un vol plus tôt en me disant que les chances de partir étaient plus grandes, raconte Hickey. Or, à 7 h du matin, ils m'ont rappelé pour me dire que ce vol était annulé. »

Hickey décide donc d'utiliser sa stratégie habituelle et de rouler en direction de la Pennsylvanie. « J'ai conduit jusqu'à Pittsburgh sans aucun problème. Le matin suivant le match, je suis parti en direction de Detroit. Une fois de plus, tout s'est bien déroulé », indique-t-il.

22. Sur le *beat* 45 000 kilomètres par année

À l'image du Canadien, qui vient de subir un troisième revers consécutif, un quatrième en cinq rencontres, Hickey frappe un nœud sur le chemin du retour. «J'ai quitté Detroit vers 6 h en estimant que, comme d'habitude, ça devrait me prendre environ huit heures pour me rendre à Montréal. Ça m'a finalement pris quinze heures! s'exclame-t-il. Il y avait une tempête de neige. L'autoroute 401 était fermée à quelques endroits. Près de Kingston, j'avais même dû emprunter une route secondaire pendant environ 50 kilomètres en raison d'un carambolage qui avait, là aussi, forcé la fermeture de l'autoroute. Près d'une trentaine de véhicules étaient impliqués, dont des semi-remorques. Deux camions de pompiers et une ambulance, se dirigeant vers l'accident initial, se trouvaient également au cœur du carambolage.»

• • •

Même s'il regrette le bon vieux temps, Hickey reconnaît qu'il a vécu quelques situations loufoques lorsque le Canadien se chargeait des voyages des journalistes. La crise du verglas, en janvier 1998, a donné son lot de fil à retordre aux organisateurs.

Le 7 janvier, alors que le verglas commence à faire ses ravages, particulièrement entre Saint-Hyacinthe, Saint-Jean et Granby, le Canadien s'incline 2 à 1 en prolongation contre les Bruins de Boston. La nature se déchaîne, et le vol qui doit amener les joueurs du Canadien et les journalistes à Long Island est annulé. L'incertitude plane à moins de vingt-quatre heures de la prochaine rencontre.

«Le matin suivant, ils ont encore éprouvé des difficultés à faire décoller les avions. On a finalement pu quitter aux environs de 14 h, se souvient Hickey. Il devait être 16 h 30 lorsqu'on est arrivés à Long Island. Le match était prévu pour 19 h. Les gars ont pris une petite collation rapide à l'hôtel Marriott, situé juste à côté de l'aréna, avant de se rendre au vestiaire.»

Malgré les inconvénients, le Canadien lessive les Islanders au compte de 8 à 2. Peu de téléspectateurs sont témoins de cette écrasante victoire procurée, en grande partie, par les quatre buts et deux passes de Brian Savage, puisqu'à ce moment, trois millions de Québécois sont privés d'électricité. Avec ces six points inscrits sur une patinoire adverse, Savage égale le record d'équipe enregistré par Joe Malone le 19 décembre 1917, lors du tout premier match de l'histoire de la LNH.

Le Canadien, qui doit accueillir les Rangers de New York deux jours plus tard, rentre sans problème à Montréal le soir même. Cependant, de concert avec la LNH, la direction de l'équipe annule la rencontre à 10 h le lendemain matin. Dans le quotidien *The Gazette* du 11 janvier, on peut lire, sous la plume de Pat Hickey, cette explication :

> *« We could have staged the game », said Bernard Brisset, the Canadiens' vice-president of communications and marketing. « We have a generator and the building is operational. But after consulting with the NHL and the chief of police (Jacques Duchesneau), we decided that we couldn't ask our fans to come into the city with conditions the way they are* . »

Deux heures plus tard, joueurs et journalistes sont convoqués au Centre Molson. Un autobus les attend, direction aéroport de Mirabel, d'où l'équipe décollera vers Tampa, lieu de la prochaine joute, prévue deux jours plus tard (le 12 janvier). « Nos femmes étaient en furie ! » lance Hickey dans un éclat de rire. « Elles étaient prises à la maison en pleine tempête de verglas, sans électricité ni chauffage, alors que nous, nous partions pour la Floride, sous le soleil et les palmiers.

« On a suivi la situation de là-bas. Je me souviens que les gens de la place, en regardant les actualités à la télévision, s'écriaient : "Bon Dieu ! C'est le bordel au Canada." » À la suite d'une victoire de 6 à 3 à Tampa et d'un verdict nul de 3 à 3 à Philadelphie, le Canadien est de retour à Montréal. Il faudra une semaine pour que la situation revienne à la normale et que le Tricolore puisse poursuivre sa saison. Au cours de ces sept jours, Stéphane Richer, David Wilkie ainsi que Darcy Tucker seront échangés… au Lightning de Tampa Bay.

---

* « On aurait pu présenter le match », a indiqué Bernard Brisset, vice-président aux communications et au marketing du Canadien. « Nous possédons une génératrice et l'édifice est opérationnel. Cependant, après en avoir discuté avec la LNH et le chef de police (Jacques Duchesneau), nous avons convenu que nous ne pouvions demander à nos partisans de circuler dans la ville dans de pareilles conditions. »

La morale de cette histoire : si les journalistes avaient été exclus de l'avion du Canadien à cette époque, aucun d'entre eux n'aurait été en mesure de couvrir ces trois dernières rencontres. À moins, peut-être, d'y aller en voiture…

À propos de...

Journaliste depuis 1965, **Pat Hickey** a couvert son premier match de la LNH en 1968. Par la suite, il a occupé le poste de directeur des sports du *Montreal Star*, du quotidien *The Gazette* et du *Vancouver Sun*. Il a également travaillé pour CBC, *The Globe and Mail*, le *Toronto Sun* et le *Toronto Star*. De retour sur le *beat* du Canadien depuis 1991, Hickey a couvert quatre Jeux olympiques, ainsi que les activités du baseball majeur et celles de la Ligue canadienne de football.

23. Des photos comprommettantes

Avec la collaboration de Renaud Lavoie

L'arrivée des nouvelles technologies, surtout des téléphones intelligents, a anéanti tout ce qui restait de vie privée aux personnalités publiques, vedettes de cinéma et athlètes professionnels. Désormais, avec la combinaison téléphones intelligents et médias sociaux, impossible de faire un faux pas sans que la planète entière soit mise au courant dans l'heure.

La célèbre histoire du vol de sac à main qui, en février 2008, a valu à Ryan O'Byrne et à Tom Kostopoulos une nuit en prison a servi de leçon à tout le monde, particulièrement aux joueurs de la LNH. C'est justement en voulant préserver la vie de couple d'un de leurs coéquipiers que les deux joueurs du Canadien ont été arrêtés au Hyde Park Cafe de Tampa dans la nuit du 10 au 11 février 2008[*].

En toile de fond

---

[*] Les journaux de l'époque mentionnent le Whiskey Park Soho, alors que Renaud Lavoie et son caméraman, Raphaël Denommé, soutiennent que l'événement s'est produit au Hyde Park Cafe.

Renaud Lavoie dort paisiblement dans sa chambre du Marriott Waterside de Tampa lorsqu'un coup de fil le tire du lit. On lui annonce que la soirée des recrues du Canadien, tenue la veille, a mal tourné. Il faut savoir qu'à cette époque, les voyages du Tricolore en Floride étaient toujours propices aux soupers des recrues. Au terme de ces soirées, dont les vétérans profitaient pour initier les nouveaux venus, il n'était pas rare que ces derniers doivent acquitter des factures s'élevant à quelques dizaines de milliers de dollars, gonflées par la dégustation de grands crus et les nombreuses tournées d'alcool.

À la suite d'un revers de 6 à 1 subi à Ottawa le 9 février, le Tricolore met le cap sur la Floride pour deux rencontres. Le premier duel est prévu le 12 février face au Lightning. Voilà qui laisse amplement de temps aux joueurs pour tenir leur traditionnel souper.

« Ce dont je me souviens, c'est que tôt le matin, on s'est réveillés et on a appris qu'il y avait eu cette arrestation au cours de la nuit. Ryan O'Byrne avait été accusé de vol, et Tom Kostopoulos, d'avoir résisté à un policier sans toutefois recourir à la violence. Les journaux de Tampa avaient déjà sorti l'histoire. Même si Twitter n'existait pas encore et que Facebook en était à ses balbutiements, la nouvelle s'était propagée assez rapidement », raconte Lavoie, journaliste à TVA Sports, qui était alors reporter pour RDS. Puisque l'incident n'a eu lieu que quelques heures plus tôt, l'histoire est nébuleuse et les détails sont peu nombreux.

« Le défi consistait à mettre les pièces du casse-tête ensemble. J'ai dû sortir mes vieux réflexes », poursuit Lavoie qui, en début de carrière, s'est fait les dents dans le monde des médias en étant affecté aux affaires municipales. « Dans le fond, ce jour-là, je n'étais plus journaliste sportif. J'étais redevenu journaliste de faits divers. D'ailleurs, jusqu'à tout récemment, j'avais encore le numéro de téléphone de la porte-parole de la police de Tampa. »

Au fil des heures suivantes, Lavoie collige des informations recueillies auprès des joueurs du Canadien, de la police de Tampa et de quelques témoins. Il finit par obtenir suffisamment de renseignements sur le déroulement de la soirée pour réunir une bonne partie de l'histoire. Il lui importe toutefois d'agir avec précaution. Avant d'entrer en ondes, Lavoie se livre même à un examen de conscience.

« J'avais un travail journalistique à faire, celui de raconter l'histoire. Mais quand tu connais les détails, tu te demandes si c'est vraiment d'intérêt public. Aujourd'hui, on peut en parler parce qu'aucun de ces joueurs n'est encore avec l'équipe. Mais au moment où ça s'est produit, est-ce que ça valait le coup ? » s'interroge-t-il encore sept ans plus tard. « Quelles sont les accusations ? Est-ce qu'il y a quelqu'un qui s'est fait mal ? Est-ce qu'il y a quelqu'un qui a perdu la tête ? Y a-t-il eu agression

Le 12 février 2008, la une du *Journal de Montréal* fait état de la fin de soirée difficile qu'ont connue Ryan O'Byrne (en haut) et Tom Kostopoulos, appréhendés devant un bar de Tampa.

23. Des photos compromettantes

sexuelle? Quand tu réponds négativement à toutes ces questions, tu te dis que ce n'est peut-être pas d'intérêt public. Des gars qui sont sur le party avec des filles qui sont sur le party, c'est ça que ça peut donner.»

Pendant que Lavoie se remet en question, à Montréal, c'est le branle-bas de combat. Les journalistes qui n'ont pas fait le voyage en Floride ou qui ne s'y trouvent pas encore tentent eux aussi de connaître le fin fond de l'histoire. Dans la foulée, on apprend, par l'entremise de Claude Poirier, que le vol du sac à main a été commis dans le but de mettre la main sur un téléphone cellulaire dans lequel se trouvent des photos compromettantes.

«Il n'a jamais voulu nommer le joueur en question en ondes, mais aujourd'hui, on sait tous qu'il s'agissait d'un joueur francophone», lance Lavoie en faisant référence au fautif, marié et père de famille. «C'est ce qui est spécial et intéressant dans l'histoire. Avant, quand les joueurs faisaient leur party, les cellulaires capables de prendre des photos n'exis-taient pas. Pour qu'il y ait une prise de photos, il fallait que quelqu'un sorte son appareil photo. On s'entend que tu avais l'air bizarre dans un bar avec ta caméra! Maintenant, le téléphone, c'est l'appareil photo.»

Alors Ryan O'Byrne, une recrue de 23 ans, connaissant la situation fa-miliale de son coéquipier et bien au fait de ce que les photos prises plus tôt risquent de lui coûter un divorce et une somme d'argent colossale si elles finissent par se retrouver en circulation, s'empare du sac à main qui renferme ledit téléphone cellulaire, laissé sans surveillance au bar. L'ob-jectif étant, évidemment, d'en effacer les photos compromettantes.

«Voilà ce qu'on appelle l'*ultimate team player*. Il sait que ce qu'il fait n'est pas régulier, mais il décide d'aller au bâton pour son coéquipier, pour le sauver du trouble», soutient Lavoie. Mais le problème, c'est que la demoiselle cherche son sac à main. Lorsqu'elle réalise que le défen-seur du Canadien l'a en sa possession, elle interpelle immédiatement les policiers. «Ce qu'il faut savoir, c'est qu'en Floride, il y a toujours des policiers dans les bars. Alors, quand un policier voit un gars avec une sacoche, il ne met pas de temps à comprendre que ce n'est pas à lui. Un gars avec une sacoche, une fille qui cherche la sienne... Un plus un égale deux.»

O'Byrne a beau tenter d'expliquer la situation à l'agent, ce dernier refuse de l'entendre. Il le menotte et l'embarque sur le siège arrière de sa voiture de police. «Essaie d'expliquer à un policier que tu tiens une sacoche parce que tu veux effacer des photos, pendant que la fille, à côté, est hystérique… »

Voyant que la situation s'envenime et conscient que l'incident fera tout un tollé à Montréal si son coéquipier finit au poste de police, Tom Kostopoulos, qui dispute également sa première saison dans l'uniforme bleu-blanc-rouge, s'interpose. Souhaitant empêcher le véhicule des policiers de quitter l'endroit, l'Ontarien se plante devant celui-ci. « Quand il a vu son chum les menottes aux poignets, il a voulu empêcher l'auto-patrouille de partir. Il n'a pas fait long feu. Les policiers l'ont arrêté et l'ont accusé d'entrave à leur travail. »

Les deux coéquipiers passent la nuit en prison et sont libérés le lendemain matin, moyennant une caution de 2000 $ pour O'Byrne et de 500 $ pour Kostopoulos. À leur sortie, ils sont recueillis par Chris Higgins et Cristobal Huet. Ce même matin, Bob Gainey, directeur général de l'équipe, arrive à Tampa en catastrophe. Des accusations et des photos d'identité judiciaire à la une des journaux, voilà qui n'est pas très bon pour l'image de l'équipe ! Après avoir entendu la version de ses hommes, Gainey choisit de ne pas imposer de sanction supplémentaire. Une décision pleine de bon sens, selon Lavoie.

« Lorsque tu vas au fond de l'histoire, tu te rends compte qu'ils n'ont tué personne, qu'ils n'ont violé personne. Ils n'ont pas été accusés de s'être battus. Quelque part, ces gars-là sont victimes d'être de bons coéquipiers. Ils ont décidé qu'ils allaient au bâton pour leur chum. En plus, l'origine de l'histoire n'avait aucun rapport avec eux. »

Les deux joueurs du Canadien s'en sortiront plutôt bien. Kostopoulos verra les charges retenues contre lui être abandonnées une dizaine de jours plus tard. Quant à O'Byrne, il devra patienter jusqu'à la fin du mois de juillet avant que le bureau du procureur du comté de Hillsborough laisse tomber la poursuite. O'Byrne est parvenu à obtenir la clémence du procureur en écrivant une lettre d'excuses à la plaignante et en prenant l'engagement d'effectuer des travaux communautaires chez lui, en Colombie-Britannique.

« Je ne sais pas jusqu'à quel point Gainey s'est impliqué dans ce dossier. La fille a décidé de ne pas aller plus loin dans le processus. Automatiquement, quand les policiers ont moins de preuves, c'est difficile de porter des accusations. D'ailleurs, on n'a jamais vu les fameuses photos. Des journalistes ont tenté à plusieurs reprises de joindre la plaignante, sans succès. J'ai bien l'impression que la fille, en se levant le lendemain matin, a dû se demander ce qu'elle avait fait là. Mais il était trop tard. »

• • •

Cette histoire complètement loufoque est finalement morte au feuilleton, et les joueurs impliqués ont pratiquement sombré dans l'oubli. Le joueur francophone en question poursuit sa carrière à l'extérieur du pays. O'Byrne a disputé deux autres saisons complètes avec le Tricolore avant de passer à l'Avalanche du Colorado, le 11 novembre 2010, dans la transaction qui a amené Michaël Bournival à Montréal. Il évolue maintenant sur le Vieux Continent. Quant à Kostopoulos, au terme de la saison 2008-2009, son contrat n'a pas été renouvelé. Il a joué quatre autres saisons dans le circuit Bettman, avec les Hurricanes de la Caroline, les Flames de Calgary et les Devils du New Jersey, avant de faire ses valises pour la Ligue américaine.

« C'étaient tous des joueurs corrects. Personne dans ce groupe n'était une mauvaise personne. L'histoire, là-dedans, c'est que lorsque tu es coéquipier, tu ne l'es pas seulement sur la glace. Tu l'es également à l'extérieur. C'était le party des recrues et il fallait effacer des photos. Qu'elles aient montré un gars qui ne faisait qu'embrasser une autre fille ou lui faire un câlin, peu importe, il fallait les effacer. Malheureusement, la tentative de suppression des photos ne s'est pas faite de la bonne façon. Quand tu prends un peu d'alcool, ça se peut que tu fasses des choses de la mauvaise manière. »

Lavoie demeure persuadé que des écarts de conduite plus graves que celui impliquant les joueurs du Canadien ont déjà eu lieu dans ce genre de soirées. Mais ce qui s'est passé ce soir-là a servi de leçon au reste de la ligue. Maintenant, ces soupers de recrues durant lesquels les équipes tentaient de battre le record de la facture la plus élevée sont devenus beaucoup plus raisonnables. Les additions de 25 000 $ sont sans doute plus rares.

« Ça a sonné la fin du party. Les joueurs ont eu peur. Avant cet incident, lors des soupers de recrues, on ne se contentait pas de se réunir autour d'une table et de faire grimper la facture le plus haut possible. Il ne se passait rien d'illégal, mais il y avait plus que ça, soutient Lavoie.

Un moment, les gars se sont dit : " Là, on arrête, parce que si ça finit vraiment par se retrouver sur la place publique avec des photos… " C'était rendu qu'ils mettaient leur vie personnelle en péril. C'était jouer avec le feu. »

Voilà qui illustre parfaitement ce que représente la rançon de la gloire.

À propos de…

Journaliste depuis 1993, **Renaud Lavoie** a commencé à travailler à Radio-Canada à Ottawa, où il était affecté à la couverture des Sénateurs et des Olympiques de Hull. En 1999, il s'est amené à Montréal pour suivre les activités du Canadien et de la LNH. Depuis 2013, il relève un nouveau défi en occupant le poste d'analyste hockey pour TVA Sports.

24. Chasse à l'homme

Jonathan Bernier

Le trio composé de Max Pacioretty, de David Desharnais et d'Erik Cole donne tout un spectacle pendant la saison 2011-2012. Cole fait scintiller la lumière rouge à 35 reprises, imité à 33 occasions par Pacioretty. Les performances de ce trio constituent les seules lueurs de cette saison sombre et misérable.

Le Canadien termine le calendrier régulier avec 31 gains, 35 revers et 16 défaites en bris d'égalité, le pire dossier parmi les 15 équipes de l'Association de l'Est. Au cours de l'hiver, tant l'entraîneur-chef Jacques Martin que le directeur général Pierre Gauthier paient pour les difficultés de l'équipe. Le 17 décembre, Gauthier licencie Martin, qu'il remplace en nommant Randy Cunneyworth, alors entraîneur adjoint, de façon intérimaire. L'embauche d'un pilote qui ne parle pas français crée tout un émoi dans la métropole. Gauthier est remercié à son tour le 29 mars, avec à peine cinq matchs à disputer à la saison.

Toutefois, avant d'être relevé de ses fonctions, Pierre Gauthier aura eu le temps de procéder à l'une des transactions les plus inusitées de l'histoire de l'équipe... et peut-être même de la LNH.

De son embauche, le 8 février 2010, à son congédiement, Pierre Gauthier en aura fait voir de toutes les couleurs aux partisans du Canadien et aux journalistes affectés à son *beat*. Possiblement le directeur général le moins volubile de la glorieuse histoire du Canadien, Gauthier n'était pas celui de qui l'on pouvait attendre des déclarations fracassantes. Sa propension à désigner tous ses joueurs et ses employés en utilisant la formule de politesse «Monsieur» avait le don de soulever les moqueries au sein de la confrérie journalistique, et ses actions, ou plutôt les moments choisis pour les accomplir, avaient de quoi surprendre.

En un peu plus de deux ans comme architecte du Tricolore, Gauthier n'a que très rarement effectué une transaction alors que l'équipe se trouvait à Montréal. Envoyer un joueur sous d'autres cieux pendant que sa troupe se trouve dans une autre ville lui permet d'éviter d'avoir à affronter la jungle médiatique montréalaise complète. Il n'a qu'à servir ses explications à la poignée de reporters affectés aux activités de l'équipe sur les patinoires adverses.

D'ailleurs, la saison 2011-2012 donne lieu à quelques mouvements de personnel farfelus. On peut penser au congédiement de Perry Pearn, l'adjoint de Jacques Martin, le 26 octobre 2011, au terme de l'entraînement matinal précédant un affrontement contre les Flyers. Martin allait subir un sort similaire deux mois plus tard, le 17 décembre 2011, alors que les Devils du New Jersey sont en ville. Nommé au poste d'entraîneur-chef de façon intérimaire, Randy Cunneyworth dirigera le soir même son premier match dans la LNH.

Cependant, le geste le plus étonnant de Gauthier survient le 12 janvier suivant, alors que le Canadien dispute la victoire aux Bruins, à Boston. Ce soir-là, pendant que Mike Cammalleri et ses coéquipiers s'apprêtent à sauter sur la patinoire pour amorcer la troisième période, le directeur général demande à Cammalleri de demeurer au vestiaire. Quelques instants plus tard, il lui annonce qu'il a été échangé. Cammalleri n'apprendra que dans l'heure suivante qu'il retourne à Calgary, l'équipe dont il a défendu les couleurs au cours de la saison 2008-2009.

Évidemment, au moment où le Canadien et les Bruins entament le troisième tiers, personne sur la passerelle de presse du TD Garden n'est au courant de l'affaire. Il faudra environ cinq minutes de jeu avant que je m'aperçoive de l'absence de l'Ontarien. Dès lors, j'en fais mention sur mon compte Twitter en pensant que l'attaquant éprouve probablement des ennuis avec une pièce d'équipement, ce qui est fréquent. Dans le pire des cas, il a subi une blessure, et le service de relations publiques du Canadien nous annoncera dans quelques instants de quoi il retourne.

Mais les minutes passent. Aucun signe de vie de Cammalleri sur le banc, pas d'annonce d'un problème de santé quelconque. Soudainement, la rumeur faisant état d'une possible transaction naît sur la twittosphère. « Impossible, me dis-je. Une transaction en plein milieu d'un match ! Voyons donc ! On n'a jamais rien vu de tel ! » Pourtant, cette rumeur de plus en plus persistante et précise provient de Bob MacKenzie de TSN. Et lorsqu'une rumeur émane d'un des journalistes de TSN, dont on dit à la blague qu'ils sont « branchés sur le fax de la LNH », c'est habituellement du sérieux.

En raison de tout ce mystère, il y a bien longtemps que ce qui se passe sur la glace ne nous importe plus, à mes collègues et à moi. Enfin, le Canadien confirme la nouvelle, avec une demi-douzaine de minutes à faire à la rencontre. On nous informe alors que le directeur général du Canadien tiendra un point de presse dans le couloir menant au vestiaire des visiteurs, au terme de la rencontre. Au son de la sirène, alors que le tableau indique une victoire de 2 à 1 des Bruins, nous nous massons à proximité du vestiaire dans l'attente des détails de cette transaction.

« On a complété un échange au cours de la soirée, qui a été finalisé après le match. Monsieur Cammalleri a été échangé à Calgary. Dans l'échange, nous avons échangé monsieur Cammalleri, les droits sur monsieur [Karri] Ramo, le gardien de but qui est en Europe, et un choix de 5e ronde en 2012, en échange du joueur René Bourque, qui va se joindre à notre équipe en fin de semaine, un prospect du nom de Patrick Holland, qui joue à Tri-City, qui est un très bon jeune joueur de centre, et un 2e choix en 2013 », énumère le directeur général, en prenant bien soin de préciser qu'il travaille sur cette transaction depuis quelques semaines et qu'elle ne survient pas à la suite de la sortie effectuée quelque vingt-quatre heures plus tôt par le principal intéressé.

Rappelons rapidement que Cammalleri avait alors remis en doute le désir de vaincre de ses coéquipiers. « *Je ne peux accepter que nous affichions une attitude de perdants [losers] comme on le fait cette année. On prépare nos matchs en perdants. On joue en perdants. Il ne faut donc pas se demander pourquoi on perd»*, a-t-il confié au confrère François Gagnon de *La Presse*.

D'ailleurs, Cammalleri, au terme de l'entraînement matinal précédant le match face aux Bruins, a passé une bonne dizaine de minutes à se défendre devant les médias qu'il accuse, à mots à peine couverts, d'avoir monté l'affaire en épingle.

Mike Cammalleri a toujours apprécié la présence des journalistes et des caméras. Toutefois, un commentaire de trop a possiblement mené à sa sortie de Montréal, dans l'une des transactions les plus inusitées de l'histoire du Canadien.·

Le point de presse impromptu du directeur général terminé, je retourne à la hâte dans la salle de presse située à quelques pas pour terminer mon résumé du match. Chemin faisant, j'accepte de me joindre aux collègues Richard Labbé, de *La Presse*, et Jérémie Rainville, de TVA Sports, qui songent à aller cogner à la chambre d'hôtel où loge Cammalleri dans le but d'obtenir ses commentaires. Accompagnés de Kevin Crane, le caméraman de TVA, nous nous empressons de sauter à bord d'un taxi. Direction: le Ritz-Carlton. Le trajet est si court que le temps nous manque pour élaborer la stratégie qui nous permettra de connaître le numéro de la chambre du hockeyeur. Peu importe. On l'attendra patiemment au bar de l'hôtel, en se plaçant de façon à avoir un œil sur les ascenseurs. Il finira bien par apparaître, tente-t-on de se convaincre.

Il y a bientôt une demi-heure qu'on fait le pied de grue. Toujours aucun signe de vie du joueur. Il faut trouver un moyen d'obtenir le numéro de sa chambre. Labbé décide de faire un appel à la réception. Avec beaucoup de chance, on pourra demander directement à Cammalleri s'il peut nous recevoir. Avec un peu de chance, la réceptionniste, distraite, commettra une bourde et nous donnera son numéro de chambre. Finalement, pas de chance: le confrère de *La Presse* revient bredouille…

Au même moment, Gauthier fait irruption dans le hall, une bière à la main. Nous nous regardons tous, stupéfaits. Le directeur général du Canadien, que tous savent végétarien et au régime sec, est-il vraiment en train de célébrer sa transaction en sirotant un peu de houblon? « Salut les gars », lance-t-il en s'approchant. Pardon? Pierre Gauthier, qui n'adresse jamais la parole à aucun journaliste sauf lors de ses points de presse, nous interpelle!

« Connaissez-vous ça, la bière Beck's? nous demande-t-il.

— Euh… oui, répondons-nous d'un ton quelque peu hésitant.

— Saviez-vous qu'ils en faisaient sans alcool?

— Euh… non.

— Elle n'est pas mauvaise du tout, ajoute-t-il, sur le point de tourner les talons pour monter à sa chambre. Et au fait, laisse-t-il tomber avant de s'exécuter, savez-vous c'est quoi la différence entre le métier de directeur général et celui de journaliste?

— Aucune idée, répondons-nous en chœur.

— Lorsqu'une transaction est confirmée, mon travail est terminé alors que le vôtre commence.»

Une fois le directeur général parti, nos quatre regards médusés se croisent. Sans même se parler, on sait qu'on pense tous la même chose : «Ce moment irréel vient-il vraiment de se passer?...» Mais qu'importe. Cet intermède fort divertissant n'a pas réglé notre problème.

Le collègue Labbé récidive. Cette fois, le plan est d'aller voir la réceptionniste et de lui demander d'informer l'ex-joueur du Canadien, par écrit, de notre désir de le rencontrer. Bingo! Le plan fonctionne. Tandis que la réceptionniste griffonne le message sur un bout de papier, Labbé aperçoit le fameux numéro de chambre. On sait maintenant à quelle porte cogner.

En moins de deux, nous voilà sur le bon étage. Les questions stratégiques ont maintenant fait place aux questions d'éthique. Ce que nous nous apprêtons à faire est-il acceptable? Poussons-nous trop loin notre quête d'information? Une chambre d'hôtel est-elle un endroit public ou un lieu privé? Bref, pouvons-nous nous présenter à la porte de la chambre d'un athlète qui ne nous attend pas et le harceler de questions en rapport avec ce qui vient de se produire?

Les quatre bozos que nous sommes passons un bon quart d'heure à débattre de la question, jusqu'à ce que Rainville mette un stop aux tergiversations et se porte volontaire pour frapper à la porte. Avant que nous nous approchions, il demande à son caméraman de rester en retrait. Pas question d'effrayer le sujet en lui braquant une caméra sous le nez.

Nous arrivons devant la chambre. Une voix provenant de l'intérieur est perceptible. Je colle mon oreille sur la porte. Pas de doute, c'est celle de Cammalleri, qui discute de la transaction au téléphone. Je lance un regard en direction du collègue de TVA Sports : «On est à la bonne place.» Je recule. Il s'exécute. Toc! Toc! Toc!

Nous tendons l'oreille. Cammalleri parle toujours au téléphone. «Tu n'as sûrement pas cogné assez fort», dis-je à Rainville. Labbé s'approche et frappe. Toc! Toc! Toc! Nous tendons de nouveau l'oreille. L'ancien joueur du Canadien discute toujours avec son interlocuteur. «C'est à mon tour. Là, on joue le tout pour le tout.» Je prends une grande respiration (rappelons que nous ne sommes jamais parvenus à statuer sur la légitimité de notre geste) et je me lance. Toc! Toc! Toc! Je recule aussitôt, tel un boxeur lançant un *jab* et craignant la contre-attaque. Sans succès. Cammalleri refuse de répondre.

Nous retournons donc dans nos quartiers, penauds de n'avoir pu obtenir les commentaires de la vedette des derniers jours.

• • •

Le lendemain matin, c'est encore déçu que j'arrive à l'aéroport international Logan de Boston pour monter à bord de l'avion qui me ramènera à Montréal. D'autant plus qu'avant d'aller au lit la veille, j'ai su que Renaud Lavoie, de RDS, s'était rendu à l'hôtel du Canadien aussitôt mis au fait de la transaction. Il avait réussi, lui, à recueillir les commentaires de l'attaquant ontarien.

Je me dirige donc vers la porte qui m'est assignée. En chemin, je croise à nouveau Labbé, Rainville et Crane. Nous sommes sur le même vol. En passant la sécurité, nous nous remémorons, comme pour nous assurer que ce qui s'est produit n'était pas le fruit de notre imagination, les événements de la veille : la transaction en plein match, la course vers l'hôtel, l'attente, la rencontre surréaliste avec Pierre Gauthier, le débat éthique et le passage à l'action. Personne n'a eu la berlue.

Rendu à notre porte, je fais un survol de la salle d'attente. Non! Ce n'est pas possible! Je donne un coup de coude à mes collègues en montrant du menton la baie vitrée qui entoure la salle. Qui se trouve dans la même salle que nous? Mike Cammalleri lui-même. Il attend un vol en direction de Toronto, d'où il partira ensuite pour Calgary. Ne faisant ni une ni deux, nous nous précipitons dans sa direction pour solliciter une entrevue. Ce qu'il accepte sans hésitation.

Au cours de ces quelques minutes, il nous indiquera qu'il n'a pas voulu manquer de respect à ses coéquipiers, qu'il regrette de ne pas avoir ramené la coupe Stanley à Montréal et qu'il est heureux de retourner chez les Flames, avec qui il a connu, quatre ans auparavant, la meilleure saison de sa carrière.

Dire que quelques heures plus tôt, nous avons fait des pieds et des mains pour obtenir cette entrevue avec Cammalleri, allant même jusqu'à remettre en question notre éthique de travail et nos méthodes, pour finalement tomber face à face avec lui au petit matin…

25. Dans le trou du hobbit

Avec la collaboration de Jean-François Chaumont

La vie de gardien de but du Canadien de Montréal n'a jamais été de tout repos. Devant un public pour qui ce travail est pratiquement plus important que celui de premier ministre de la province, il faut des nerfs d'acier pour parvenir à garder la tête hors de l'eau. N'est pas Jacques Plante, Ken Dryden ou Patrick Roy qui veut! L'ampleur de la tâche en a écrasé plus d'un au fil des ans : Jocelyn Thibault, Cristobal Huet, Jeff Hackett, Mathieu Garon, José Théodore, David Aebischer... Depuis que Roy a permis au Tricolore de remporter ses deux dernières Coupes Stanley, le nombre de gardiens qui ont été engloutis par la vague est impressionnant.

Mais une lueur d'espoir point à l'horizon lors du repêchage amateur de 2005. Le Canadien, qui détient la cinquième sélection, arrête son choix sur Carey Price. Les six premières saisons de l'homme masqué sont ponctuées d'autant de hauts que de bas. Malgré tout, l'athlète originaire de la Colombie-Britannique semble plutôt bien négocier avec la pression montréalaise... jusqu'au moment de dresser le bilan de la saison 2012-2013.

Depuis ses années dans les rangs juniors avec les Americans de Tri-City, on dit de Carey Price qu'il est promu à un bel avenir. À la dernière année de son stage avec les Americans, il aide le Canada à remporter la médaille d'or au Championnat mondial de hockey junior. Rappelé par les Bulldogs de Hamilton à la toute fin de la saison, il permet au club-école du Canadien de remporter la Coupe Calder. Sa tenue en séries éliminatoires lui vaut de graver son nom sur le trophée Jack A. Butterfield, remis au joueur le plus utile du tournoi printanier.

Il n'en faut pas plus pour que naissent les comparaisons entre lui et Patrick Roy, qui a également aidé l'équipe-école du Canadien (alors basée à Sherbrooke) à remporter les grands honneurs après un rappel en fin de saison. Or, les saisons passent, tantôt bonnes, tantôt mauvaises. Lentement mais sûrement, certains amateurs commencent à se demander si Price est vraiment l'homme de la situation, s'il est véritablement celui qui pourra enfin porter le titre de successeur de Roy.

Le 11 mai 2013, une déclaration effectuée après l'élimination rapide du Canadien (qui a tout de même remporté le championnat de la division Nord-Est) en cinq rencontres aux mains des Sénateurs d'Ottawa vient donner des munitions aux détracteurs de Price. Devant la meute de journalistes qui recueillent ses commentaires en cette journée printanière, le gardien déclare : « Je m'ennuie de l'anonymat. C'est impossible d'y arriver ici. Je ne sors plus faire l'épicerie. Je ne fais presque plus rien, en vérité. Je suis comme un hobbit dans son trou. » Reprise par tous les médias montréalais, cette déclaration remet en doute la capacité de l'athlète de 25 ans de supporter la chaleur de la fournaise montréalaise.

● ● ●

« Dès mes débuts au *Journal de Montréal,* à la fin de l'année 2011, j'avais proposé à mes patrons d'aller rencontrer Price chez lui, à Anahim Lake, raconte Jean-François Chaumont. Je voulais essayer de comprendre qui il était. On dit toujours que c'est un cowboy de l'Ouest, mais je voulais voir à quoi ressemblait son patelin et pourquoi il était aussi réservé. »

À l'époque, aucun grand quotidien de la métropole québécoise n'a osé poser le pied sur cette réserve amérindienne située au fin fond de la Colombie-Britannique. Seul le magazine *L'actualité* s'y est déjà rendu dans le cadre d'un dossier qu'il a publié sur les origines du jeune homme. La proposition de Chaumont demeure lettre morte jusqu'à ce que Price fasse cette sortie fracassante.

« Lorsque Price a dit qu'il se sentait comme un hobbit dans un trou, ça a sonné une cloche aux oreilles de mes patrons. Ils m'ont demandé si je souhaitais toujours aller faire un tour à Anahim Lake. Honnêtement, le *timing* n'était pas trop idéal. Ma femme étant enceinte de huit mois, j'avais peur de partir à l'autre bout du Canada, là où le cellulaire ne fonctionne pas. Et si ma femme devait se rendre à l'hôpital pour accoucher ? J'essayais de dire que je n'étais pas disponible. En plus, c'était pendant mes vacances, raconte-t-il. Cependant, le *Journal* insistait beaucoup pour qu'on réalise ce projet, et il fallait absolument le faire avant le début de la saison. »

Chaumont se laisse finalement convaincre et, à la fin du mois de juillet, il quitte femme et logis pour vivre l'expérience amérindienne. Une expédition de cinq jours à quelque 800 kilomètres au nord de Vancouver.

• • •

Habitué de prendre l'avion pour couvrir les activités du Canadien, Chaumont ne fait pas trop de cas du minuscule appareil qui relie Vancouver à Williams Lake. « Williams Lake est une petite ville située à 330 kilomètres à l'est d'Anahim Lake. C'est à cet endroit que se trouve l'aréna le plus près de la réserve. D'ailleurs, c'est là que la famille Price a habité lorsque Carey était âgé de 14 et 15 ans. »

C'est en parcourant les derniers kilomètres de la Coast Cariboo, la route qui lie les deux municipalités, que le journaliste vit son premier choc. « J'étais curieux de voir la route puisque c'est celle que Price et son père Jerry ont longtemps parcourue en voiture avant qu'il s'achète un avion, souligne Chaumont. C'est le décor typique de la Colombie-Britannique, avec les Rocheuses en toile de fond. Cependant, c'est une route sinueuse. En plein hiver, je ne suis pas sûr que je l'aurais trouvée aussi jolie. À quelques kilomètres d'Anahim Lake, la circulation a stoppé d'un coup pour laisser passer un troupeau de vaches. Là, j'ai commencé à réaliser que j'étais dans le nord de la province et pas mal loin de Vancouver. Rendu là, je croisais plus de vaches, de bœufs et de chevaux que de voitures. »

En arrivant à destination, Chaumont, comme tous ceux qui s'aventurent aussi loin, a été accueilli par l'écriteau qui scande : « *Anahim Lake, home of Carey Price.* » « Tu ne peux pas le manquer. Carey, c'est la fierté du village. À côté, il y a la pancarte du Stampede. Je trouvais que ça représentait bien les deux réalités de Price : le cowboy et le joueur de hockey », rigole le journaliste.

• • •

Logé dans un camp de pêche où l'hôtesse lui prépare son petit déjeuner, Chaumont est rattrapé par de nombreux clichés lorsqu'il se présente enfin dans la réserve. « C'est la triste réalité qui frappe beaucoup trop de réserves autochtones. La pauvreté est omniprésente. À côté du cimetière se trouve un cimetière de voitures. Puisqu'ils ne savent pas quoi faire des vieilles automobiles, ils les empilent les unes par-dessus les autres. Des carcasses de voitures traînaient partout dans les entrées de cours. Ça faisait un peu pitié », décrit-il.

Voulant réellement s'imprégner du milieu dans lequel le gardien du Canadien a grandi, Chaumont fait le tour du village à la recherche de gens à interviewer. Premier arrêt, le magasin général. À l'intérieur du bâtiment se trouve un homme âgé dans la trentaine, casquette du Canadien vissé sur la tête. Chaumont lui demande s'il peut lui accorder cinq minutes pour lui parler de Carey Price. « Je peux te parler de Carey, mais je serais pas mal plus jasant avec une caisse de douze », lui répond l'homme. « Évidemment, j'ai refusé. Il était 2 h de l'après-midi et il avait déjà l'air intoxiqué, se souvient Chaumont. C'est là que j'ai compris toute la misère. Au moment de mon passage à Anahim Lake, le taux de chômage était de 80 %. Lorsque quatre personnes sur cinq ne travaillent pas, c'est ce que ça donne. On ne veut pas tomber dans les clichés, mais l'étendue des problèmes de dépendance aux drogues et à l'alcool est visible. »

En fait, l'industrie du bois et la pêche sont les deux principaux secteurs d'activité permettant aux habitants d'Anahim Lake de gagner leur vie. Le hic, c'est qu'au cours des dernières années, l'usine située près d'Anahim Lake, qui employait un grand nombre de travailleurs provenant du village, a connu des difficultés en raison du ralentissement de l'industrie du bois. Par conséquent, elle a dû mettre à pied plusieurs employés. Voilà pourquoi l'exemple que donne Carey Price est important pour les jeunes de cette communauté. Il est la preuve qu'il est possible de bâtir une vie à l'extérieur de la réserve.

D'ailleurs, c'est ce qu'a indiqué Catlin West, le cousin de Price, au reporter du *Journal de Montréal*. « Je suis fier de son cheminement. Je suis heureux de voir qu'aujourd'hui, il a atteint la LNH. Mais ce dont je suis surtout heureux, c'est qu'il donne un message d'espoir aux jeunes de notre village. Avant lui, les jeunes n'avaient pas de modèle. Personne n'était sorti d'Anahim Lake. Carey leur a montré qu'ils pouvaient aspirer à quelque chose de grand. »

· · ·

Un ranch en retrait de la réserve, un petit cabanon de bois à proximité de l'étang où Price a donné ses premiers coups de patin : voilà ce qui se présente à Chaumont au cours de la deuxième journée de son voyage, lorsque Lynda Price, mère de Carey, accepte de lui faire visiter la demeure où le gardien du Canadien a vécu son enfance. Au cours de l'entretien, madame Price discute de son implication au sein de la nation Ulkatcho et de la fierté que représente son fils pour le village. « J'ai rencontré une femme très religieuse et très près de ses racines. Elle a été chef du conseil de bande de la nation de 2005 à 2009 », raconte Chaumont.

Au terme d'une visite de quelques heures, au cours de laquelle le journaliste croit bien avoir fait le tour de la question sur les origines du gardien vedette, Lynda Price lui offre une preuve supplémentaire de la grande fierté qu'elle tire des siennes. « Je m'apprêtais à partir lorsqu'elle m'a dit : "Si tu veux, demain matin, je vais aller te chercher à ton hôtel et on partira à la pêche. Par la suite, nous nous rendrons à une fête autochtone à Stuie (situé à soixante-quinze minutes de voiture à l'ouest d'Anahim Lake). Je vais te montrer les coutumes amérindiennes." Donc, du jour au lendemain, je me suis retrouvé dans la même voiture que la mère de Carey Price, qui me parlait de tout et de rien. »

Le lendemain, Chaumont apprend les rudiments de la pêche et la marche à suivre pour fumer adéquatement le saumon. Il rencontre également ment Theresa Holte, la grand-mère maternelle de Price, qui, malgré ses

85 ans bien sonnés, s'adonne toujours à la pêche. « Elle m'a dit qu'elle était fière de Carey, mais tout autant de ses autres petits-enfants, qu'elle avait un satellite chez elle pour regarder les matchs du Canadien, mais qu'après un revers, elle fermait rapidement la télé et allait se coucher. Elle était incapable d'endurer une défaite du Canadien. »

Ce détour inattendu lui permet également de comprendre un peu mieux l'état d'esprit de Price. « J'ai compris pourquoi il pouvait être réservé. Quand tu viens d'Anahim Lake, tu n'as pas le choix d'avoir un esprit solitaire, souligne Chaumont. Lorsque tu es seul sur un lac, tu ne jases pas à 28 personnes et il n'y a pas 42 photographes qui te prennent en photo dans ta chaloupe. Tu es paisible et tranquille. Ce n'est pas parce que Carey Price a dit qu'il se sentait trop observé que ça fait de lui une mauvaise personne. Je pense qu'il faut essayer de le comprendre. »

Carey Price fait la fierté d'Anahim Lake, le village où il a grandi. Pour les jeunes Amérindiens de la nation Ulkatcho, le gardien du Canadien est la preuve qu'il est possible de bâtir une vie à l'extérieur de la réserve.

. . .

Au quatrième jour, Chaumont rebrousse chemin. Il retourne à Williams Lake où l'attendent Jerry et Kayla Price, le père et la sœur du gardien. Les emplois sont si rares à Anahim Lake que Jerry Price, bien que toujours marié à la mère de Carey, habite à mi-temps dans cet autre village où il travaille pour la mine Gibraltar. C'est grâce à cette dernière rencontre que Chaumont en apprend davantage sur les sacrifices que la famille Price a dû effectuer pour permettre au jeune Carey de poursuivre son rêve.

Chaumont explique : « Carey est né à Vancouver. La famille vivait alors à Maple Ridge [une banlieue située à une quarantaine de kilomètres de Vancouver]. Lorsque Carey a eu deux ou trois ans, Lynda a voulu retourner vivre à Anahim Lake pour lui faire connaître la culture amérindienne. Elle voulait, par le fait même, se rapprocher de sa famille. Jerry, lui, est originaire de l'Alberta. Il n'est pas autochtone, poursuit le journaliste. Au début, l'exil vers Anahim Lake fut un choc pour lui. Il s'est impliqué dans la communauté. Il donnait de petites écoles de hockey sur la patinoire extérieure. Ça lui a permis de se faire accepter plus facilement. Il avait été repêché par les Flyers [à la 8e ronde, en 1978]. Il disait avoir fait le choix de retourner sur les terres de la famille de sa femme, mais ne voulait pas priver son gars de jouer au hockey. »

Chaumont se rappelle les paroles de Jerry : « Je ne poussais pas Carey, mais s'il aimait ça, je ne voulais pas lui dire qu'il ne pouvait pas jouer dans une ligue organisée parce qu'on n'avait pas d'aréna. » Il confie à Chaumont que c'est pour cette raison que son fils et lui acceptent de parcourir au-delà de 600 kilomètres trois fois par semaine pour que Carey participe à ses entraînements et à ses matchs. C'était avant que Jerry Price ne s'achète un avion, un vieux Piper Cherokee, pour la somme de 13 000 $. « Ce n'est pas moi qui étais fou et qui voulais voir mon fils compléter mon rêve. C'est lui qui avait une passion pour le hockey », prend-il soin de préciser.

Les allers-retours se poursuivront jusqu'à ce que Carey atteigne la 11e année. Puisque l'école d'Anahim Lake n'offre pas de niveau supérieur à la 10e année, toute la famille convient de déménager, pour quelque temps, à Williams Lake.

« C'est un autre côté triste d'Anahim Lake. Tu dois compléter les deux dernières années de ton secondaire à Williams Lake. Ce qui a pour conséquence que plusieurs jeunes abandonnent l'école avant d'avoir leur diplôme. Lorsque Carey est arrivé à cette étape, la famille au complet a déménagé. Ses parents ne voulaient pas l'envoyer seul là-bas », raconte Chaumont. Repêché par les Americans de Tri-City, de la Ligue de hockey junior de l'Ouest, il est parti pour cette ville américaine à l'âge de 16 ans. Mais les Price ont tout de même gardé la maison de Williams Lake, puisque Kayla a ensuite terminé son secondaire dans cette municipalité.

· · ·

Le reporter du *Journal de Montréal*, qui avait entrepris ce voyage à reculons, garde un précieux souvenir de cette lointaine contrée. « Au bout du compte, ce fut un beau projet, et ma femme a finalement donné naissance à notre petite Rosalie seulement à la fin du mois d'août ! Je n'ai pas manqué l'accouchement… Je dirais que c'est un des dossiers qui m'a procuré le plus de fierté depuis le début de ma carrière », souligne le journaliste. D'abord parce que ce voyage lui a permis de tisser un certain lien de confiance avec la vedette du Canadien, mais surtout parce qu'il lui a permis de comprendre comment celui-ci peut se sentir dans un environnement bouillonnant comme Montréal.

À propos de...

Jean-François Chaumont a fait ses débuts à Radio-Canada Sports en novembre 2001. Au cours de ses dix ans à Radio-Canada, il a couvert les Alouettes, l'Impact et ensuite le Canadien. Il a relevé un nouveau défi avec *Le Journal de Montréal* au mois de novembre 2011. Dans le jargon du hockey, on dira que le *Journal* l'a repêché, pour en faire un des deux journalistes affectés à la couverture quotidienne du Canadien de Montréal.

Des rencontres inoubliables

Comme les superhéros, les joueurs du Canadien redeviennent des êtres humains lorsqu'ils retirent leur uniforme bleu-blanc-rouge. Le métier de journaliste offre le privilège de voir ces idoles sous leur vrai jour. Loin des feux de la rampe, certains de ces athlètes deviennent bourrus et désagréables. Heureusement, il ne s'agit que d'une minorité. La plupart sont conscients de la chance qu'ils ont de gagner des millions de dollars en pratiquant un métier qui, en réalité, n'est qu'un jeu. Ils comprennent également tout le bonheur qu'ils sèment en serrant la main d'un partisan, en lui signant un autographe ou en échangeant quelques mots avec lui.

En contrepartie, la relation entre joueur et journaliste est aujourd'hui strictement professionnelle. Cependant, il fut une époque où il était possible que des liens serrés se tissent entre certains membres des deux groupes.

26. Les trois retraites de Guy Lafleur

Avec la collaboration de Philippe Cantin

Le 26 novembre 1984, une bombe éclate au Forum. Insatisfait de son utilisation, Guy Lafleur prend tout le monde par surprise en annonçant sa retraite à l'âge de 33 ans. L'organisation ne met pas de temps à célébrer la carrière de sa vedette de la dernière décennie.

Le 16 février 1985, à l'occasion d'une visite des Sabres de Buffalo, le Canadien organise une fête en son honneur. Au cours de la soirée, on retire le numéro 10. Lafleur, dans l'uniforme rouge, fait une dernière fois (croit-on à ce moment) le tour de la patinoire du Forum. La foule lui offre une ovation de plusieurs minutes.

À l'instar de tous les garçons nés à Québec à la fin des années 1950, Philippe Cantin voue, au début des années 1970, une admiration sans bornes à Guy Lafleur. Comme la grande majorité de ses camarades de classe, Cantin vit au rythme des victoires des Remparts et des prouesses de leur joueur vedette. « Il a été le héros de ma jeunesse. Lafleur est le premier qui nous a fait gagner. Même Jean Béliveau n'y était pas parvenu à l'époque des Citadelles et des As. Lafleur a terminé sa carrière [junior] à Québec en menant les Remparts à la Coupe Memorial. J'ai assisté à tous les matchs de ces séries-là. Pour Québec, c'était le premier grand championnat depuis la Coupe Stanley des Bulldogs (1912 et 1913). »

Quelques semaines avant de soulever la Coupe Memorial, Lafleur avait établi un record du hockey junior canadien en marquant 130 buts en 62 matchs. Il avait du même coup fracassé sa propre marque de 103, réalisée la saison précédente.

Au dire du journaliste de *La Presse,* cette quête de Lafleur, en voie de devenir le premier marqueur de 100 buts de l'histoire, demeure l'un des événements sportifs les plus incroyables auxquels il a assisté.

« Lafleur avait déjà marqué 94 buts, mais il ne restait que deux matchs à disputer à la saison régulière. On se disait que ses chances de réaliser l'exploit étaient plutôt minces. » Le jeune Cantin, âgé de 10 ans et spectateur assidu aux matchs des Remparts lorsque ceux-ci sont présentés le vendredi, parvient à convaincre ses parents de lui permettre d'assister à l'avant-dernière rencontre de la saison de ses favoris, la dernière à domicile. « Même si le match se tenait un mardi soir [le 17 février 1970], je n'ai pas eu trop de difficulté à convaincre mes parents. On voulait savoir si Lafleur allait s'approcher des 100 buts. »

Lafleur fait mieux que simplement s'approcher du plateau magique. Dans une écrasante victoire de 14 à 4 aux dépens des Castors de Sherbrooke, la pire formation de la division Est, Lafleur déjoue les gardiens Yves Bélanger et Mario Lessard à six reprises pour atteindre la marque des 100 buts. « C'était incroyable. Même si le Colisée n'était pas rempli, Lafleur a reçu plusieurs ovations au cours de la rencontre, se souvient Cantin. Il a finalement terminé la saison avec 103 buts grâce à un tour du chapeau contre le National de Rosemont. »

• • •

Automne 1984. Fraîchement sorti de l'université, un baccalauréat en droit et un diplôme du Barreau du Québec en poche, Cantin effectue quelques remplacements à la radio de Québec. Jusqu'au jour où Claude Larochelle, directeur des sports au quotidien *Le Soleil,* lui propose de devenir correspondant à Montréal. Son mandat: couvrir les activités du Canadien l'hiver et celles des Expos l'été.

« J'avais obtenu cette offre parce que Bernard Brisset, qui couvrait les activités du Canadien pour *La Presse,* avait quitté le journalisme l'été

Le 26 novembre 1984, Guy Lafleur annonce sa retraite au restaurant La Mise au jeu, devant plusieurs journalistes et photographes. Un jour sombre pour le Canadien, comme le révèlent la physionomie de Ronald Corey (la tête basse), le président de l'équipe, et celle de Serge Savard (à la droite de Corey), son directeur général.

précédent pour devenir directeur des communications des Nordiques. Pour le remplacer, *La Presse* avait embauché Tom Lapointe. En plus d'animer une émission à CKVL avec Richard Morency, une émission qui s'appelait *Le Monde des champions*, Tom était pigiste pour *Le Soleil*. Or, son départ pour *La Presse* m'ouvrait la porte. »

Au moment de commencer son nouvel emploi, Cantin n'a pris place dans le Forum que trois fois dans sa vie : lors du premier match des Nordiques disputé dans le vétuste aréna, le 13 octobre 1979, et lors des deux premiers matchs de la série Canadien-Nordiques du printemps 1982. « Remettre les pieds au Forum à titre professionnel, c'était très spécial pour moi. Sans compter que la confrérie sportive montréalaise était composée de gros canons. Il y avait les Réjean Tremblay et Bertrand Raymond ! Pour un gars qui venait d'avoir 25 ans, c'étaient des gros noms. »

Bien sûr, Cantin est conscient qu'il y a un nom encore plus gros dans ce vestiaire : Guy Lafleur, son idole, dont le début de saison n'est pas à la hauteur des attentes. « Lafleur avait meublé mon imaginaire d'enfant. C'était un héros hors de dimension. Je l'avais applaudi dans ma jeunesse, mais je ne lui avais jamais parlé de ma vie. Alors, les premières fois que je me suis approché de lui, je me suis contenté de récolter ses commentaires, au milieu d'un groupe de journalistes, après les matchs. »

Cantin met deux semaines à prendre son courage à deux mains et à risquer une rencontre seul à seul avec celui qui a participé activement à cinq conquêtes de la Coupe Stanley. « Je suis allé le voir après un entraînement. Avant de partir de la maison, je m'étais donné comme objectif de la journée de faire une entrevue avec lui. Je trouvais ça très énervant. Comment allait-il m'accueillir ? C'était quand même la star du Québec, se souvient Cantin. Je le vois encore. Il était dans le fond du vestiaire. Même si la porte venait tout juste d'ouvrir, il se préparait déjà à partir. Il était en train de nouer sa cravate lorsque je me suis approché de lui. Je me suis présenté, sans doute avec un p'tit trémolo dans la voix :

— Bonjour, Guy, je suis Philippe Cantin, du *Soleil*.

— Salut. Comment ça va ?

— Aurais-tu quelques minutes pour répondre à mes questions ?

— Oui, bien sûr ! »

Cantin l'interroge alors sur son avenir incertain avec l'équipe, sur les rumeurs de transactions dans lesquelles il est impliqué et sur les relations que tous savent déjà tendues entre Jacques Lemaire, son ancien compagnon de trio devenu entraîneur, et lui.

« Il a répondu à toutes mes questions sans broncher. Je suis tombé sous son charme à ce moment. J'ai toujours cru que le fait que je me sois présenté en tant que journaliste du *Soleil* avait fait la différence. Je représentais le journal de la ville, alors il s'adressait aux gens de Québec. J'avais une bonne carte de visite. Je me rappellerai toujours la façon dont il m'a accueilli. Dans le milieu journalistique, il faut se faire respecter, il faut faire son nom. J'étais le p'tit nouveau qui arrivait de Québec. Si Lafleur avait répondu à mes questions à la sauvette, les autres journalistes m'auraient peut-être regardé de haut. C'était comme un rite de passage. »

Le 9 novembre, Cantin publie le résumé de cette entrevue dans un texte coiffé du titre « Lafleur fait encore jaser », dans le cahier des sports du *Soleil* : « *"À l'heure actuelle, on fait une tempête dans un verre d'eau, explique Lafleur. Avec Guy Carbonneau et Bob Gainey, nous formons un bon trio. Je pense que nous commencerons bientôt à produire régulièrement. Après tout, nous n'avons que 12 matchs de joués cette saison, rien ne sert de paniquer."* »

• • •

Cantin n'a pas l'occasion de côtoyer longtemps celui qui l'a tant émerveillé une quinzaine d'années plus tôt. Quelques semaines plus tard, le 26 novembre, le Démon blond accroche ses patins.

« Je m'apprêtais à effectuer mon deuxième voyage avec l'équipe. Le soir même, le Canadien avait vaincu les Red Wings dans un match au cours duquel Lafleur n'avait pas joué beaucoup, raconte le journaliste. Immédiatement après la rencontre, on a pris place dans une espèce de coucou à hélices qui allait nous amener à Boston. Lafleur n'y était pas. L'équipe avait inventé une blessure à l'aine pour expliquer son absence, alors personne n'en a vraiment fait de cas. »

Le Tricolore affronte les Bruins, devant qui il s'incline 7 à 4, sans Lafleur dans ses rangs. Toujours rien d'anormal. Le Canadien rentre à Montréal au terme de cette défaite, comme si de rien n'était. Le réveil est brutal, ou à tout le moins surprenant, pour Cantin et ses collègues au matin du 26 novembre. « Je venais à peine de me lever. Sur toutes les radios, on déclarait que Guy Lafleur allait annoncer sa retraite. C'est Red Fisher qui avait sorti la nouvelle dans *The Gazette*. »

Un branle-bas de combat s'amorce alors que le Canadien contacte individuellement tous les journalistes pour leur confirmer que l'équipe tiendra un important point de presse quelques heures plus tard. « Lorsque j'ai raccroché le téléphone, je me suis dit : " C'est clair que Lafleur va annoncer sa retraite. "»

À l'instar de ses confrères, Cantin se présente au restaurant La Mise au jeu, lieu de la conférence de presse. L'ambiance est lourde à l'intérieur de l'établissement. « C'était triste. Même pour un gars comme moi qui connaissais peu les intervenants et la dynamique de leurs relations. Tout le monde avait un peu la larme à l'œil, se souvient Cantin. D'ailleurs, lors de ce point de presse, Lafleur a pris la peine d'assurer qu'il ne ferait pas de retour au jeu. " Ce n'est pas vrai que dans un an ou deux, je vais revenir. " Il n'a pas menti. Il a attendu la troisième année ! »

Même si tout le monde est au fait que la relation n'est pas au beau fixe entre la vedette et son entraîneur, ce n'est que plus tard que Lafleur confiera qu'il s'est senti poussé sur la voie d'évitement par Lemaire. « Jacques Lemaire jouissait d'une réputation incroyable. Il n'avait même pas une saison complète de coaching dans le corps, mais la saison précédente, le Canadien avait battu les Nordiques et s'était rendu en demi-finale contre toute attente après une saison au cours de laquelle il avait éprouvé son lot d'ennuis, en février particulièrement. Alors, ses décisions n'étaient pas contestées. Il avait une autorité de compétence », fait remarquer Cantin.

Quoi qu'il en soit, difficile pour un journaliste de demander mieux comme premier mois d'activité. « C'était la plus grosse nouvelle de ma jeune carrière. Et puis, je trouvais ironique qu'elle concerne le joueur qui avait marqué et bercé mon enfance. »

• • •

L'annonce de la retraite de Guy Lafleur est un choc pour tout le Québec. Le lendemain matin, elle fait la manchette de la grande majorité des journaux de la province. À 33 ans, l'ailier droit se retire après avoir disputé 961 matchs de saison régulière dans l'uniforme du Canadien. Ses 1246 points en font, encore à ce jour, le meilleur pointeur de l'histoire de l'équipe en saison régulière. Il a marqué 518 buts, 26 de moins seulement que les 544 de Maurice Richard, meneur du Canadien à ce chapitre.

« Il n'y avait que lui pour annoncer sa retraite en plein cœur d'une saison. Habituellement, les joueurs prennent leur mal en patience et attendent la fin de la saison. Lui, c'était un gars entier. Il ne jouait plus, il n'était pas content de son sort, soutient Cantin. Ça aussi, ça ajoute au mythe du héros. Il a annoncé sa retraite au mois de novembre. La saison venait de commencer. Il y avait seulement une vingtaine de matchs de joués. Encore une fois, il aura fait les choses à sa manière. Maurice Richard est celui qui, jusque-là, avait annoncé sa retraite de la plus curieuse des façons : il l'avait annoncée vers la fin du camp d'entraînement. Quant à Jean Béliveau, il avait fait ça… à la Jean Béliveau : il avait annoncé sa retraite après avoir remporté la Coupe Stanley. »

Les temps ont bien changé. Aujourd'hui, les grands joueurs préviennent leurs partisans quelques mois avant le début de la saison. Ils peuvent ainsi se servir de leur dernière campagne pour effectuer leur tournée d'adieu.

Même s'il voit son idole de jeunesse quitter la scène au moment même où il s'en approche, Cantin croisera son chemin à plusieurs autres occasions. En septembre 1988, par exemple, alors que Lafleur, désireux d'effectuer un retour au jeu, participe au camp d'entraînement des Rangers de New York. Tout juste revenu d'un projet de voyage en compagnie de Richard Hétu, un collègue de *La Presse*, Cantin fait alors des heures de remplacement à CKAC. À l'annonce de ce retour, Richard Morency, toujours patron de la station, charge Cantin du dossier. « Comme bien des athlètes, il s'est dit qu'il était encore capable. En plus, son association avec le Canadien à titre d'ambassadeur s'était mal terminée », rappelle Cantin.

Le reporter suivra Lafleur à la trace pendant le camp d'entraînement que tiendront les Rangers, dirigés par Michel Bergeron. Le mandat de Cantin s'amorce au moment où Lafleur et les Rangers mettent le cap sur Denver pour y disputer deux matchs préparatoires contre les Penguins de Pittsburgh et les Oilers d'Edmonton. L'équipe de Bergeron avait tenu la première portion de ce camp à Trois-Rivières avant de s'envoler vers

Edmonton pour un premier match préparatoire, une rencontre au cours de laquelle la vedette québécoise avait récolté une passe.

Alors qu'une meute de journalistes s'était pointée au Centre du Québec, ils sont peu nombreux à s'envoler en direction du Colorado. C'est au cours de ces quelques jours que Cantin fait véritablement la connaissance de son héros. « J'étais réellement sur le *beat* Guy Lafleur. Le nombre de journalistes était limité, et Lafleur ne connaissait pratiquement aucun de ses coéquipiers. Il connaissait bien Bergeron, mais ça aurait été mal vu qu'il se tienne avec l'entraîneur. Par conséquent, nous avons jasé à quelques reprises, en plus de nous retrouver à la même table à une occasion. »

Au cours de ces deux matchs, la tâche de Cantin consiste à livrer des comptes rendus de la journée aux différentes émissions de la station. Parmi celles-ci, *Bonsoir les sportifs* qui, à l'époque, se veut un bulletin de sports de quinze minutes, diffusé à compter de 23 h et animé par Michel Lacroix (l'actuel annonceur maison du Canadien).

« Le premier soir, un match contre les Penguins de Pittsburgh, je suis au bout du fil avec Michel. Il lance : "On s'en va rejoindre Philippe Cantin sur la tribune de presse à Denver. C'est le premier match de Guy Lafleur. Philippe, comment ça se passe ?" Je commence alors à raconter ce qui s'est passé en première période. Au même moment, Lafleur s'élance sur la glace et se dirige en territoire adverse. L'œil tout à coup plus attentif sur la patinoire, je poursuis : "Michel, il vient de sauter sur la patinoire au moment où je vous parle. Oh ! Il est près du filet adverse. Et là, il lance et coooooooompte !!!" »

Constatant que la rondelle a dévié, mais ne sachant pas si cette déviation est l'œuvre d'un coéquipier de Lafleur ou d'un défenseur qui se trouvait à proximité du filet, le journaliste retient son souffle. « J'ai dit à Michel : "On va attendre la confirmation du but." » Au moment où l'annonceur maison s'apprête à lancer le verdict, Cantin tend le téléphone au-dessus de la glace. « *New York Rangers' goal scored by number 10 Guy Lafleur…* »

Même vingt-six ans plus tard, Cantin n'en revient pas de la coïncidence. « Hé ! J'ai décrit le premier but de Guy Lafleur à son retour au jeu, dans un match préparatoire ! » lance-t-il, encore incrédule. « Ce but est survenu à 23 h 5 dans *Bonsoir les sportifs*. Je l'ai raconté au téléphone. Il aurait pu le compter quinze minutes plus tôt ou quinze minutes plus tard... Ce fut un *timing* absolument invraisem-blable. J'en ai encore la chair de poule. »

Lafleur disputera une seule saison dans l'uniforme des Rangers avant de compléter son retour par deux hivers avec les Nordiques de Québec. Au cours de ses trois campagnes, il ajoutera à sa fiche 42 buts et 65 pas-ses en 165 matchs, avant de se retirer de la compétition pour une deuxième fois, au terme de la campagne 1990-1991.

« Je ne pense pas qu'il ait accompli les objectifs qu'il s'était fixés lors de son retour. Il aurait aimé faire mieux, marquer plus de buts. Mais sur le plan personnel, ça lui a permis de faire la paix avec sa carrière. Il ne l'avait pas fait en quittant le Canadien dans les conditions qu'on connaît. C'est important de faire la paix avec son passé, surtout lorsqu'on a connu une carrière comme la sienne. Il a démontré à tout le monde, notamment au Canadien, qu'il était encore capable de jouer. Sans compter qu'il a fait un clin d'œil à Québec en finissant sa carrière avec un chandail des Nordiques sur le dos. Il y est allé avec tout son cœur. Il a donné tout ce qu'il pouvait donner. »

• • •

Cantin fait remarquer que tous les journalistes plus âgés ont leurs pro-pres histoires ou anecdotes concernant Lafleur. « Que ce soit la fois où il a marqué à Boston malgré les menaces de John Wensink [qui avait promis de lui arracher la tête avant le troisième match de la finale de 1977] ou lorsqu'il a fait la grève [au cours de la saison 1978-1979]. Ce qui est particulier, c'est que même si je suis arrivé au moment où il a annoncé sa retraite, je pourrais écrire un livre uniquement sur ce que j'ai moi-même vécu avec lui. »

Un bouquin dont le dernier chapitre serait sans doute consacré à la tournée d'adieu effectuée par le Démon blond avec les Légendes. Une tournée qui a mené Lafleur et une poignée d'anciens joueurs du Canadien et des Nordiques aux quatre coins de la province. Une tour-née qui ne pouvait faire autrement que de se terminer au Colisée, le 27 février 2011, là où tout avait commencé pour ce fils de Thurso, au tournoi pee-wee de 1962. Bien qu'il s'agisse d'un match d'anciens, Cantin, de retour derrière un clavier après avoir été patron à *La Presse* pendant une décennie, tient à y assister.

« C'était important pour moi, même si, au fond, ce match ne voulait rien dire. J'ai trouvé ça particulier de voir son dernier match au Colisée. Pour moi, il retournait dans SON Colisée. » Dans son texte publié le lendemain, Cantin commente en ces mots la troisième retraite de Lafleur : « *Je suis sûr ne pas avoir été le seul, durant le match d'hier, à fermer les yeux et à revoir, au fond de mes souvenirs, les montées à l'emporte-pièce de l'ancien capitaine des Remparts.* »

À propos de...

Philippe Cantin a commencé sa carrière comme correspondant à Montréal pour *Le Soleil* de Québec. En 1988, il s'est joint à *La Presse* où il a été tour à tour journaliste aux sports, correspondant parlementaire, chroniqueur aux sports et chroniqueur à la vie urbaine. Il s'est ensuite joint à la direction de l'information, occupant notamment le poste de vice-président durant sept ans. En 2011, il est revenu à ses premières amours en redevenant chroniqueur aux sports.

27. Une amitié aujourd'hui impensable

Avec la collaboration de Michel Beaudry

Au terme de trois tours de scrutin menés auprès des joueurs, au cours desquels Guy Carbonneau et Chris Chelios ont obtenu chaque fois le même nombre de votes, Serge Savard annonce que durant la saison 1989-1990, le Canadien misera sur deux capitaines.

Carbonneau et Chelios succèdent ainsi à Bob Gainey, parti pour la France à la fin de la saison précédente. En plus de devoir élire un nouveau capitaine, le Tricolore perd les services de Rick Green, qui choisit d'accrocher momentanément ses patins (il disputera une dernière saison complète avec les Red Wings l'hiver suivant), et de Larry Robinson, qui accepte l'offre des Kings de Los Angeles après avoir refusé celle de Savard.

Ces trois départs ouvriront la porte à de jeunes aspirants. Mathieu Schneider sera rappelé de Sherbrooke en cours de saison, alors que Jyrki Lumme pliera bagage pour s'envoler vers Vancouver au mois de mars. Deux autres joueurs, dont il est question dans ce texte, porteront les couleurs du Canadien pendant quelques saisons.

Le camp d'entraînement se déroule rondement chez le Canadien de Montréal en cette fin du mois de septembre 1989. Les départs de Bob Gainey, de Larry Robinson et de Rick Green permettent aux recrues d'espérer obtenir un poste avec les finalistes de la dernière Coupe Stanley. Quelques-unes d'entre elles se sont déjà démarquées, alors que les dernières coupures approchent à grands pas. Utilisé souvent sur les deux premiers trios lors des matchs hors-concours, Stéphan Lebeau, champion marqueur de la Ligue américaine la saison précédente, semble déjà faire partie des plans de l'entraîneur Pat Burns.

À la ligne bleue, la lutte est plus corsée pour le septième poste de défenseur. Mathieu Schneider et Sylvain Lefebvre se disputent cette dernière place disponible au sein de l'équipe. Bien que Lefebvre connaisse un excellent camp, son manque de robustesse en fait un cas incertain à quelques jours du début de la saison.

« Le jeune Lefebvre a été la révélation des derniers jours. La direction du Canadien estime qu'il manque un peu de robustesse – Lefebvre lui-même en convient – mais son talent ne fait pas de doute », peut-on lire, sous la plume de Philippe Cantin, dans *La Presse* du 25 septembre 1989. Ce que tout le monde ignore alors, c'est que le jeune défenseur de 21 ans a un allié de taille du côté des médias. Michel Beaudry, chez qui il crèche en compagnie de Lebeau depuis le début du camp d'entraînement, a vent des reproches de la direction du Canadien.

« Si je me souviens bien, j'avais connu Stéphan et Sylvain au cours de l'été précédent, lors d'un tournoi de golf. On avait joué ensemble. L'amitié s'était développée immédiatement. Même pour nos femmes, lors du souper qui avait suivi, ça avait cliqué. Comme si les atomes étaient déjà crochus », raconte Beaudry, alors membre de l'équipe de télédiffusion des matchs du Canadien à TVA.

Le camp d'entraînement n'est plus que dans quelques jours et les deux Estriens sont à la recherche d'un toit. Ils ne souhaitent pas loger dans l'établissement mis à la disposition des joueurs recrues, là où les blondes et les épouses ne sont pas admises. « Je les ai donc invités à venir habiter chez moi pour la durée du camp. Cependant, je leur ai bien fait promettre de n'en parler à personne. Je travaillais sur le hockey à l'époque à TVA et je ne voulais pas que l'organisation leur fasse de problèmes », indique Beaudry, d'une dizaine d'années leur aîné.

Celui-ci découvre rapidement qu'il a affaire à deux bourreaux de travail. « Sylvain faisait constamment des longueurs dans la piscine, alors que Stéphan s'entraînait sur le côté de la maison. D'ailleurs, chaque matin, en prenant mon déjeuner à la table de la cuisine, je voyais le bout de la tête de Stéphan bondir dans la fenêtre. Pendant une quinzaine de minutes, il travaillait son impulsion et cherchait à améliorer la puissance de ses jambes. »

• • •

Un match intra-équipe entre les Rouges et les Blancs vient de prendre fin à l'Auditorium de Verdun lorsque Beaudry s'approche de Claude Ruel, d'André Boudrias et de Carol Vadnais, trois membres de la direction du Canadien qu'il connaît bien pour les côtoyer déjà depuis quelques années. Ils sont à jaser des joueurs recrues toujours présents au camp, lorsque Ruel, l'un des dépisteurs de l'équipe, déclare : « Lefebvre, on l'aime bien. Il patine bien, mais j'ai l'impression qu'il ne passera pas. Il manque de robustesse. »

« Je n'ai pas dit un mot et je suis allé souper en ville, se souvient Beaudry. Quand je suis rentré à la maison, aux environs de 21 h 30, Sylvain était déjà couché. Puisque je ne pouvais pas le voir le lendemain matin, j'ai demandé à sa femme, Marie-Claire (qu'il avait épousée à l'âge de 19 ans), d'aller le réveiller. Lorsqu'il est arrivé en bas, je lui ai raconté tout ça. Je lui ai dit : "Sylvain ! Demain, c'est *do or die*. Dans le match intra-équipe, il ne faut pas que tu niaises. Il faut que tu en plantes un." »

Lorsqu'il prononce ces paroles, Beaudry est parfaitement au courant du type de joueur qu'est le défenseur de Richmond. Malgré ses 6 pieds 2 pouces et ses 204 livres, il n'a jamais franchi la barre des 50 minutes de pénalité à ses trois saisons dans les rangs juniors, à Laval. Et ses 119 minutes au banc des punitions, l'hiver précédent, à Sherbrooke, le font pratiquement passer pour un ange, dans un circuit où 9 des 10 joueurs les plus punis ont écopé de plus de 300 minutes de punition. « Jeter les gants, ce n'était pas dans la nature de Sylvain. C'est un homme extrêmement doux. C'est un colosse qui n'a aucune malice en dedans de lui », rappelle Beaudry un quart de siècle plus tard. Avant de renvoyer son pensionnaire au lit, il insiste : « Sylvain, tu te bats pour un job dans la LNH. Demain, s'il arrive la moindre affaire, tu joues *tough*. »

« Le lendemain, Lefebvre s'est présenté dans le coin de la patinoire avec un attaquant. Le gars a eu le malheur de le frapper après le coup de sifflet. Sylvain s'est retourné et s'est battu, je pense, pour la seule fois de sa vie. Et ce n'était pas beau à voir. Il a gagné haut la main, rigole Beaudry. Normal ! Il était tellement fort physiquement. »

Quelques jours plus tard, Burns procède aux dernières coupures. Un seul joueur sortira du bureau de l'entraîneur avec son sac d'équipement sur l'épaule : Schneider. Ce dernier sera cependant rappelé le 12 décembre, deux jours avant de disputer le premier de ses 1289 matchs dans la LNH.

La rétrogradation temporaire du défenseur américain confirme que Lefebvre est parvenu, à l'aube de ses 22 ans, à percer la puissante formation du Canadien de Montréal. « On a fait un petit party, mais un peu plus tard, dans la maison de Gaston Gingras, à Pierrefonds, que Sylvain avait louée* », révèle l'animateur.

• • •

Les relations avec Pat Burns, que Lefebvre avait connu à sa première saison avec le Canadien de Sherbrooke, ne sera pas des plus faciles au cours des trois saisons que le jeune joueur passera à Montréal. « Il y a eu des périodes un peu plus difficiles. Par moments, il jouait sur le banc ou carrément dans les estrades. Sylvain avait tellement de pression sur le dos que ça devenait insoutenable, raconte Beaudry. Un moment donné, Sylvain m'a confié qu'il n'aimait plus jouer pour lui. » Quel soulagement pour Lefebvre d'apprendre, le 29 mai 1992, que Burns quitte le Canadien pour aller poursuivre sa carrière d'entraîneur derrière le banc des Maple Leafs de Toronto ! « Enfin, je vais avoir une chance de jouer un peu plus », avait lancé Lefebvre à Beaudry, au bout du fil, lorsque mis au parfum de la nouvelle. Il ne mettra pas de temps à déchanter.

Moins de trois mois plus tard, le 20 août, Lefebvre se trouve sur les allées du Club de golf Sherbrooke où, en compagnie de Lebeau, il tient son tournoi annuel. Jumelé entre autres à Beaudry, le défenseur

---

* Gaston Gingras avait joué pour le Canadien au cours des saisons précédentes. Il arrive à l'occasion que les nouveaux joueurs louent ainsi la maison des anciens.

s'apprête à s'élancer sur le tout premier tertre de départ lorsque la sonnerie de son téléphone retentit. « Au bout de quelques secondes, il est devenu blanc comme un drap », raconte Beaudry. « Qu'est-ce qui se passe ? » lui demande-t-il. Après avoir raccroché, Lefebvre lui répond : « Tu ne croiras jamais ce que je vais te dire. J'ai été échangé… aux Maple Leafs de Toronto. Je m'en vais rejoindre Pat Burns. »

« Sylvain aurait été du genre à faire ce type de blague, alors ça m'a pris au moins cinq trous avant de croire son histoire, indique Beaudry. On ne le savait pas à ce moment-là, mais on a appris plus tard que Burns adorait le style de Sylvain. S'il lui faisait passer des tours à Montréal, c'est que la direction de l'équipe mettait beaucoup de pression pour que Pat donne de la glace à un autre jeune défenseur. » La plus belle preuve en est qu'en deux saisons dans l'uniforme torontois, Lefebvre ne ratera que trois rencontres.

•••

Dans les premiers instants de la séance de sélection de 1994, Lefebvre fait partie d'une transaction impliquant cinq joueurs et deux choix au repêchage. Il prend alors le chemin de Québec en compagnie de Wendel Clark et de Landon Wilson, en retour de Mats Sundin, de Garth Butcher et de Todd Warriner. Les deux équipes échangent également des choix de 1re ronde. L'été suivant, les Nordiques deviennent l'Avalanche du Colorado et, au terme de cette deuxième saison dans l'organisation, Lefebvre soulève la seule coupe Stanley de sa carrière.

Comme le font tous les joueurs qui ont la chance de graver leur nom sur la coupe Stanley, Lefebvre apporte le précieux trophée dans son coin de pays, à son chalet des Cantons-de-l'Est, où il invite parents et amis. Son amitié avec Beaudry ne s'étant jamais amenuisée malgré la distance, il l'invite, avec sa conjointe et son fils Simon, à prendre part à la fête et même à passer la nuit chez lui. « Ça a été tout un party, raconte Beaudry. On a apporté la coupe sur le bord du lac. On l'a promenée en Sea-doo. Sylvain a même fait baptiser sa fille Alexanne, la plus jeune de ses trois enfants, dedans.

« Une fois tout le monde parti, le gardien de la coupe nous a dit de la garder jusqu'au lendemain. Il devait être 23 h, il ne restait plus que nos deux couples sur le balcon lorsque Sylvain est entré dans le chalet.

Il est revenu quelques instants plus tard et m'a lancé : "Va donc voir si Simon dort." Dans la chambre, j'ai constaté que Simon dormait... avec la coupe Stanley. Sylvain avait sorti la coupe de son coffre et l'avait placée à côté de mon fils de 12 ans. Il a passé la nuit avec la coupe Stanley. »

• • •

Les années ont passé, mais cette amitié forgée au détour des années 1990 est demeurée solide. « On se voit moins aujourd'hui, mais quand on se rencontre, c'est toujours la fête. Alors quand je vais chez lui, je finis toujours par dormir là », déclare Beaudry.

Tradition oblige, quelques jours après avoir obtenu la confirmation qu'ils s'étaient taillé un poste avec le Canadien, Stéphan Lebeau (à gauche) et Sylvain Lefebvre ont eu droit à quelques coups de rasoir de la part des vétérans de l'équipe.

Pour un journaliste de la nouvelle génération, pour qui s'adresser à un joueur du Canadien en privé se veut pratiquement un tour de force, les anecdotes de Michel Beaudry semblent tout droit sorties de l'imaginaire du Capitaine Bonhomme. « J'étais tellement proche de ces gars-là [les joueurs du Canadien] que, parfois, j'ai l'impression d'avoir joué avec eux. J'ai voyagé avec Maurice Richard. À l'époque où il était dépisteur du Canadien, Carol Vadnais devançait parfois son itinéraire pour que l'on puisse aller souper ensemble sur la route. Et puis, jusqu'à il y a trois ou quatre ans, Jean Béliveau m'appelait pour jaser le matin. Ce n'est plus possible avec les joueurs d'aujourd'hui. »

Le rythme de vie des hockeyeurs des années 2000 et les millions qu'ils empochent annuellement ne sont pas, selon Beaudry, les seules explications du gouffre créé entre les joueurs du Canadien et les membres des médias. « J'ajouterai un élément important qui, de prime abord, n'a l'air de rien. Non seulement les francophones étaient autrefois plus nombreux, ils étaient également les leaders. Quand, sur le premier trio, tu retrouves Denis Savard, Stéphan Lebeau, Vincent Damphousse ou Pierre Turgeon, ça crée un effet d'attirance. Tous les joueurs voulaient se tenir avec leurs coéquipiers francophones. Kirk Muller voulait se tenir avec les Français. Craig Ludwig voulait être ami avec eux. Il voulait toujours être avec Guy Carbonneau. Donc, c'était facile d'avoir accès à tous les joueurs », explique-t-il. Ainsi, cette proximité avec les joueurs lui a souvent permis d'être mis au parfum de certaines nouvelles avant même que celles-ci ne soient rendues publiques.

Comment quelqu'un qui est censé faire le lien entre les amateurs et leurs idoles parvient-il à tenir sa langue en apprenant des détails que ses confrères se seraient empressés de divulguer ? « Ce qu'il faut d'abord comprendre, c'est que je n'étais pas journaliste, j'étais animateur de télévision pour le hockey. Je n'avais aucun intérêt à sortir des nouvelles, souligne Beaudry. Cela dit, même à l'époque où j'étais *morning man*, j'aurais pu sortir de grosses histoires. Mais la gloire éphémère qu'elles m'auraient apportée m'aurait fait perdre de bons amis. Je considère qu'une amitié, c'est pas mal plus important qu'un scoop. » Surtout lorsque cette amitié, comme celle qu'il entretient avec Sylvain Lefebvre, aujourd'hui entraîneur des Bulldogs de Hamilton, perdure depuis un quart de siècle...

À propos de...

De 1982 à 2004, **Michel Beaudry** a travaillé à la télédiffusion des matchs du Canadien et de la Ligue nationale de hockey à TVA, à TQS et à RDS. Partenaire de jeu et d'entraînement de plusieurs joueurs de la LNH au fil des étés, il a tissé des liens avec plusieurs d'entre eux. Beaudry, qui compte aujourd'hui quarante ans de métier, est journaliste, humoriste, écrivain et animateur. Il signe quotidiennement une chronique d'humeur dans *Le Journal de Montréal*.

28. Jean Béliveau : Monsieur Perfection

Avec la collaboration de Dave Stubbs

La saison 1999-2000 du Canadien en est une de misère. Alain Vigneault en est à sa dernière saison derrière le banc du Tricolore. À la fin du mois de septembre, Saku Koivu succède à Vincent Damphousse à titre de capitaine de l'équipe. Au matin du 11 novembre, le Canadien, qui vient de subir la défaite à 8 de ses 9 derniers matchs, croupit au 28e et dernier rang du circuit Bettman.

Comme si ce n'était pas suffisant, le 29 janvier, Trent McCleary passe à un cheveu de perdre la vie sur la glace du Centre Molson. En tentant de bloquer un tir, l'attaquant reçoit le disque en pleine gorge. Une trachéotomie d'urgence lui sauvera la vie.

L'équipe termine la saison au 10e rang de l'Association de l'Est, à deux points d'une place en séries éliminatoires. La métropole est privée de la fièvre des séries pour un deuxième printemps consécutif. Retraité depuis 1971, Jean Béliveau assiste alors régulièrement aux matchs de l'équipe. On peut le voir prenant place quelques rangées derrière le banc du Canadien, son épouse Élise et quelques invités à ses côtés. Il est fidèle au poste, même si les performances du Tricolore, qui traverse la période la plus creuse de son histoire, sont à cent lieues de celles qui ont permis à Béliveau de remporter 10 Coupes Stanley durant sa carrière.

De toute la confrérie actuelle, Dave Stubbs est celui qui, sans aucun doute, voue la plus grande passion à l'histoire du hockey et de ses légendes. Il n'est pas rare de le voir inonder les réseaux sociaux de photos d'époques et d'éphémérides.

Employé du quotidien anglophone *The Gazette* depuis 1988, Stubbs a commencé à suivre les activités du Canadien en 1994. «J'attends toujours de couvrir mon premier défilé de la Coupe Stanley», lance-t-il en rappelant qu'il a raté la dernière de quelques mois seulement.

Le métier de cet ancien arbitre de la WWF (maintenant devenue la WWE) ne l'a peut-être pas encore amené à pourchasser la fameuse coupe et les joueurs dans les rues du centre-ville de Montréal, mais il lui a permis de développer une étroite relation avec l'un de ceux qui ont paradé le plus souvent en compagnie du précieux trophée: Jean Béliveau. «J'avais environ 13 ans lorsqu'il a joué son dernier match. Il était mon idole. Lorsque je jouais au hockey dehors, je m'appelais Jean Béliveau. À moins de garder les buts; dans ce cas, je prétendais être Rogatien Vachon, un autre héros de mon enfance.»

Un amour et une admiration qui ne se sont jamais estompés, même après le décès de monsieur Béliveau, le 2 décembre 2014. D'ailleurs, au cours des vingt dernières années, Stubbs a profité de la tribune que lui offrait *The Gazette* pour rédiger un nombre incalculable de reportages sur celui qu'il appelait affectueusement le Gros Bill. L'un d'entre eux, écrit à la mi-novembre 1999, le marqua plus que les autres.

• • •

La saison 1999-2000 n'est avancée que de quelques rencontres lorsque l'idée d'assister à un match du Canadien en compagnie de son idole d'enfance lui traverse l'esprit. «Je voulais m'asseoir à ses côtés et voir le match à travers ses yeux. Juste pour comprendre comment il regardait le match et de quelle façon les gens réagissaient à sa présence», explique Stubbs.

Trouvant l'idée intéressante, le plus prolifique marqueur de l'histoire du Tricolore, saison et séries éliminatoires combinées, ne met pas de temps à répondre à la demande. Le 10 novembre, à la veille d'une visite des Mighty Ducks d'Anaheim au Centre Molson, Béliveau contacte le journaliste. Dirigé par Alain Vigneault, le Canadien vient de perdre huit de ses neuf derniers matchs. La seule exception : un verdict nul de 2 à 2 contre les Rangers de New York. Après quatre matchs sur des patinoires adverses, l'équipe revient à Montréal pour trois parties. Elle menace alors dangereusement de dépasser la marque de la concession pour le plus grand nombre de rencontres consécutives sans victoire (12), inscrite en 1926 et en 1935.

« Que penses-tu du match de demain ? Est-ce que ça pourrait être une bonne occasion ? demande Béliveau à Stubbs au bout du fil.

— Certainement, où allons-nous nous rencontrer ? À l'entrée des loges ?

— Non, non. On prendra place dans mes sièges [troisième rangée derrière le banc du Canadien]. Rencontre-moi près du vestiaire une demi-heure avant la rencontre et nous irons nous asseoir ensemble. »

En attendant le célèbre numéro 4, Stubbs arpente le Salon des anciens où se trouvent également Dollard St-Laurent, Phil Goyette, Yvan Cournoyer, Yvon Lambert et Jean-Guy Talbot lorsque l'ancien capitaine fait son entrée, accompagné de sa femme Élise et de la plus jeune de ses deux petites-filles, Magalie, alors âgée de 13 ans.

« De tous les anciens du Tricolore, Jean Béliveau est le seul qui pouvait emprunter le corridor qu'utilisent les joueurs pour sauter sur la patinoire. Les autres doivent se rendre à leur siège par l'ascenseur, précise Stubbs. Alors, tout juste avant que le match commence, nous avons emprunté ce tunnel. Lorsque Jean est monté dans les gradins avec sa femme et sa petite-fille, les regards se sont tournés dans sa direction. Dans cette section de l'amphithéâtre, on pouvait ressentir une vibration magique. Pour certains spectateurs, c'était peut-être la première fois qu'ils venaient au Centre Molson ou la première fois qu'ils étaient assis dans cette section. Ils n'ont pas mis de temps à comprendre qu'ils se trouvaient en présence de quelqu'un de spécial. »

Au cours de cette rencontre, que le Canadien remporte 2 à 1, Stubbs n'a que très peu d'occasions de regarder, tel qu'il le souhaitait, le match à travers les yeux de son hôte. Tout au long de la soirée, des enfants d'une dizaine d'années qui n'ont jamais vu jouer Béliveau, pas même sur pellicule, descendent à sa hauteur pour lui quémander un autographe. « La grande majorité de ceux-ci s'approchaient de Jean, lui tendaient leur billet et lui disaient : "Je ne vous ai jamais vu jouer, mais mon père, oui. Je suis avec lui ce soir et il m'a demandé de venir vous voir. Au retour à la maison, il va assurément me parler de combien vous étiez bon. " Au total, il a dû en signer une trentaine. »

Le deuxième tiers est sur le point de commencer lorsque Stubbs demande à Béliveau s'il regarde encore les matchs avec les yeux d'un joueur, ou si ces années passées loin de la patinoire lui ont permis de prendre un certain recul et de savourer les rencontres avec un œil d'amateur de hockey. « Je regarde les matchs pour le plaisir. Je ne peux plus vraiment décrire ce qui se passe », lui répond la légende. Pourtant, quelques minutes plus tard, Béliveau prédit un jeu qui mènera à une occasion de marquer. « Un défenseur du Canadien s'est emparé de la rondelle derrière son filet. À ce moment précis, Jean a dit : "Le défenseur fera une passe rapide, un des attaquants battra un défenseur de vitesse à la ligne bleue. Quelques coups de patin plus loin, il remettra la rondelle à l'un de ses coéquipiers qui sera positionné dans l'enclave et celui-ci décochera un tir sur réception. "

« Je ne me souviens plus qui étaient les joueurs impliqués, mais bon sang, le jeu s'était déroulé exactement comme Jean l'avait décrit. C'est comme si ses paroles avaient été copiées du tableau dans le vestiaire. Je me suis tourné vers Jean et lui ai dit : "Je pensais que vous ne regardiez les matchs qu'avec les yeux d'un amateur." Avec un sourire de satisfaction, il m'a répondu : "Disons que, parfois, je suis un peu plus qu'un amateur." »

•••

De 1953 jusqu'à ce qu'il soit victime de son premier accident vasculaire cérébral en 2010, Jean Béliveau a répondu au courrier de ses partisans avec une assiduité incomparable. Pendant près de soixante ans, il a répondu aux milliers de lettres qu'il recevait annuellement. « Et il ne faisait pas que gribouiller son nom sur une carte postale ou une carte de hockey. Il écrivait un petit mot à chacun d'eux. J'ai moi-même reçu trois cartes de Noël de Jean, dans lesquelles il me remerciait de lui en avoir envoyé une, souligne Stubbs. Lorsque Élise et lui ont célébré leur 50ᵉ anniversaire de mariage, mon épouse et moi leur avons fait parvenir une carte. En retour, nous avons reçu une carte de remerciement. C'est le genre d'homme qu'il était. »

Même les 36 séances de radiothérapie qu'il subit en 2000 en raison d'un cancer de la gorge ne sont pas suffisantes pour affaiblir sa fidélité.

« Il recevait des centaines de lettres de gens qui vivaient la même chose que lui. Ils lui disaient que le combat qu'il livrait les inspirait dans le leur. Sachant qu'il pouvait faire une différence, il a continué de répondre à ses partisans, raconte le journaliste. D'ailleurs, je lui ai déjà dit que le gars qui avait la meilleure sécurité d'emploi était certainement le facteur qui livrait le courrier chez lui. J'ai l'impression qu'il recevra des lettres éternellement. »

La relation qui unit les deux hommes s'approfondit peu à peu et amène Béliveau à faire bien davantage pour Stubbs que lui envoyer des cartes de Noël. L'année 2002 en est une à oublier pour le journaliste : en plus de pleurer le décès de sa mère, il est terrassé, en novembre, par une crise cardiaque. Stubbs passe une semaine à l'hôpital, le temps que les médecins règlent le problème de façon définitive. « Je venais tout juste de revenir à la maison lorsque le téléphone a sonné. En répondant, ma femme est devenue blanche comme un drap. Après quelques moments d'hésitation, je l'ai entendue dire : " Un moment, monsieur Béliveau. Je vous passe Dave. " Il m'appelait seulement pour prendre des nouvelles. Il n'avait pas à faire ça. Ma femme n'y croit pas encore, même quatorze ans après… »

• • •

Stubbs considère que si Maurice Richard était le cœur du Canadien, Jean Béliveau en a été l'âme. À ses yeux, le hockey n'a jamais eu de meilleur ambassadeur que celui qui fut le capitaine de l'équipe de 1961 à 1971. « Lorsque ses coéquipiers l'ont élu capitaine [après deux tours de scrutin – Bernard Geoffrion et lui avait terminé *ex æquo* lors du premier] au début de la saison 1961, les gens ont commencé à prendre conscience de ce que Béliveau signifiait pour l'équipe », souligne Stubbs.

Cependant, selon le journaliste du quotidien *The Gazette,* il aura fallu la retraite de Richard pour que Béliveau soit reconnu à sa juste valeur. « Il a joué sept saisons dans l'ombre du Rocket. Les gens ont mis quelques années à lui pardonner d'avoir fait poireauter Frank Selke, le directeur général du Canadien, avant de s'amener à Montréal. Mais c'était seulement en raison de la loyauté qu'il avait pour les gens de Québec. D'ailleurs, à sa dernière saison avec les As, il faisait autant d'argent que le Rocket et Gordie Howe, même si ceux-ci évoluaient déjà dans la LNH », poursuit Stubbs.

Ce dernier rappelle toutefois que, vers la fin des années 1950, des amateurs avaient commencé à le huer parce qu'ils le trouvaient nonchalant. «La réalité, c'est que, lorsqu'il a passé ses premiers examens médicaux avec le Canadien en 1953, les médecins ont découvert que son cœur était trop petit pour irriguer adéquatement sa charpente, précise-t-il. Mais la façon dont il jouait et son aisance à diriger le match

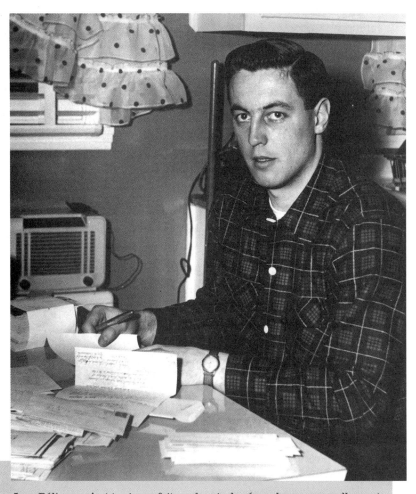

Jean Béliveau s'est toujours fait un devoir de répondre personnellement à toutes les lettres que ses admirateurs lui faisaient parvenir. On le voit ici s'acquittant de cette tâche, à l'âge de 25 ans, à quelques jours de Noël 1956. Crédit: Studios David Bier, Archives *The Montreal Gazette*.

28. Jean Béliveau: Monsieur Perfection

compensaient amplement pour ce handicap. Il était gracieux, contrôlait habilement le disque et était difficile à séparer de la rondelle. »

Les partisans du Canadien ne furent pas les seuls à se poser des questions sur les aptitudes de Béliveau. Lors d'une rencontre avec Gordie Howe à l'occasion d'une soirée tenue en l'honneur de Béliveau le 29 mars 2007, Monsieur Hockey a raconté à Stubbs sa première rencontre avec le célèbre numéro 4. « C'était lors d'un match hors-concours que les Red Wings de Detroit avaient disputé aux As, à Québec. Gordie avait entendu beaucoup de choses à propos de Jean. Il m'a raconté que la crainte qu'il avait, c'était que Béliveau soit trop gentil pour jouer dans la LNH. Il s'est donc dit qu'il allait le tester, qu'il allait le coucher pour voir comment il allait réagir. Lorsque Gordie a frappé Jean, il l'a littéralement écrasé dans la rampe. Béliveau est tombé, s'est relevé dans la seconde qui a suivi et a dit à Gordie : " Bien content de vous rencontrer, monsieur Howe ", puis il est parti. À partir de ce moment, Howe a compris que Béliveau était aussi dur qu'il devait l'être pour réussir. »

• • •

Béliveau jouera 18 saisons dans l'uniforme du Canadien. Au moment d'annoncer sa retraite, le 9 juin 1971, il est l'un des quatre seuls joueurs de l'histoire, avec Maurice Richard, Gordie Howe et Bobby Hull, à avoir franchi le plateau des 500 buts (507). Au cours des dernières semaines de la saison 1970-1971, le Canadien souhaite d'ailleurs organiser, à l'occasion de la visite des Flyers de Philadelphie, une fête pour commémorer l'atteinte de cet important plateau. Béliveau accepte les hommages à la condition que le Canadien en profite pour amasser de l'argent qui sera remis à une œuvre de charité. Le soir du 24 mars, la Fondation Jean-Béliveau voit donc le jour grâce à une récolte de 155 855 $. La fondation demeurera active jusqu'à ce que Béliveau quitte, en 1993, son poste de vice-président aux Affaires sociales de l'équipe. Au cours de son existence, la fondation a amassé plus de 2 millions de dollars.

« Aujourd'hui, lorsqu'un athlète participe à des œuvres de charité ou s'implique dans des causes, on se dit que c'est trop beau pour être vrai. Puis, le temps passe, un scandale éclate et finit par nous donner raison. Or, Jean Béliveau était aussi bon et même meilleur que ce que l'on pouvait croire, soutient Stubbs. Il a passé toute sa vie sous les réflecteurs.

Même avant qu'il arrive à Montréal en 1953, il était une personnalité en vue. Sa femme a déjà reconnu, avec raison, qu'elle a toujours dû le partager avec le public. Pourtant, on ne l'a jamais vu faire un faux pas. On dit que la perfection n'est pas de ce monde, mais si quelqu'un peut s'en approcher, c'est bien Jean Béliveau. »

À propos de...

Dave Stubbs est journaliste sportif depuis 1976. Il a couvert 13 Jeux olympiques, plusieurs séries de la Coupe Stanley, des Grands Prix de formule 1, des matchs de la Coupe Grey et des saisons du baseball majeur. Il se spécialise dans les histoires permettant de connaître des facettes plus personnelles de la vie des athlètes. En 2008, il a remporté le trophée George-Gross, un honneur qui récompense annuellement le travail d'un journaliste canadien.

29. À un cheveu de l'abandon

Avec la collaboration de Pierre Durocher

Au début de la saison 2004-2005, propriétaires et joueurs sont incapables de s'entendre sur les clauses d'une nouvelle convention collective. Le 16 février 2005, Gary Bettman annonce l'annulation complète de la saison. Les deux parties en viennent finalement à un accord le 13 juillet de la même année, au bout de 301 jours de conflit.

Le 22 juillet, la LNH procède à un tirage au sort pour déterminer quelle équipe obtiendra le tout premier choix du repêchage. Les Penguins de Pittsburgh ont la main heureuse et sélectionnent Sidney Crosby. Le Canadien, qui réussit à se hisser jusqu'au cinquième rang, jette son dévolu sur Carey Price.

Entre-temps, sans hockey de la LNH à se mettre sous la dent, les quotidiens et réseaux de télévision doivent se rabattre sur d'autres options pour remplir leur bulletin de nouvelles. À l'instar des joueurs, quelques-uns s'expatrieront quelques jours en Europe. D'autres choisiront de jeter un œil du côté de la Ligue américaine.

Lorsque Gary Bettman déclenche un lock-out le 16 septembre 2004, rares sont ceux qui croient que le conflit perdurera. Plusieurs observateurs sont d'avis que la Ligue nationale de hockey et son Association des joueurs parviendront à s'entendre, comme cela avait été le cas en janvier 1995, au moment d'atteindre la date de non-retour. Mais, contrairement au conflit précédent, Bettman et les gouverneurs refusent de reculer. Tant et si bien que le 16 février 2005, le commissaire de la LNH annule la saison. Pour la première fois depuis 1919, année où l'épidémie de grippe espagnole avait forcé l'annulation de la finale, aucune équipe ne soulèvera la coupe Stanley.

Au cours de cet hiver, convaincus de voir leur syndicat s'entendre avec la partie patronale, les joueurs de la LNH s'assurent de garder la forme. Au Québec, la caravane McDonald fait la tournée des régions. Les amateurs de hockey québécois ont ainsi la chance de voir à l'œuvre ceux qu'ils admirent habituellement au petit écran. Les joueurs d'origine européenne demeurent dans leur pays, parvenant, pour la vaste majorité, à dénicher des contrats temporaires avec les équipes de leur ville natale ou avec celles qui les ont formés avant qu'ils ne soient repêchés dans la LNH. Quant aux Nord-Américains qui sont toujours régis par les termes de leur contrat d'entrée de la LNH ou qui possèdent des contrats à deux volets, ils sont admissibles à évoluer pour l'équipe-école de leur formation respective.

• • •

En novembre, Pierre Durocher propose au *Journal de Montréal* de suivre les Bulldogs de Hamilton, équipe-école du Canadien, le temps d'un séjour sur la route. Habitué aux voyages en avion et aux grands hôtels, le journaliste vétéran voit la réalité de la Ligue américaine le frapper de plein fouet. L'itinéraire des Bulldogs prévoit trois matchs en trois soirs, dans autant de villes différentes.

«L'équipe est partie le matin du premier match. Le vendredi soir, les Bulldogs ont joué à Syracuse, le samedi à Rochester et le dimanche à Wilkes-Barre. Hé! Wilkes-Barre, ce n'est même pas dans le même bout! C'était hallucinant», se souvient-il. Une balade de 1327 kilomètres entre le sud de l'Ontario, l'État de New York et le nord-ouest de la Pennsylvanie, qui totalisait, une fois les quatre segments du voyage réunis, plus de quatorze heures d'autocar. C'est au cours de ce périple que Durocher fait la connaissance d'un jeune joueur d'origine tchèque qui deviendra un élément important du Canadien au cours de la décennie suivante : Tomas Plekanec.

« On était au mois de novembre. Plekanec était le meilleur marqueur de l'équipe. Luc Laforce, le photographe qui m'accompagnait, l'avait photographié en train de dormir. Il était toujours tout seul, assis derrière moi, constamment dans sa bulle », raconte Durocher. Ce dernier soutient qu'il avait été surpris par la maturité du jeune attaquant, âgé à l'époque de 22 ans. « C'était un gars tellement sérieux. Les autres, ça niaisait dans le fond de l'autobus. Il y avait des gars comme Ron Hainsey pour qui la vie était belle. Il avait eu son argent, alors il se croyait en affaires. Il se voyait très gros. Plekanec, c'était tout le contraire. »

En fait, le Tchèque doute tellement de ses moyens qu'il demande même aux deux représentants du *Journal* ce qu'ils pensent de lui. « Il m'a demandé si je pensais qu'il était de calibre pour la LNH. "Hé ! T'es le meilleur pointeur des Bulldogs !" Il m'a répondu : "Tu sais, ça ne veut rien dire. Ça fait trois saisons que je suis ici." »

Durocher affirme qu'au cours de ce week-end à sillonner les patinoires de la Ligue américaine, Plekanec est celui qui l'a le plus impressionné. « Chaque fois que Luc prenait des photos d'action, c'est toujours Plekanec qui ressortait du groupe. On avait de superbes photos de lui avec le feu dans les yeux. C'était de loin le meilleur patineur de cette équipe et sûrement un des meilleurs de la Ligue américaine. Nous, on se disait qu'il allait assurément jouer dans la LNH, alors que lui, il se posait des questions », ajoute-t-il, encore incrédule.

• • •

Si Plekanec s'interroge sur son avenir, c'est que le Canadien compte déjà quatre joueurs de centre au sein de sa formation : Saku Koivu, le capitaine, Mike Ribeiro, un athlète talentueux, Radek Bonk, que Bob Gainey avait acquis des Kings avec Cristobal Huet en retour de Mathieu Garon et d'un choix de 3ᵉ ronde au cours de l'été précédant le déclenchement du lock-out, et Steve Bégin, dont le mandat était de s'occuper des missions défensives. « Il avait fallu secouer Plekanec et lui faire comprendre que lorsque le conflit se terminerait, le Canadien lui donnerait sa chance », se souvient Durocher.

Les encouragements du journaliste et du photographe ne font guère effet. Lors d'une autre entrevue, accordée au cours des dernières semaines de la saison, Plekanec exprime de nouveau ses inquiétudes. « Il avait 22 ans et voyait une congestion à la position de centre chez le Canadien. Son contrat venait à échéance et il n'avait aucune idée des plans que le Canadien lui réservait. Il m'avait même confié qu'il n'était pas intéressé à disputer une quatrième saison à Hamilton : "À ce compte-là, je préférerais jouer avec l'équipe de ma ville natale, Kladno, en République tchèque." »

Venant d'un joueur qui s'apprêtait à terminer au premier rang des pointeurs de son équipe pour une deuxième saison consécutive et que la Ligue américaine avait élu, quelques semaines auparavant, joueur par excellence du match des étoiles, une telle déclaration avait de quoi surprendre. « Plekanec avait toujours besoin d'être rassuré. Il n'y a pas beaucoup de joueurs qui vont demander à un journaliste s'il a ce qu'il faut pour la LNH », poursuit Durocher, dont la carrière s'étale sur quelques décennies. « Dans leur tête, ils méritent tous d'être dans la LNH et ils ne doutent pas de leurs moyens. »

Durocher a toujours eu l'impression que Plekanec, qui était le seul Tchèque de cette équipe, ne souffrait peut-être pas uniquement d'un complexe d'infériorité. « Il avait assurément le mal du pays. Sans compter que, pour un Européen, Hamilton est une ville assez déprimante, explique-t-il. Hamilton, pour un joueur de hockey, c'est un purgatoire. Ce n'est pas une ville très chaleureuse. Pas facile de survivre à Hamilton et de parvenir à ne pas laisser son moral être affecté l'hiver, lorsque les cheminées des aciéries crachent sans arrêt et que la ville se retrouve constamment sous un dôme de fumée. Les gars ont tous hâte de sortir de là et d'aller jouer dans la LNH. C'est assez dur de garder le moral. Il y en a plusieurs qui ne sont pas capables. »

Le purgatoire de Plekanec prend fin le 16 août, alors que le Canadien lui consent une entente de deux saisons d'une valeur de 900 000 $. Un contrat à un seul volet* qui lui assure pratiquement de demeurer avec

---

* Selon ce type de contrat, un joueur touchera le même salaire peu importe s'il joue dans la LNH ou s'il est rétrogradé dans la Ligue américaine.

le grand club. « J'étais au camp d'Équipe Canada qui se préparait pour les Jeux olympiques de Turin. Je roulais dans les Rocheuses, entre Vancouver et Kelowna, lorsque le Canadien a annoncé quelques signatures de jeunes, raconte Durocher. J'avais demandé à Dominick Saillant [directeur des relations de presse du Canadien] de parler personnellement à Plekanec, qui m'a appelé. J'ai arrêté le véhicule sur le bord de la route en plein milieu des Rocheuses. Je lui ai dit combien j'étais content pour lui. Il était tellement fier. C'était un gros point de gagné. »

Pendant que ses coéquipiers des Bulldogs profitent du voyage en autocar pour s'amuser, Tomas Plekanec préfère récupérer. « Plekanec était le meilleur marqueur de l'équipe. Il était toujours tout seul, constamment dans sa bulle », confie Pierre Durocher.

Plekanec jouera 67 matchs à sa première saison à Montréal. Il récoltera 9 buts et 20 passes pour un total de 29 points, soit 6 de plus que Bégin, mais surtout 8 de plus que Bonk, tous deux pourtant considérés comme des valeurs sûres au centre de la patinoire. Ce dernier avait cependant raté plusieurs matchs en raison d'une blessure à l'aine.

• • •

À l'exception de deux matchs en 2005-2006, Plekanec n'enfilera plus jamais les patins pour jouer dans la Ligue américaine. Au cours des neuf saisons suivantes, le Tchèque s'est hissé au rang de joueur de premier plan de l'organisation du Canadien. Certains considèrent qu'il est l'attaquant le plus complet de cette formation, pouvant à la fois s'occuper de tâches offensive et défensive. Curieusement, au moment où il s'inquiétait de son avenir, il avait indiqué que sa principale lacune était son jeu défensif.

« Pourtant, Doug Jarvis [son entraîneur à Hamilton] trouvait que c'était son joueur le plus complet. Il lui confiait des tâches tant en supériorité qu'en infériorité numérique, souligne Durocher. Contrairement à plusieurs autres, c'est un des beaux cas d'attaquants que le Canadien a développés. On peut penser à Guillaume Latendresse : il n'est pas passé par la Ligue américaine et ça a peut-être manqué à son développement. Plekanec a fait trois saisons complètes à Hamilton. C'est un joueur que le Canadien a bien développé. Il était lui-même très consciencieux. Il n'était pas dans l'autobus pour jouer à des jeux vidéo et rigoler. Il était là pour la *business*. »

Cela dit, la porte s'est ouverte juste au bon moment. N'eût été le contrat offert par Gainey en 2005, le Tchèque serait retourné dans ses terres natales. Le Canadien n'aurait jamais pu profiter de ses services.

• • •

Il semble que le destin de Plekanec se trouvait bel et bien à Montréal, car le Canadien avait failli le perdre à une autre occasion. Le 2 mars 2004, à l'approche de la date limite des transactions, le Tricolore acquiert les services d'Alex Kovalev. En retour du vétéran, Gainey offre à Glen Sather la possibilité de choisir entre Plekanec et Jozef Balej, les deux meneurs dans la colonne des pointeurs des Bulldogs. Le directeur général des Rangers jette son dévolu sur Balej, un ailier slovaque de 6 pieds et 194 livres.

Balej, qui avait disputé quatre matchs à Montréal plus tôt cette saison-là, termine la campagne avec les Rangers, avec qui il enregistre 5 points, dont 1 but, en 13 matchs. Il s'agira de son seul véritable séjour dans la LNH. Au retour du lock-out, il ne jouera qu'un autre match dans la LNH, avec les Canucks de Vancouver, en 2005-2006.

« Tu en rencontres, des joueurs, chez les juniors et dans la Ligue américaine, qui pensent qu'ils feront la LNH et qu'ils connaîtront beaucoup de succès. Puis, finalement, ça ne débloque pas. Pour Plekanec, ça a débloqué. » D'ailleurs, mis à part le Tchèque, Ron Hainsey, Chris Higgins, Mike Komisarek et Andreï Kostitsyn, aucun joueur de cette équipe (sans compter les joueurs descendus dans la Ligue américaine en raison du lock-out de la LNH) n'a connu une carrière régulière dans la LNH.

Au sein des Bulldogs, on retrouvait Jason Ward, qui avait été un choix de 1re ronde, et Cory Urquhart, « qui avait été un fiasco. Il avait été un choix de 2e ronde, un gros joueur de centre de 6 pieds 3 pouces comme on en rêvait à Montréal. Il n'a pas disputé un seul match dans la LNH. Même dans la Ligue américaine, il n'a rien fait ».

Les Bulldogs alignaient également quelques Québécois : Jonathan Ferland, Marc-André Thinel, Philippe Plante, Michaël Lambert et Yann Danis. « De toute cette gang-là, c'est Plekanec qui a eu la plus belle carrière. La morale de l'histoire, c'est que ça peut basculer facilement. Le Canadien aurait pu le perdre deux fois. » Et ainsi être privé d'un joueur qui, au moment de la rédaction de ce livre, avait disputé 679 matchs dans la LNH, tous dans l'uniforme du Canadien, et amassé 439 points, dont 176 buts…

À propos de…

Pierre Durocher est à l'emploi du *Journal de Montréal* depuis 1975. Il a couvert le Canadien et le hockey de la LNH de 1988 à 1992 et de 2002 à 2011. Il a aussi couvert les Expos de 1979 à 1988, ainsi que les Alouettes en 2012 et 2013. De plus, il a eu la chance de couvrir huit Jeux olympiques. Il réalise aujourd'hui des reportages spéciaux et de longues entrevues avec des athlètes et des dirigeants dans tous les domaines sportifs.

30. Le trésor de Saku

Avec la collaboration de John Lu

Choix de 1re ronde du Canadien en 1993, Saku Koivu a disputé 1124 matchs en 18 saisons dans la LNH. Promis à un bel avenir, le Finlandais a subi quelques blessures qui ont eu pour effet de ralentir sa progression.

Cela ne l'a pas empêché de devenir la coqueluche des amateurs et de succéder à Vincent Damphousse, à l'aube de la saison 1999-2000, à titre de capitaine de l'équipe. Vingt-septième joueur de l'histoire du Canadien à porter le « C » sur son chandail, il a occupé cette fonction jusqu'à l'été 2009, moment où la direction du Canadien a choisi de couper les ponts avec lui. Son règne de dix ans ayant été entrecoupé par une saison de lock-out, il a donc été le capitaine du Tricolore pendant neuf saisons, soit une de moins que Jean Béliveau.

Koivu était déjà profondément aimé des partisans du Canadien. Mais le cancer qu'il a combattu et vaincu au cours de l'hiver 2001-2002 a élevé cet amour à un autre niveau. Dès lors, il est devenu un exemple de courage et de détermination pour tous ceux qui ont été frappés par cette terrible maladie.

Comme Lance Armstrong et Mario Lemieux avant lui, Saku Koivu est devenu instantanément, aux yeux du public, la preuve tangible qu'il est possible de vaincre le cancer. Capitaine de la plus prestigieuse équipe de l'histoire du hockey, le Finlandais a rapidement constaté que son magnétisme ne s'arrêtait pas aux frontières du Québec. Journaliste de TSN, John Lu fut un témoin privilégié de ce phénomène.

«David Moore junior est le plus grand partisan du Canadien que j'ai connu. Il est également le plus grand ami que le cancer m'a pris. Le cancer de la glande thyroïde l'a emporté à l'âge de 47 ans, en avril 2008, après quatre ans de lutte. S'il avait été correctement évalué dès le départ par ses médecins, il aurait peut-être pu suivre le traitement adéquat pour la forme de cancer dont il souffrait. Il aurait sans doute bénéficié de quelques années de plus. Peut-être même serait-il encore des nôtres aujourd'hui, indique Lu. Malheureusement, nous ne le saurons jamais. Tout ce qui nous reste, c'est la réalité. Cette réalité qui se traduit par des souvenirs impérissables du père, du fils, du frère, de l'oncle et de l'ami à la passion débridée pour le Canadien qu'il était», poursuit-il. Un amour indéfectible, que le Tricolore et son capitaine lui rendront dans les années d'incertitude et de souffrance qui marqueront la fin de sa vie.

• • •

Avril 2004. Quelques semaines se sont écoulées depuis que Moore a reçu le terrible diagnostic. Le sachant condamné, des amis et des membres de sa famille organisent différents événements dans le but de récolter de l'argent pour les futures études de ses deux adolescentes, Chelsey et Alyx.

Connaissant la passion de son ami pour le Tricolore et, surtout, pour Koivu, Lu, alors basé à Toronto, téléphone à Michael Whalen, son collègue montréalais affecté à la couverture du Canadien. «Je lui ai demandé de m'aider à obtenir des chandails autographiés que nous pourrions vendre à ces soirées de financement. Michael s'est empressé de s'informer auprès du département de relations publiques du Canadien», raconte le journaliste. La réponse, qui ne tarde pas, dépasse toutes les attentes de Moore et de sa famille.

Assis sur le balcon de sa résidence de St. Catharines, en Ontario, Moore et les siens tentent encore de digérer l'élimination du Canadien en quatre matchs par le Lightning de Tampa Bay, lorsqu'un camion de messagerie se stationne devant la maison. Le livreur s'approche de Moore avec, en main, une boîte en provenance de Montréal. À l'intérieur, l'homme de 43 ans découvre une casquette du Canadien signé de la main de Koivu, de même qu'une lettre manuscrite. «C'était une lettre d'encouragement. Même si son équipe venait de subir l'élimination, Koivu, un fier compétiteur, avait pris le temps d'écrire à un partisan qui traversait la difficile épreuve qu'il avait lui-même dû traverser quelques années auparavant. Touché, David n'a pu retenir ses larmes», se souvient son ami.

Moore et Lu l'ignoraient à ce moment, mais cette lettre allait être le premier d'une série de gestes de compassion de Koivu envers le malade et sa famille, au cours des sept années suivantes.

• • •

Depuis quelques saisons, le père de famille profite du week-end du Super Bowl, au cours duquel le Canadien dispute deux matchs en après-midi, pour assister à des rencontres de son équipe fétiche. Fidèle à son habitude, Moore se pointe au Centre Bell, en cette matinée du 3 février 2007. Sauf que, cette fois, il n'est pas accompagné d'amis ni d'associés. Pour cette visite des Islanders (et celle des Penguins prévue le lendemain), Moore a lancé l'invitation à son frère Shadoe, à ses sœurs Darlene et Cairn, ainsi qu'à son neveu Josh. «Ils étaient tous des partisans invétérés du Canadien, spécialement Darlene, la sœur jumelle de David. Une passion héréditaire. Il est clair que David Moore père était parvenu à transmettre à ses descendants la passion qu'il a entretenue pendant tant de décennies pour le Canadien», lance Lu, un large sourire sur le visage.

«Pour la visite du clan Moore en 2007, j'avais organisé, avec l'aide du Canadien, une rencontre entre David et Saku, explique le journaliste. L'équipe lui avait permis d'être accompagné d'une personne. Même si Darlene aurait tout donné pour être son accompagnatrice, elle a donné à son fils [le neveu de David] la chance de rencontrer le capitaine de l'équipe.»

Le Canadien vient de baisser pavillon 4 à 2 aux mains des Islanders lorsque Moore et son neveu se pointent à proximité du vestiaire de leurs favoris. Ébranlé lors du match précédent à Pittsburgh à la suite d'une mise en échec de Colby Armstrong, Koivu doit demeurer à l'infirmerie pour y subir des traitements, ce qui permet aux deux partisans de rencontrer pratiquement tous les joueurs. Un par un, ceux-ci défilent devant eux, s'arrêtant chaque fois pour autographier leur chandail ou pour se faire tirer le portrait.

«Lorsque David a finalement rencontré Saku, il était sans voix. Je pouvais percevoir chez cet homme de 45 ans l'émerveillement et la nervosité d'un gamin qui rencontre son idole, raconte Lu. David cherchait ses mots. Amusé, je regardais mon ami. J'avais envie de lui dire : "Allez, David! Dis quelque chose!" Puis, il a réussi à retrouver ses esprits. Il a remercié Saku pour l'inspiration qu'il lui procurait dans sa lutte contre le cancer. Saku a souri et a gentiment échangé quelques mots avec David et Josh avant de se laisser prendre en photo avec eux. David s'en est voulu d'avoir été aussi maladroit avec Saku, mais c'était

Un peu plus d'un an avant son décès, David Moore fils (à gauche), accompagné de son neveu Josh, a vécu un moment empreint d'émotion en rencontrant son idole et inspiration, Saku Koivu.
Crédit : Archives de la famille Moore

compréhensible. Ce moment était empreint de tellement d'émotions. Des émotions amplifiées, en plus, par la lutte que David livrait, depuis trois ans, à la maladie. Il ne voulait pas trop entrer dans les détails personnels, de peur de s'effondrer devant son idole. »

• • •

Quatorze mois s'écoulent. En ce début des séries éliminatoires de 2008, les Montréalais sont gonflés à bloc. Champion de l'Association de l'Est, le Tricolore vient d'éliminer les Bruins, ses grands rivaux, au terme d'une série coriace de sept rencontres. Au tour suivant, la troupe de Guy Carbonneau poursuit sur sa lancée. Elle divise les honneurs lors des deux premiers matchs contre les Flyers de Philadelphie. La série est sur le point de se transporter dans la ville de l'amour fraternel lorsque John Lu, s'affairant dans sa chambre d'hôtel, reçoit le coup de fil qu'il redoutait depuis longtemps. Après une lutte acharnée de quatre ans, son ami vient de rendre les armes.

« En apprenant la mort de David, j'ai ressenti une vive douleur et beaucoup de tristesse. Instinctivement, je me suis dit que je devais en parler à Saku », se souvient le journaliste qui, après avoir été transféré à Montréal au mois de septembre précédent, complétait sa première saison sur la couverture du Canadien. Conscient de l'enjeu de la série et sachant qu'il y a deux jours de congé entre les troisième et quatrième matchs, Lu choisit de patienter jusqu'à ce moment pour partager cette triste annonce avec le Finlandais.

« J'ai eu beaucoup de difficulté à lui annoncer la nouvelle. J'étais incapable de parler. Constatant mon désarroi, alors que les mots demeuraient coincés au fond de ma gorge, il m'a serré la main et a fermement agrippé mon avant-bras avec sa main gauche pour me consoler et me rassurer. J'étais incapable de le regarder. Puis, lorsque j'ai finalement trouvé la force de lever les yeux, j'ai vu des larmes dans les siens. Saku a offert ses condoléances à la famille Moore, mais il n'avait pas besoin de dire quoi que ce soit. Sa compassion et son empathie parlaient d'elles-mêmes », ajoute-t-il.

• • •

La vie a beau continuer, la perte de David est toujours difficile à accepter pour les Moore, même trois ans plus tard. «Darlene avait encore de la difficulté à composer avec le décès de son frère jumeau. À l'approche de son 50e anniversaire de naissance, en mars 2011, la famille m'a demandé s'il était possible d'obtenir, de quelque façon que ce soit, des souhaits d'anniversaire de la part de Saku», mentionne Lu. Or, le hasard veut que Koivu, qui porte désormais l'uniforme des Ducks d'Anaheim, effectue son retour à Montréal quelques semaines avant les célébrations.

Malgré le cirque qui s'active autour de l'ancien joueur du Canadien et la présence d'une multitude de médias lors de son point de presse, l'équipe de relations publiques des Ducks accepte de donner à Lu quelques instants supplémentaires, seul avec le numéro 11. «Après lui avoir fait un résumé rapide de la situation, je lui ai demandé s'il accepterait de livrer un bref souhait d'anniversaire à Darlene. Rien de compliqué. Une seule phrase aurait suffi. Saku a plutôt choisi de lui offrir un message de félicitations et d'encouragements, livré avec chaleur et sincérité. Ça valait tout l'or du monde pour cette fan qui pleurait toujours le départ de son frère. En regardant le message au cours de la fête soulignant son 50e anniversaire, elle a pleuré et ri en même temps, souligne Lu.

«Pour moi, les résultats, les matchs et les conférences de presse importent peu. Je préfère, et de loin, les histoires qui révèlent l'être humain à son meilleur. Dans cette catégorie, Saku Koivu m'a donné un trésor de souvenirs impérissables qui n'avaient rien à voir avec ce qui se passait sur la glace, mais plutôt avec la grande personne qu'il est. Merci également à Frédéric Cardinal, à Geneviève Paquette et à Dominick Saillant, des employés du Canadien qui ont travaillé dans l'ombre pour que ces beaux moments se réalisent», conclut-il.

À propos de...

Originaire de Vancouver, **John Lu** est reporter sportif pour le réseau TSN et affecté à la région montréalaise. Son mandat consiste, en grande partie, à couvrir les activités du Canadien et des Alouettes de Montréal. À sa feuille de route, il compte quelques finales de la Coupe Stanley, des Super Bowl, des matchs de la Coupe Grey, des séries mondiales ainsi que plusieurs tournois de hockey internationaux.

Sur le beat du Canadien

Références

BRUNEAU, Pierre et Léandre NORMAND. *La glorieuse histoire des Canadiens,* Montréal, Éditions de l'Homme, 2003, 744 pages.

SERVICE DES COMMUNICATIONS DU CLUB DE HOCKEY CANADIEN. *Guide de presse 2013-2014 des Canadiens de Montréal,* Montréal, Éditions de l'Homme, 2013, 600 pages.

MOUTON, Claude. *Toute l'histoire illustre et merveilleuse du Canadien de Montréal,* Ottawa, Éditions La Presse, 1986, 257 pages.

THE NATIONAL HOCKEY LEAGUE. *The National Hockey League Official Guide & Record Book 2014,* Toronto, Diamond Sports Data, 2013, 675 pages.

Collective Bargaining Agreement, 2005, New York, 475 pages.

Une taupe bien renseignée

DUROCHER, Pierre. «C'est pas mal dur à digérer», *Le Journal de Montréal,* 27 février 1995, p. 84.

DE FOY, Marc. «Savard parlerait surtout aux Sabres et aux Islanders», *Le Journal de Montréal,* 4 avril 1995, p. 95.

DE FOY, Marc. «"Je ne désirais pas jouer ailleurs"», *Le Journal de Montréal,* 6 avril 1995, p. 93.

LECLERC, Mario. «"Je suis à l'aise dans mon nouveau chandail"», *Le Journal de Montréal,* 6 avril 1995, p. 94.

DUROCHER, Pierre. «Le public paie très cher pour voir ces joueurs… et ils vont jouer en masse», *Le Journal de Montréal,* 6 avril 1995, p. 95.

DE FOY, Marc. «Kirk Muller refuse de se joindre aux Islanders», *Le Journal de Montréal,* 8 avril 1995, p. 110.

DE FOY, Marc. «Kirk Muller se rapportera aux Islanders aujourd'hui», *Le Journal de Montréal,* 9 avril 1995, p. 94.

Une cigarette payante

LECLERC, Mario. « Opéré aux tendons extenseurs de la main gauche, Audette ratera le reste de la saison », *Le Journal de Montréal,* 3 décembre 2001, p. 110.

FOISY, François. « Donald a été chanceux dans sa malchance », *Le Journal de Montréal,* 4 décembre 2001, p. 111.

CANTIN, Philippe. « Le véritable héritage de Saku Koivu », *La Presse,* 19 janvier 2011, p. S1

Des « K » spéciaux

LABBÉ, Richard. « Le 33 retiré en novembre », *La Presse,* 29 août 2008, p. S1.

DUROCHER, Pierre. « Carbo : mon meilleur coup », *Le Journal de Montréal,* 13 janvier 2009, p. 100.

LEMENU, François. « Bob Gainey invite Kovalev à aller réfléchir chez lui », La Presse canadienne, 18 février 2009.

LECLERC, Martin. « La culpabilité par association », *Rue Frontenac,* 20 février 2009.

LAGACÉ, Patrick, TOUZIN, Caroline et André CÉDILOT. « Vodka, femmes et voitures de luxe », *La Presse,* 20 février 2009, p. A2.

PIGEON, Marc. « Dans les coulisses d'un tourbillon », *Le Journal de Montréal,* 21 février 2009, p. 4.

« Notes pour une allocution du maire de Montréal, Monsieur Gérald Temblay. Inauguration de l'avenue des Canadiens-de-Montréal », 9 octobre 2009.

SANTERRE, David. « L'ami des Kostitsyn et sa bande envoyés au cachot », *La Presse,* 19 mars 2014, p. A16.

Quand les masques tombent

BRUNET, Mathias. « Comme réponse, un œuf ! », *La Presse,* 3 octobre 1994, p. S3.

BRUNET, Mathias. « Keane, le nouveau capitaine : "Pourquoi apprendre le français ?" », *La Presse,* 12 septembre 1995, p. S2.

BLANCHARD, Michel. « Le Canadien vient de poser un geste *(sic)* carrément inacceptable », *La Presse,* 13 septembre 1995, p. S3.

BRUNET, Mathias. « "Je suis désolé" – Mike Keane », *La Presse,* 14 septembre 1995, p. A1.

BRUNET, Mathias. « "Quand Yvan parle, on rit!" », *La Presse,* 15 novembre 1996, p. S3.

BRUNET, Mathias. « Maudite gang de crosses... », *La Presse,* 16 novembre 1996, p. G1.

Le scoop d'une carrière

LAPOINTE, Tom. *Mes mille et une vies,* Montréal, Éditions des Intouchables, 2007, 362 pages.

LAPOINTE, Tom. « Nous sommes des adultes et nous nous aimons », *La Presse,* 16 juillet 1988, p. A1-2.

LAPOINTE, Tom. « Wayne, selon Janet », *La Presse,* 16 juillet 1988, p. E1.

LAPOINTE, Tom. « Pourquoi Gretzky n'irait-il pas jouer avec les Kings? », *La Presse,* 3 août 1988, p. S6.

TURBIDE, André. « L'échange de Gretzky aux Kings : tout est en place », *La Presse,* 9 août 1988, p. S5.

FISHER, Red. *« Has Lafleur played his last game? »,* *The Gazette,* 26 novembre 1984, p. A1.

De Lemaire à Perron : une transition houleuse

THE GAZETTE. « Perron is new coach of habs; Lemaire ends role behind bench », *The Gazette,* 30 juillet 1985, p. A1.

PRESSE CANADIENNE. « Une formation méconnaissable », *Le Journal de Montréal,* 10 octobre 1985, p. 122.

PEDNEAULT, Yvon. « Patrick Roy sera devant le filet », *Le Journal de Montréal,* 10 octobre 1985, p. 123.

PEDNEAULT, Yvon. « Nilan a posé un geste *(sic)* qui n'a pas sa place au hockey », *Le Journal de Montréal,* 15 octobre 1985, p. 117.

FISHER, Red. « Perron gets tough after Canadiens' 'nightmare' loss », *The Gazette,* 21 mars 1986, p. C7.

FISHER, Red. « General manager Savard unleashes salvo at Habs », *The Gazette,* mars 1986, p. H3.

PEDNEAULT, Yvon. « Soetaert est confus! », *Le Journal de Montréal,* 22 mars 1986, p. 110.

JOHNSTON, David. « Habs' hopes ride with French Connection », *The Gazette,* 1er avril 1986, p. C3.

KING, Ronald. « Priorité au polissage défensif », *La Presse,* 2 avril 1986, p. S3.

PEDNEAULT, Yvon. « S'il veut le respect de ses joueurs, qu'il les respecte d'abord… », *Le Journal de Montréal*, 22 janvier 1988, p. 87.

SARAULT, Jean-Paul. « Perron congédié… à cause d'un lampadaire », canoe.ca, 1er février 2009.

LACHAPELLE, Marc. « Bombe chez les Devils : Jacques Lemaire annonce sa retraite », *Rue Frontenac*, 26 avril 2010.

Un mauvais casting pour Carbonneau

DE FOY, Marc. « Kovalev a passé sa frustration sur Bégin », *Le Journal de Montréal*, 24 décembre 2005, p. 125.

GODIN, Marc-Antoine. « Période trouble », *La Presse*, 10 février 2007, p. S5.

DE FOY, Marc. « Le Canadien se complique la vie », *Le Journal de Montréal*, 15 février 2007, p. 118.

LAFLAMME, Robert. « Koivu admet que Carbonneau n'était pas un grand communicateur », La Presse canadienne, 10 mars 2009.

Un drame évité de justesse

DUROCHER, Pierre. « Embardée fatale », *Le Journal de Montréal*, 1er novembre 1999, p. 110.

DUROCHER, Pierre. « Destin cruel », *Le Journal de Montréal*, 1er novembre 1999, p. 111.

MYLES, Brian et Guillaume BOURGAULT-CÔTÉ. « Blessure de Pacioretty – Molson en furie contre la LNH », *Le Devoir*, 11 mars 2011, p. A1.

CHOUINARD, Tommy. « Pas d'accusation contre Chara », *La Presse*, 12 novembre 2011.

La naissance d'une légende

RAYMOND, Bertrand. « On est tanné de les vanter », *Le Journal de Montréal*, 22 avril 1993, p. 92.

DE FOY, Marc. « Patrick Roy n'a pas été inquiété », *Le Journal de Montréal*, 26 avril 1993, p. 103.

Un empire qui s'écroule

TREMBLAY, Réjean. « McDonald's à Moscou : ça marche… », *La Presse*, 17 septembre 1990, p. 4.

TREMBLAY, Réjean. « Le hockey a un œil au beurre noir ; le Canadien perd un match « amical » contre l'Armée rouge », *La Presse,* 19 septembre 1990, p. A1.

TREMBLAY, Réjean. « Un bilan à la fois positif et… déficitaire », *La Presse,* 20 septembre 1990, p. 5.

Les conséquences du 11 septembre

GAGNON, François. « Deux mois après les attentat : Carbonneau a vu l'enfer de près », *Le Soleil,* 12 novembre 2001, p. A1.

GAGNON, François. « Les tours jumelles renaissent en lumière », *Le Soleil,* 12 mars 2002, p. A1.

Le match de la honte

CADORETTE, Claude. « Le Canadien est bel et bien vengé ! », *Le Journal de Montréal,* 21 avril 1984, p. 110.

ASSOCIATED PRESS. « Commentaires sur un but très contesté », *Le Journal de Montréal,* 28 avril 1984, p. 122.

La mort d'un immortel

FISHER, Red. « 'Rocket' Richard fightning battle of his life », *The Gazette,* 11 mars 1998, p. A1.

LECLERC, Martin. « Le cancer du Rocket : on a brisé le silence », *Le Journal de Montréal,* 12 mars 1998, p. 99.

BEACON, Bill. « Sabres ressemble Czech olympian team : Rucinsky », *The Guardian,* 7 mai 1998, p. B1.

FERLAND, François. « Maurice Richard : une autre tumeur maligne à l'estomac », *Le Journal de Montréal,* 19 mai 2000, p. 103.

LAGACÉ, Patrick. « Tenace, le Rocket se bat encore », *Le Journal de Montréal,* 22 mai 2000, p. 2-3.

RAYMOND, Bertrand. « Si on pouvait recommencer… », *Le Journal de Montréal,* 28 mai 2000, p. 92.

RAYMOND, Bertrand. « Les yeux du gladiateur, *Le Journal de Montréal,* 28 mai 2000, Cahier-souvenir Maurice Richard, p. 4-5.

Quand le Français plante l'Anglais

PEDNEAULT, Yvon. « Tremblay a payé pour Nyrop », *Montréal-Matin,* 25 novembre 1976, p. 87.

PEDNEAULT, Yvon et Bernard BRISSET. « Bataille Tremblay-Mahovlich », *Montréal-Matin,* 26 novembre 1976, p. 66.

TREMBLAY, Réjean. « Pete et Mario causent aux poings », *La Presse,* 26 novembre 1976, p. B1.

MONTRÉAL-MATIN. « Victoire de dernière minute », *Montréal-Matin,* 28 novembre 1976, p. 54.

MONTRÉAL-MATIN, « Savard se souvient », *Montréal-Matin,* 28 novembre 1976, p. 54.

La guerre des ondes

DUMAS, Maurice. « Des revenus qui seront quadruplés », *Le Soleil,* 2 février 1984, p. C1.

LAPOINTE, Tom. « Les murs auraient tremblé chez Molson », *Le Soleil,* 2 février 1984, p. C1.

LUNEAU, Ghislain. « La bataille Molson-O'Keefe : 40 000 dollars par la fenêtre », *Le Journal de Montréal,* 4 janvier 1985, p. 78.

« Mon poing sur la gueule »

DiMANNO, Rosie. *Coach : The Pat Burns Story,* Toronto, Doubleday, 2012, 315 pages.

CANTIN, Philippe. « Lemieux : J'ai eu l'air fou et j'étais choqué », *La Presse,* 16 mai 1989, p. S2.

TREMBLAY, Réjean. « À bras raccourcis sur les Pure-Laine », *La Presse,* 16 mai 1989, p. S5.

CANTIN, Philippe. « Burns pèche, prêche et s'excuse », *La Presse,* 11 novembre 1989, p. F2.

ROBILLARD, Guy. « Bougon, mais bon », *La Presse,* 12 novembre 1989, p. 6.

ARCAND, Denis. « Je suis tanné, qu'y mange d'la marde », *La Presse,* 15 février 1992, p. G7.

DE FOY, Marc. « Pat qui pleure, Pat qui rit », *Le Journal de Montréal,* 30 mai 1992, p. 126-127.

DE FOY, Marc. « Burns passe à l'attaque », *Le Journal de Montréal,* 30 mai 1992, p. 127.

Un coq de trop

LECLERC, Mario. *Jacques Demers en toutes lettres,* Montréal, Éditions internationales Alain Stanké, 2005, 584 pages.

BRUNET, Mathias. « Tremblay : "Ça fait mal au cœur de le voir partir" », *La Presse,* 4 décembre 1995, p. S3.

DE FOY, Marc. « Patrick aurait manifesté sa frustration autrement », *Le Journal de Montréal,* 5 décembre 1995, p. 83.

DE FOY, Marc. « Je jure que je n'ai jamais voulu le faire mal paraître », *Le Journal de Montréal,* 6 décembre 1995, p. 94.

BRISEBOIS, Mario. « Jacques Primeau est le meilleur réalisateur de hockey du monde », *Le Journal de Montréal,* 6 décembre 1995, p. 89.

DE FOY, Marc. « Dès le départ, mon choix s'était arrêté sur Thibault », *Le Journal de Montréal,* 7 décembre 1995, p. 91.

BRISEBOIS, Mario. « La mort en direct à la télévision... », *Le Journal de Montréal,* 2 avril 1996, p. 77.

Le Bleuet explose

LECLERC, Mario. « "Tu ne viendras pas rire de moi ici" », *Le Journal de Montréal,* 10 novembre 1996, p. 79.

Au cœur de la tempête

DE FOY, Marc. « Comme des rats dans la tempête », *Le Journal de Montréal,* 26 janvier 2000, p. 102.

DE FOY, Marc. « Au diable le soldat Ryan », *Le Journal de Montréal,* 26 janvier 2000, p. 103.

DE FOY, Marc. « C'est la meilleure chose qui pouvait nous arriver », *Le Journal de Montréal,* 28 janvier 2000, p. 78.

LECLERC, Mario. « À la frontière de la mort », *Le Journal de Montréal,* 31 janvier 2000, p. 94.

Sur le *beat* 45 000 kilomètres par année

BRUNET, Mathias. « Le Canadien avait hâte d'atterrir », *La Presse,* 9 janvier 1998, p. S4.

ROBILLARD, Guy. « Savage a égalé un record de Joe Malone », *Le Droit,* 10 janvier 1998, p. 61.

HICKEY, Pat. « Canadiens-Rangers game postponed », *The Gazette,* 11 janvier 1998, p. B1.

PRESSE CANADIENNE. « Le froid et les Oilers vaincus », *Le Soleil,* 23 novembre 2003, p. D5.

ROBILLARD, Guy. « Le Canadien élimine les Bruins », *La Voix de l'Est,* 20 avril 2004, p. 31.

HICKEY, Pat. « Philly's fans almost as bad as ours », *The Gazette,* 18 mai 2010, p. B10.

GODIN, Marc-Antoine. « Les médias montréalais pris à partie », *La Presse,* 18 mai 2010, p. S3.

ARTHUR, Bruce. « NHL Notebook », *National Post,* 19 mai 2010, p. S3.

Des photos compromettantes

PRESSE CANADIENNE. « Tom Kostopoulos et Ryan O'Byrne devraient affronter le Lightning », La Presse canadienne, 12 février 2008.

TORONTO STAR. « Theft charges dropped against Habs' defenceman », *The Toronto Star,* 29 juillet 2008.

Chasse à l'homme

GAGNON, François. « Une attitude de perdant », *La Presse,* 12 janvier 2012, p. S1.

Les trois retraites de Guy Lafleur

CANTIN, Philippe. *Le Colisée contre le Forum : Mon histoire du hockey,* tome 1, Montréal, Éditions La Presse, 2012, 538 pages.

CANTIN, Philippe. « Lafleur fait encore jaser », *Le Soleil,* 9 novembre 1984.

CANTIN, Philippe. « Un adieu et un au revoir », *La Presse,* 28 février 2011, p. S2.

Une amitié aujourd'hui impensable

CANTIN, Philippe. « Lefebvre, Dufresne, Lumme sont prêts pour le grand saut », *La Presse,* 25 septembre 1989, p. 8.

MAROIS, Michel. « Destination Sherbrooke pour Mathieu Schneider », *La Presse,* 4 octobre 1989, p. 7.

TREMBLAY, Réjean. « Sylvain Lefebvre : Il n'a qu'à raconter son histoire d'amour… », *La Presse,* 4 novembre 1990, p. 10.

PRESSE CANADIENNE. « Ce sont des affirmations gratuites », *La Presse,* 20 août 1992, p. S4.

BEAUDRY, Michel. « La Coupe », *Le Journal de Montréal,* 14 juin 2014, p. 4.

Jean Béliveau : Monsieur Perfection

BÉLIVEAU, Jean, GOYENS, Chrys et Allan TUROWETZ. *My Life in Hockey,* Montréal, Éditions Art Global et Éditions Libre Expression, 1994, 298 pages.

STUBBS, Dave. « He's still Le Gros Bill », *The Gazette,* 13 novembre 1999, p. G1.

FISHER, Red. « In a class by himself », *The Gazette,* 29 janvier 2005, p. C1.

STUBBS, Dave. « Great rivals became even better friends », *The Gazette,* 1er avril 2007, p. B10.

À un cheveu de l'abandon

DUROCHER, Pierre. « Trois matchs en trois soirs et 1500 kilomètres en autobus… », *Le Journal de Montréal,* 25 novembre 2004, p. 100.

DUROCHER, Pierre. « Heureusement que les voyages forment la jeunesse… », *Le Journal de Montréal,* 26 novembre 2004, p. 124.

DUROCHER, Pierre. « Plekanec en a assez de la Ligue américaine… », *Le Journal de Montréal,* 17 avril 2005, p. 92.

DUROCHER, Pierre. « Un contrat de deux ans pour Tomas Plekanec », *Le Journal de Montréal,* 17 août 2005, p. 140.

Le trésor de Saku

ZURKOWSKY, Herb. « Habs still steaming over hit on Koivu », *The Gazette,* 3 février 2007, p. D1.

Sites Internet

Canadiens.nhl.com
Capgeek.com
Histoirenordiques.ca
Hockeydb.com
Hockey-reference.com
Lhjmq.qc.ca
Nhl.com
Shrpsports.com
Tsn.ca

Remerciements

La réalisation de ce projet aurait été impossible sans la collaboration et le soutien de plusieurs personnes.

J'aimerais tout d'abord remercier les 29 journalistes et membres des médias qui ont accepté de partager leurs souvenirs avec moi. Au fil des recherches menées pour attacher toutes les ficelles, ces souvenirs m'ont permis d'effectuer un magnifique voyage dans le temps. C'est avec nostalgie que j'ai parcouru des centaines de pages de journaux, que j'avais pour la plupart déjà lues, mais d'un œil fort différent, au cours de mon enfance et de mon adolescence ainsi qu'à mon entrée dans l'âge adulte.

Merci à Denis Poissant et à André Cyr, directeur et directeur adjoint de la section sportive du *Journal de Montréal*. Ils m'ont donné ma première véritable chance dans un quotidien montréalais en me lançant dans l'arène à la fin du mois de décembre 2005. Merci également à Jean-Guy Fugère et à Mario Leclerc qui, au cours des deux années épuisantes et frustrantes durant lesquelles a duré le lock-out du *Journal de Montréal*, m'ont permis, par l'entremise de *Rue Frontenac* et de ruefrontenac.com, de faire mes preuves, d'acquérir de l'expérience sur le *beat* du Canadien et, en fin de compte, de faire la connaissance de la grande majorité des intervenants de ce livre.

Enfin, je réserve mes remerciements les plus chaleureux à mes enfants Jérémy, Sarah-Jane et Antoine, qui ont dû passer le plus clair de leurs dernières vacances d'été à me regarder travailler sur ce projet pendant des heures. Je remercie également Marlène, mon épouse, qui, de nombreux soirs, est montée dormir seule, alors que j'étais encore assis au bout de la table, les doigts sur le clavier et la tête dans les souvenirs – je suis persuadé qu'avec une simple photo de moi, ses interactions auraient été plus animées…

Table des matières

Préface de Guy Lafleur, 9
Avant-propos, 11

Premiers sur la nouvelle, 16
   1. Une taupe bien renseignée (Marc de Foy), 18
   2. Une cigarette payante (Mario Leclerc), 25
   3. Des « K » spéciaux (Richard Labbé), 33
   4. Quand les masques tombent (Mathias Brunet), 40
   5. Le scoop d'une carrière (Tom Lapointe), 48

Des opinions bien arrêtées, 58
   6. De Lemaire à Perron : une transition houleuse
      (Yvon Pedneault), 60
   7. Un mauvais casting pour Carbonneau
      (Marc Antoine Godin), 68
   8. La difficile loi du silence (Jean-Philippe Bertrand), 76
   9. Un drame évité de justesse (Pierre Houde), 83
   10. La naissance d'une légende (Robert Laflamme) , 90

Témoins privilégiés, 98
   11. Un empire qui s'écroule (Réjean Tremblay), 100
   12. Les conséquences du 11 septembre (François Gagnon), 107
   13. Le match de la honte (Albert Ladouceur), 114
   14. La mort d'un immortel (Bertrand Raymond), 122
   15. De la magie dans le vestiaire (Martin McGuire), 130

Bisbille en la demeure, 138

    16. Quand le Français plante l'Anglais
        (Bernard Brisset et Yvon Pedneault), 140 .

    17. La guerre des ondes (Pierre Trudel), 148

    18. «Mon poing sur la gueule» (Guy Robillard), 154

    19. Un coq de trop (Jacques Primeau), 161

    20. Le Bleuet explose (Alain Crête), 168

La routine? Connais pas!, 176

    21. Au cœur de la tempête (Luc Gélinas), 178

    22. Sur le *beat* 45 000 kilomètres par année (Pat Hickey), 185

    23. Des photos compromettantes (Renaud Lavoie), 193

    24. Chasse à l'homme (Jonathan Bernier), 200

    25. Dans le trou du hobbit (Jean-François Chaumont), 207

Des rencontres inoubliables, 216

    26. Les trois retraites de Guy Lafleur (Philippe Cantin), 218

    27. Une amitié aujourd'hui impensable (Michel Beaudry), 228

    28. Jean Béliveau: Monsieur Perfection (Dave Stubbs), 236

    29. À un cheveu de l'abandon (Pierre Durocher), 244

    30. Le trésor de Saku (John Lu), 251

Références, 257

Remerciements, 267

Suivez-nous sur le Web

Consultez nos sites Internet et inscrivez-vous à l'infolettre pour rester informé en tout temps de nos publications et de nos concours en ligne. Et croisez aussi vos auteurs préférés et notre équipe sur nos blogues!

EDITIONS-HOMME.COM
EDITIONS-JOUR.COM
EDITIONS-PETITHOMME.COM
EDITIONS-LAGRIFFE.COM

Achevé d'imprimer au Canada par
Marquis Imprimeur inc.
sur papier Enviro 100% recyclé